中学

英単語 2100

受験研究社

本書の構成と特長

- 本書には，中学1年生から難関私立高校入試まで幅広く対応できる2100の英単語が掲載されています。
- この2100語を5つのレベルに分けてまとめ，さらに各レベル内では見開きページを 1STEP として学習できる構成です。
- 2100語のほかに，曜日や天気，代名詞・前置詞など約470語を，本書の巻頭・巻末にまとめました。

☑ 見出し語

教科書や公立高校・私立高校入試の出現をもとに英単語が選び抜かれています。見出し語は名詞や動詞などの品詞ごとに配列されています。

☑ 発音

見出し語の読み方を，発音記号とその読み方の目安となるひらがな・カタカナで示しました。

☑ 品詞と見出し語意味

見出し語の意味で赤字のものは特に重要です。消えるフィルターでかくしながら繰り返し学習しましょう。（品詞の種類→p.6）

☑ つづりに注意

見出し語のつづりで間違えやすい箇所を下線で示しました。

☑ 変化形

動詞・名詞の不規則変化，形容詞・副詞の注意が必要な比較変化を示しました。pp.346～353でも確認できます。

☑ 英検®級

英検®で出現が見られる級を示しました。

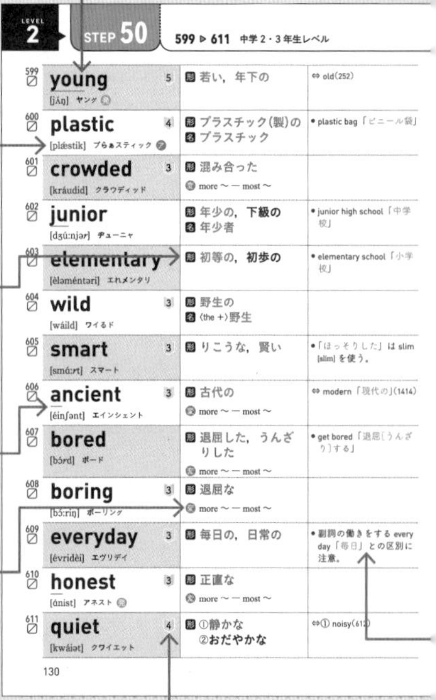

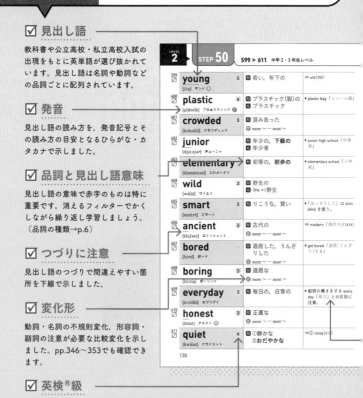

LEVEL 2 STEP 50 599 ▷ 611 中学2・3年生レベル

No.	見出し語	発音	級	意味	補足
599	young	[jʌ́ŋ] ヤング	5	形 若い，年下の	⇔ old(252)
600	plastic	[plǽstik] ぷらぁスティック	4	形 プラスチック(製)の 名 プラスチック	• plastic bag「ビニール袋」
601	crowded	[kráudid] クラウディッド	3	形 混み合った 比 more ～ ― most ～	
602	junior	[dʒú:njər] ヂューニャ		形 年少の，下級の 名 年少者	• junior high school「中学校」
603	elementary	[èləméntəri] エれメンタリ		形 初等の，初歩の	• elementary school「小学校」
604	wild	[wáild] ワイるド	3	形 野生の 名 〈the +〉野生	
605	smart	[smá:rt] スマート	3	形 りこうな，賢い	•「ほっそりした」は slim [slím] を使う。
606	ancient	[éinʃənt] エインシェント	3	形 古代の 比 more ～ ― most ～	⇔ modern「現代の」(1414)
607	bored	[bɔ́rd] ボード		形 退屈した，うんざりした 比 more ～ ― most ～	• get bored「退屈[うんざり]する」
608	boring	[bɔ́:riŋ] ボーリング	3	形 退屈な 比 more ～ ― most ～	
609	everyday	[évridèi] エヴリデイ	3	形 毎日の，日常の	• 副詞の働きをする every day「毎日」との区別に注意。
610	honest	[ánist] アネスト	3	形 正直な 比 more ～ ― most ～	
611	quiet	[kwáiət] クワイエット	4	形 ①静かな ②おだやかな	⇔① noisy(612)

130

中学校で学ぶ英単語を学年順にLEVEL 1～3にまとめました。LEVEL 3からは入試対策の学習ができる英単語をまとめました。

LEVEL 1	中学1・2年生レベル
LEVEL 2	中学2・3年生レベル
LEVEL 3	中学3年生・公立高校入試レベル
LEVEL 4	私立高校入試レベル
LEVEL 5	難関私立高校入試レベル

When my mother was young, she wanted to be an actor.	母は若かったころ，俳優になりたかった。
I bought plastic dishes for the party.	私はパーティー用にプラスチック製の食器類を買った。
The station was very crowded.	駅はとても混んでいた。
He is in t[redacted] junior hig[redacted]	彼は中学校で私と同じクラブに入っている。
My sister [redacted] school in [redacted]	妹は4月に小学校に上がる。
I want to s[redacted] Africa in t[redacted]	私は将来アフリカで野生動物を見たい。
Your dog i[redacted]	あなたのイヌはとても賢いですね。
He's intere[redacted] history.	彼は古代史に関心がある。
I got bored and left the room.	私は退屈してその部屋を出ていった。
The movie was really boring.	その映画はとても退屈だった。
We use a lot of water in everyday life.	私たちは毎日の生活でたくさんの水を使う。
She is an honest and nice woman.	彼女は正直ですてきな女性だ。
Everyone, please be quiet.	みなさん，静かにしてください。

131

☑ 語数バー

各レベルでの学習の進み具合を一目で確認できます。

☑ 例文 (LEVEL 1～3まで)

見出し語の典型的な使われ方や，関連情報の説明を例文で確認できます。また，すでに学んだ見出し語が例文中に繰り返し出てきて，自動的に復習もできるしくみです。見出し語を含む頻出表現の箇所は，下線で示されています。

☑ 例文和訳 (LEVEL 1～3まで)

和訳から例文を思い浮かべられるよう練習しましょう。

☑ 消えるフィルターの活用

例文中の見出し語や，和訳中の見出し語の意味を，消えるフィルターでそれぞれかくしながら学習できます。

☑ 関連情報

見出し語に関する補足説明や，関連する語・熟語，よく使われる言い方などを掲載しました。見出し語とあわせて学習し，表現の幅を広げましょう。

目　次

QRコード・ダウンロード

右側のQRコードをスマートフォンなどで読み込むと，音声再生のためのページが表示されます。画面は**LEVEL一覧→STEP一覧→本文ページ**の順で推移し，STEP一覧の画面内で再生ボタンを押すと，そのSTEPの「見出し語→意味→見出し語→例文（英文）」の順番で音声が再生されます。**本文ページ**内では，グレー部分をタップすると音声が再生されます。また，音声データ(mp3)は，ホームページからもダウンロードできます。

※QRコードはデンソーウェーブの登録商標です。
※お使いの機器によっては再生できないものもあります。通信費はお客様負担になります。

本書の記号一覧

▶見出し語のわく内

発	発音に注意	ア	アクセントに注意	5	英検®級
同	同音異議語（発音が同じでつづりが異なる語）				

▶品詞

名	名詞	代	代名詞	動	動詞
助	助動詞	形	形容詞	副	副詞
前	前置詞	接	接続詞	間	間投詞

▶その他の記号

変	変化形（動詞は不規則動詞の〈過去形 — 過去分詞形〉，形容詞・副詞は注意が必要な〈比較級 — 最上級〉）	
	〔例〕No. 61	変 went — gone（動詞goの過去形 — 過去分詞形）
	〔例〕No. 250	変 more — most（形容詞manyの比較級 — 最上級）
	〔例〕No. 261	変 more ～ — most ～（形容詞famousの比較級 — more famous — 最上級most famous。～はfamousの代用）
複	名詞の複数形（不規則変化）	

=	同意語	⇔	反意語
《米》	アメリカ用法	《英》	イギリス用法

〈the＋〉など	見出し語の前に（通例）theをつける用法。 〔例〕No. 141：sea → the sea
〈＋to〉など	見出し語のあとにtoをつける用法。 〔例〕No. 1132：belong → belong to
（　）	省略や補足説明。 〔例〕No. 3：make friends (with ～)「（～と）親しくなる」 → make friends「親しくなる」，make friends with ～「～と親しくなる」
[　]	言い換え・置き換え。 〔例〕No. 13：last [next] week「先週［来週］」 → last week「先週」，next week「来週」
〈　〉	語順や文法的な構造・用語を示す場合。 〔例〕No. 354：〈such＋a＋名詞〉
(626)など	( )内の見出し語の番号として掲載。
*one's*など	my, your, his, her, its, theirの代用。

まとめて覚えよう
働きで覚えよう

本編の2100語の前に，小学校で学習した語も含む基本的な英単語や，英語の働きで大切な英単語を整理してまとめました。

まとめて覚えよう では日常生活や学校生活の場面ごとに，働きで覚えよう では英語の働きごとに確認できます。

日本語の意味は消えるフィルターでかくしながら学習できます。LEVEL 1 以降に掲載されている語には，( )でその番号を示しました。

まとめて覚えよう は，ほかにp.96, 182, 284, 337にも掲載されています。

まとめて覚えよう

働きで覚えよう

まとめて覚えよう

1日・曜日・月

1日

morning (9)	朝，午前	**evening** (241)	夕方，晩
noon (943)	正午	**night** (11)	夜
afternoon (10)	午後	**midnight** (1532)	夜の12時

曜日

日	月	火	水	木	金	土
Sun.	Mon.	Tue(s).	Wed(s).	Thur(s).	Fri.	Sat.

Sunday	日曜日	**Thursday**	木曜日
Monday	月曜日	**Friday**	金曜日
Tuesday	火曜日	**Saturday**	土曜日
Wednesday	水曜日		

月　month (14)

January	1月	**July**	7月
February	2月	**August**	8月
March	3月	**September**	9月
April	4月	**October** (17)	10月
May (16)	5月	**November**	11月
June	6月	**December**	12月

季節・天気・自然

季節　season (655)

spring (414)	summer (18)	fall (83) autumn (415)	winter (19)
春	夏	秋	冬

天気　weather (242)

sunshine (1581)	日光	clear (1472)	晴れた
sunny (365)	よく晴れた	cold (332)	寒い
rain (961)	雨が降る, 雨	cool (359)	涼しい
rainy (333)	雨降りの	hot (331)	暑い
cloud (1655)	雲	mild	温暖な
cloudy (334)	曇りの	mist (2003)	霧
snow (962)	雪, 雪が降る	shower (1178)	にわか雨
snowy (498)	雪の降る	storm (1580)	嵐
wind (760)	風	typhoon (1176)	台風
windy	風の強い	temperature (510)	気温

自然　nature (447)

sun (907)	太陽	sea (141)	海
sky (728)	空	beach (300)	浜，浜辺
rainbow (411)	虹	river (236)	川
mountain (140)	山	lake (237)	湖
forest (743)	森	pond (1507)	池

方角・方向・地域

方角

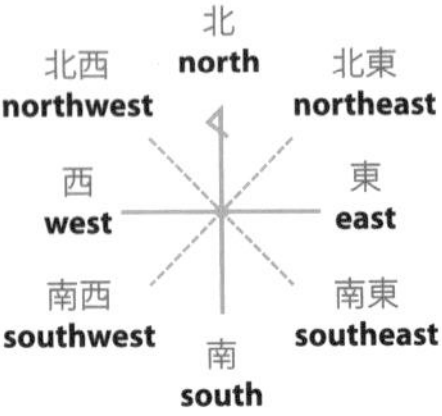

northern	北の
eastern	東の
southern	南の
western (1066)	西の

方向　direction (1161)

right (344)	右(に)
left (451)	左(に)
forward (1335)	前方へ
backward	後方へ
up (377)	上へ
down (378)	下へ
upward	上方へ
downward	下方へ

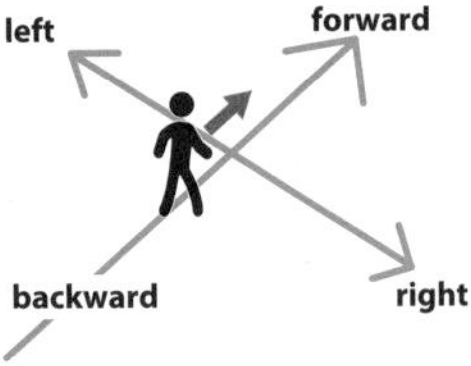

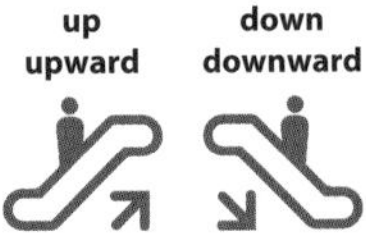

地域

Asia	アジア	**Europe**	ヨーロッパ
Asian (2030)	アジアの	**European** (1632)	ヨーロッパの
America	アメリカ	**Africa**	アフリカ
American (712)	アメリカの	**African**	アフリカの

※「北ヨーロッパ，北欧［南ヨーロッパ，南欧］」は Northern [Southern] Europe。
※「南アメリカ」は South America。
※「アフリカ南部」は southern Africa。South Africa は「南アフリカ」(国名)のこと。

国　country (220)

Japan	日本	Canada	カナダ
Japanese (214)	日本(人)の	Canadian	カナダ(人)の
America	アメリカ	the United Kingdom ((the) UK)	英国，イギリス
American (712)	アメリカ(人)の		
the United States ((the) USA [US])	アメリカ合衆国	British (1631)	英国(人)の，イギリス(人)の
Australia	オーストラリア	France	フランス
Australian	オーストラリア(人)の	French (1100)	フランス(人)の
Spain	スペイン	India	インド
Spanish (1452)	スペイン(人)の	Indian	インド(人)の
Italy	イタリア	Brazil	ブラジル
Italian	イタリア(人)の	Brazilian	ブラジル(人)の
Germany	ドイツ	Greece	ギリシャ
German	ドイツ(人)の	Greek	ギリシャ(人)の
China	中国	Vietnam	ベトナム
Chinese (825)	中国(人)の	Vietnamese	ベトナム(人)の
Korea (1673)	朝鮮，韓国	Russia	ロシア
Korean	朝鮮[韓国](人)の	Russian	ロシア(人)の

言語　language (212)

Japanese (214)	日本語	German	ドイツ語
English (213)	英語	Chinese (825)	中国語
French (1100)	フランス語	Korean	朝鮮語，韓国語
Spanish (1452)	スペイン語	Arabic	アラビア語
Portuguese	ポルトガル語	Russian	ロシア語

家族・親族・敬称

家族 family (2), 親族 relative (1751)

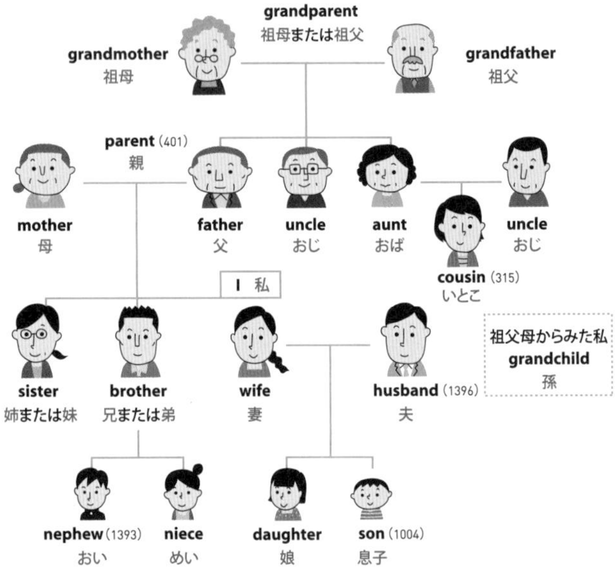

敬称(呼びかけの語)

Mr.	～さま,(学校の)～先生(男性に使う)
Ms.	～さま,(学校の)～先生(女性に使う)
Dr.	博士,医師
Prof.	教授
sir (1753)	あなた(さま),お客さま
madam / ma'am	お客さま,奥さま

※ Mr., Ms., Dr., Prof. は名字,またはフルネームの前につけて使う。
※女性の敬称では Miss(未婚女性),Mrs.(既婚女性)の区別をしない Ms. がよく使われる。
※ Dr. は doctor(139),Prof. は professor(1504)の省略形。
※ Sir, Madam, Ma'am と大文字で始めることもある。

色・施設・建物

色　color (45)

black (246)	黒	purple	紫
blue (247)	青	red (245)	赤
brown (248)	茶色	white (246)	白
gray (1656)	灰色	yellow	黄色
green (243)	緑	gold	金色
pink	ピンク	silver (1657)	銀色

dark (851) 濃い ⟶ light (337) 薄い

施設　facility (553)・建物　building (633)

house (50)	家	shop (305), store (306)	店
school (4)	学校	department store	デパート
elementary school	小学校	(shopping) mall (989)	ショッピングモール
junior high school	中学校	convenience store	コンビニエンスストア
high school	高校	supermarket (308)	スーパーマーケット
university (645)	(総合)大学	restaurant (34)	レストラン
station (133)	駅	theater (513)	劇場, 映画館
airport (729)	空港	museum (111)	博物館, 美術館
port (1269), harbor	港	aquarium (413)	水族館
hospital (138)	病院	zoo (46)	動物園
post office (309)	郵便局	shrine (153)	神社
police station	警察署	temple (154)	寺院，寺
fire station	消防署	castle (301)	城
library (113)	図書館	amusement park	遊園地
hotel (516)	ホテル, 旅館	stadium (147)	競技場

乗り物・身のまわりのもの・身につけるもの

乗り物

bike (420)	自転車	**car** (419)	車
bicycle (161)	自転車	**taxi** (406)	タクシー
unicycle	一輪車	**plane** (1019)	飛行機
bus (109)	バス	**boat** (735)	ボート，船
train (1471)	列車，電車	**ship** (330)	船

身のまわりのもの

book (23)	本	**stationery** (1186)	文房具
notebook (53)	ノート	**pencil** (55)	鉛筆
desk (143)	机	**marker**	マーカー(ペン)
chair (57)	いす	**eraser** (402)	消しゴム
clock (295)	時計	**pencil case**	筆箱
bookshelf (1373)	本棚	**scissors** (1369)	はさみ
closet (567)	クローゼット	**ruler**	定規

身につけるもの

shirt (164)	シャツ	**belt** (670)	ベルト
T-shirt	Tシャツ	**shoes** (130)	靴
sweater (404)	セーター	**socks**	靴下
jacket (522)	ジャケット	**cap** (52)	(ふちのない)帽子
coat (836)	コート	**hat** (163)	(ふちのある)帽子
pants	ズボン	**gloves** (319)	手袋
jeans (1305)	ジーンズ	**glasses** (772)	めがね
skirt	スカート	**watch** (68)	腕時計
dress (1949)	ドレス	**scarf** (669)	スカーフ，マフラー
uniform (767)	制服，ユニフォーム	**handkerchief** (1185)	ハンカチ

動物・食べ物・食品・果物・野菜

動物　animal (20)

bird (628)	鳥
butterfly	チョウ
cat (121)	ネコ
deer	シカ
dog (21)	イヌ
dolphin	イルカ
elephant	ゾウ
fox	キツネ
frog	カエル
giraffe	キリン
horse	ウマ
koala	コアラ
lion	ライオン
monkey	サル
octopus	タコ
panda	パンダ
penguin (122)	ペンギン
pigeon	ハト
rabbit (22)	ウサギ
rat	ネズミ
sheep (1715)	ヒツジ
snake	ヘビ
tiger	トラ
turtle	カメ
whale	クジラ
wolf	オオカミ

食べ物・食品　food (30)

sandwich	サンドイッチ
hamburger (992)	ハンバーガー
cake	ケーキ
pie (152)	パイ
salad (158)	サラダ
egg	卵
coffee	コーヒー
tea (48)	お茶，紅茶
juice (157)	ジュース

果物　fruit (425)

野菜　vegetable (629)

apple (114)	リンゴ
orange	オレンジ
strawberry	イチゴ
lemon	レモン
cherry (49)	サクランボ
tomato	トマト
carrot	ニンジン
potato	ジャガイモ
onion	タマネギ
cabbage	キャベツ
lettuce	レタス
pumpkin	カボチャ
spinach	ホウレンソウ
cucumber	キュウリ

教科・クラブ・楽器

教科　subject (117)

art (120)	美術	math (118)	数学
English (213)	英語	music (35)	音楽
technology and home economics	技術・家庭	physical education [P.E.]	体育
history (624)	歴史	science (119)	理科
Japanese (214)	日本語, 国語	moral education	道徳

クラブ　club (110)

baseball	野球	calligraphy (403)	書道
basketball	バスケットボール	anime (1451)	アニメ
badminton	バドミントン	art (120)	美術
soccer (40)	サッカー	drama (26)	演劇
softball	ソフトボール	English (213)	英語
swimming	水泳	history (624)	歴史
tennis (41)	テニス	photography	写真
volleyball	バレーボール	newspaper (155)	新聞
rugby	ラグビー	debate (1883)	ディベート
ski (198)	スキー	broadcasting (1354)	放送
wrestling	レスリング	brass band	吹奏楽

※～ club で用いる。運動部には team(42)を使うことも多い。

楽器　(musical) instrument (1028)

piano (36)	ピアノ	organ	オルガン
guitar (37)	ギター	trumpet	トランペット
flute	フルート	clarinet	クラリネット
violin	バイオリン	drum (310)	太鼓, ドラム
harmonica	ハーモニカ	tambourine	タンバリン

基数と序数

	基数	序数
1	one (390)	first (294)
2	two	second (481)
3	three	third (973)
4	four	fourth
5	five	fifth
6	six	sixth
7	seven	seventh
8	eight	eighth
9	nine	ninth
10	ten	tenth
11	eleven	eleventh
12	twelve	twelfth
13	thirteen	thirteenth
14	fourteen	fourteenth
15	fifteen	fifteenth
16	sixteen	sixteenth
17	seventeen	seventeenth
18	eighteen	eighteenth
19	nineteen	nineteenth
20	twenty	twentieth
21	twenty-one	twenty-first
22	twenty-two	twenty-second
23	twenty-three	twenty-third
24	twenty-four	twenty-fourth
25	twenty-five	twenty-fifth
26	twenty-six	twenty-sixth
27	twenty-seven	twenty-seventh
28	twenty-eight	twenty-eighth
29	twenty-nine	twenty-ninth
30	thirty	thirtieth
40	forty	fortieth
50	fifty	fiftieth
60	sixty	sixtieth
70	seventy	seventieth
80	eighty	eightieth
90	ninety	ninetieth

	基数	
100	one hundred (278)	100(の)
1,000	one thousand (482)	1,000(の)
1,000,000	one million (483)	100 万(の)
1,000,000,000	one billion (974)	10 億(の)

※英語では 3 けたごとに thousand → million → billion と変わる。

小数・分数・年号

小数

	読み方
0.1	zero point one
0.2	zero point two
0.25	zero point two five
2.1	two point one
2.2	two point two
2.5	two point five
$10.35	ten dollars, thirty-five cents

※ dollar「ドル」(426),
cent「セント」(1215)

分数

	読み方
1/2	one half
1/3	one third
1/4	one fourth または one quarter
1/5	one fifth
2/3	two thirds*
2/5	two fifths*

*複数形に注意。
※ half「半分」(823),
quarter「4分の1」(1987)

年号

	読み方	
1055	ten fifty-five	1055年
1603	sixteen oh three	1603年
1992	nineteen ninety-two	1992年
2000	two thousand	2000年
2001	two thousand and one または twenty oh one	2001年
2018	twenty eighteen または two thousand and eighteen	2018年
the 1700s	the seventeen hundreds	1700年代
the 2000s	the two thousands	2000年代

※「～年代」は〈the＋数詞＋s〉で表す。
the 1980s「1980年代」
※「～世紀」は〈the ＋序数＋century (643)〉で表す。
the 19th century「19世紀」, the 21st century「21世紀」

人称代名詞・指示代名詞・冠詞

人称代名詞

	人称	主格	所有格	目的格	所有代名詞	再帰代名詞
単数	1人称	I	my	me	mine	myself
	2人称	you	your	you	yours	yourself
	3人称	he	his	him	his	himself
		she	her	her	hers	herself
		it	its	it	—	itself
複数	1人称	we	our	us	ours	ourselves
	2人称	you	your	you	yours	yourselves
	3人称	they	their	them	theirs	themselves

指示代名詞

	単数		複数	
近くのものを指す	this	これ，この	these（891）	これら，これらの
遠くのものを指す	that	あれ，あの，その	those（1489）	あれら，あれらの

冠詞

a, an	単数の可算名詞につく。子音で始まる名詞の場合は a を，母音で始まる名詞の場合は an をつける。 **a** book，**a** student，**a** user [jú:zər] **an** apple，**an** eraser，**an** hour [áuər]
the	唯一のもの，only などで特定されているもの，状況や前後関係から何をさすか明らかなものなどにつく。単数・複数，可算・不可算は問わない。 **the** sun「太陽」，**the** earth「地球」，**the** only man「唯一の男性」， one of **the** best players「最高の選手の 1 人」 Please turn off **the** light.「電気を消してください」

be 動詞・助動詞

be 動詞

	主語	現在形	否定の短縮形	過去形	否定の短縮形
単数	I	am	—	was	wasn't
	you	are	aren't	were	weren't
	he, she, it this, that	is	isn't	was	wasn't
複数	we you they these, those	are	aren't	were	weren't

助動詞

		否定の短縮形	過去形
can (207)	～できる，～してもよい	can't	could
could (394)	～できた（can の過去形）	couldn't	—
will (208)	～するだろう， ～するつもりだ	won't	would
would (395)	～だろう（will の過去形）	wouldn't	—
may (210)	～してもよい， ～かもしれない	—	might
might (898)	～かもしれない， ～してもよい	—	—
must (209)	～しなければならない，～にちがいない	mustn't	had to で代用
shall (899)	～でしょう	—	should
should (396)	～したほうがいい， ～すべきだ	shouldn't	—

場所を表す前置詞

around (398)

①～のまわりに[を]

around the house「家のまわりに[を]」

②～のあちこちに

around the city「市のあちこちに」

at

～に[で]

at the station「駅で」

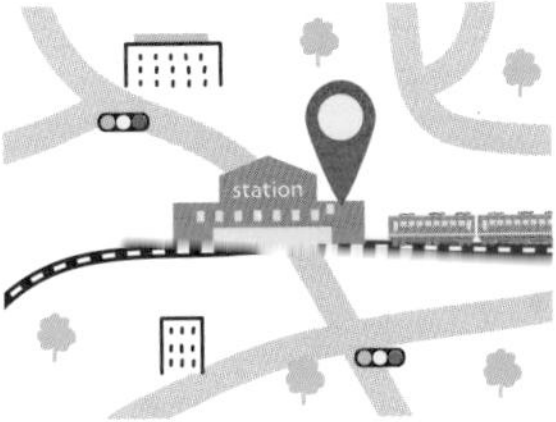

by

～のそばに

by the door「ドアのそばに」

from

～から

from Osaka「大阪から」

to

～へ[まで]

to Tokyo「東京へ」

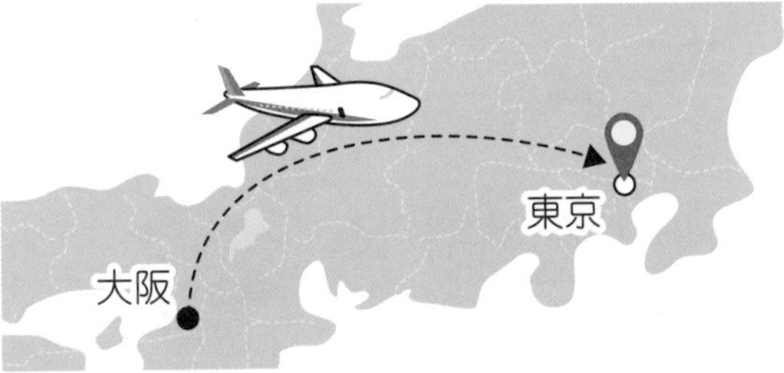

前置詞

on

①～の上に

on the desk「机の上に」

②～に接して

on the wall「壁に」

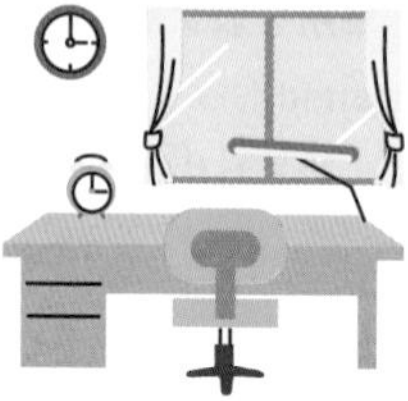

in

～の中に

in the box「箱の中に」

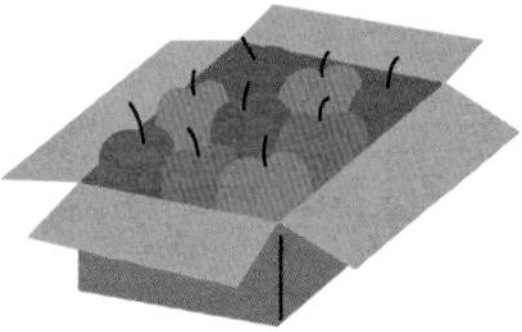

near

～の近くに

near the pond「池の近くに」

over（883）

～の真上に，～を越えて

over the buildings「ビルの上に」

under

～の真下に[で]

under the tree「木の下で」

across (887)

～を横切って

across the road

「道路を横切って」

into

～の中へと

into the room

「部屋の中へと」

along

～沿いに

along the river

「川沿いに」

toward (1494)

～のほうへ

toward the students

「生徒たちのほうへ」

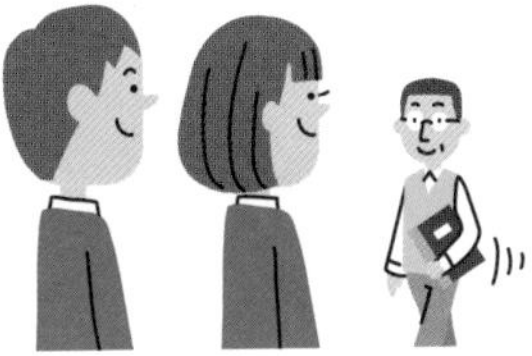

through (1492)

～を通り抜けて

through the woods

「森を通り抜けて」

前置詞

above (1774)

〜より上に

above the clouds

「雲の上に」

below (1426)

〜より下に[へ]

below the clock

「時計の下のほうに」

between

〜の間に[で]

between my father and mother

「父と母の間に」

among

〜の間に[で]

among the trees

「木々の間に」

beside (1800)

〜のそばに

beside the man

「男性のそばに」

時を表す前置詞

at	～に(時刻など) **at** six thirty「**6時30分に**」
on	～に(日，曜日など) **on** Monday「**月曜日に**」
in	～に(月，年など) **in** June「**6月に**」
from	～から(始まり) **from** June 26th「**6月26日から**」
to	～まで(終わり) **to** June 30th「**6月30日まで**」
by	～までに(期限) **by** Monday「**月曜日までに**」

after (399)	～のあとに	**after** lunch「昼食後に」
before (400)	～の前に	**before** the meeting 「打ち合わせの前に」
until [till] (884)	～まで(継続)	**until** tomorrow「明日まで」
within	～以内に	**within** a few days 「2，3日以内に」
for	～の間	**for** five days「5日間」
during	～の間中	**during** the trip「旅行中に」
since (885)	～以来，～から	**since** yesterday「昨日から」

※ by は期限を表し，until [till] は「～のときまでずっと」という継続を表す。
※ for は期間の長さを，during は特定の期間を表す。
※ since は接続詞「～して以来」の使い方もある。

その他の前置詞

about (881)	～について	**about** the news 「そのニュースについて」
by	～よって(手段)	**by** mail 「郵便で」
for	～のために(目的)	**for** her 「彼女のために」
	～に賛成して	**for** his idea 「彼の考えに賛成して」
against (1496)	～に反対して	**against** the plan 「その計画に反対して」
of	～の(所有・所属など)	the cover **of** that book 「あの本の表紙」
on	～について(対象)	a book **on** Japan 「日本についての本」
with	～といっしょに	**with** you 「あなたといっしょに」
without (1493)	～なしで	**without** her help 「彼女の助けなしで」

2つ以上のものを並べる接続詞

and	～と…	I have a cat **and** a dog. 「私はイヌ**と**ネコを飼っている」
but	しかし	I went to the shop, **but** it was closed. 「私は店に行った**が**，閉まっていた」
or	～かまたは…	She **or** I will go with you. 「彼女**か**私があなたといっしょに行きます」

名詞のかたまりをつくる接続詞

that	～ということ	We know **that** he is honest. 「私たちは彼が正直だ**ということ**を知っている」

※この that は省略されることが多い。

理由・原因を表す接続詞

because (889)	～だから	I'm hungry **because** I didn't eat breakfast. 「私は朝食を食べなかった**ので**空腹だ」

結果を表す接続詞

so (792)	それで	I was tired, **so** I went to bed early. 「私は疲れていた**ので**，早めに寝た」

条件を表す接続詞

if (890)	もし～なら	**If** you see her, tell her to call me. 「彼女を見かけ**たら**，私に電話するように言ってね」

※ if ～ が未来の内容でも，will などの表現にはせずに，現在形で表す。

時を表す接続詞

when (383)	～のとき	I lived in France **when** I was little. 「私は小さい**とき**，フランスに住んでいた」

疑問詞・関係代名詞

疑問詞

what (388)	何	**What** happened?「何があったのですか」
		What do you have in your hand?「あなたは手に**何**を持っているのですか」
	何の	**What** color do you like best?「あなたは**何**色がいちばん好きですか」
who (386)	だれ	**Who** made this soup?「**だれ**がこのスープを作ったのですか」
whose (389)	だれの	**Whose** bag is this?「これは**だれの**かばんですか」
	だれのもの	**Whose** is this bag?「このかばんは**だれのもの**ですか」
which (387)	どちら,どれ	**Which** is your cap?「**どちら**があなたの帽子ですか」
	どちらの,どの	**Which** cap is yours?「**どちらの**帽子があなたのですか」
when (383)	いつ	**When** do you usually study at home?「あなたはふだん家では**いつ**勉強しますか」
where (382)	どこに[で]	**Where** do you live?「あなたは**どこに**住んでいますか」
why (385)	なぜ	**Why** are you crying?「あなたは**なぜ**泣いているのですか」
how (384)	どのようにして	**How** did you get here?「あなたは**どうやって**ここに来たのですか」

関係代名詞

先行詞	主格	所有格	目的格
人	who	whose	who [whom]
人以外	which	whose	which
人・人以外	that	—	that

LEVEL 1

中学1・2年生レベル

STEP 1〜33 | 400語（1▶400）

中学1・2年生でおもに学習する英単語です。

どの単語も，各教科書に取り上げられている基本的なものばかりです。この段階で確実に身につけて，基礎を固めましょう。

関連情報には，見出し語の理解を深める情報や，よく使われる表現が収められています。あわせて覚えてしまうのが理想的です。これらの表現を例文中で確認できるものもあります。単語→関連情報の表現→例文での確認により，効率的で高い学習効果が得られます。

例文はどれも短く，中学1・2年生で学習する基本的な文法・文構造の内容で構成されています。ぜひ暗記をして，基本的な英文を数多く自分のものにしましょう。

1	**people** 5 [pí:pl] ピープる	名 人々	● 複数扱い。 ● person「人，個人」(626)
2	**family** 5 [fǽməli] ふぁミリ	名 家族	●《米》ではふつう単数扱い。《英》では単数にも複数にも扱われる。
3	**friend** 5 [frénd] ふレンド	名 友達	● make friends (with ～)「(～と)親しくなる」
4	**school** 5 [skú:l] スクーる	名 学校	● go to school「通学する」
5	**student** 5 [stjú:dnt] ステューデント	名 生徒，学生	
6	**teacher** 5 [tí:tʃər] ティーチャ	名 先生，教師	● teach「を教える」(171)
7	**homework** 5 [hóumwə̀:rk] ホウムワ～ク	名 宿題	● 不可算名詞。 ● do *one*'s homework「宿題をする」
8	**day** 5 [déi] デイ	名 ①1日，日 ②日中	● every day「毎日」 ⇔② night「夜」(11)
9	**morning** 5 [mɔ́:rniŋ] モーニング	名 朝，午前	● in the morning「朝[午前中]に」
10	**afternoon** 5 [æ̀ftərnú:n] あふタヌーン	名 午後	● this [tomorrow] afternoon「今日[明日]の午後(に)」
11	**night** 5 [náit] ナイト	名 夜	● last night「昨夜」 ● at night「夜に」
12	**time** 5 [táim] タイム	名 ①時，時間 ②～回，～倍	● three times「3回，3倍」

Many **people** visit the park.	多くの人々がその公園を訪れる。
Hi, this is my **family**.	やあ，こちらが私の家族です。
I often play tennis with my **friends**.	私はよく友達とテニスをする。
I go to **school** by bus.	私はバスで学校に通っている。
My brother is a high school **student**.	兄は高校生だ。
Our English **teacher** is from Canada.	私たちの英語の先生はカナダ出身だ。
I did my **homework** before dinner today.	私は今日は夕食前に宿題をした。
Have a nice **day**!	よい1日を！
My mother makes breakfast early in the **morning**.	母は朝早くに朝食を作る。
There is a test tomorrow **afternoon**.	明日の午後テストがある。
I don't drink coffee at **night**.	私は夜にコーヒーを飲まない。
What **time** do you get up?	あなたは何時に起きますか。

13	**week** 5 [wíːk] ウィーク 同 weak	名 週	● last [next] week「先週[来週]」 ● weekend「週末」(58)
14	**month** 5 [mʌ́nθ] マンす	名 月	● this month「今月」
15	**year** 5 [jíər] イア	名 ①年 ②〜歳	● every year「毎年」 ● 14 years old「14歳」
16	**May** 5 [méi] メイ	名 5月	● in May「5月に」
17	**October** 5 [ɑktóubər] アクトウバ	名 10月	● on October 10th《米》「10月10日に」(on 10th October《英》)
18	**summer** 5 [sʌ́mər] サマ	名 夏	● this [last] summer「今年の[昨年の]夏(に)」
19	**winter** 5 [wíntər] ウィンタ	名 冬	● in winter「冬に」
20	**animal** 5 [ǽnəml] あニムる	名 動物	● plant「植物」(920)
21	**dog** 5 [dɔ́(ː)g] ド(ー)グ	名 イヌ	● have a dog「イヌを飼っている」
22	**rabbit** 5 [rǽbit] ラぁビット	名 ウサギ	
23	**book** 5 [búk] ブック	名 本	● book about [on] 〜「〜に関する本」
24	**movie** 5 [múːvi] ムーヴィ	名 映画	● go to the movies「映画に行く」(＝go to a movie)

See you next **week**!	来週また会いましょう！
Our school has a big event this **month**.	私たちの学校は今月大きな行事がある。
My family stays at this hotel every **year**.	私の家族は毎年このホテルに泊まる。
We have a festival in **May**.	私たちは5月に祭りをする。
October 10th was a holiday that year.	10月10日はその年は祝日だった。
There was a lot of rain this **summer**.	今年の夏は雨がとても多かった。
It is very cold here in **winter**.	ここは冬はとても寒い。
You can't see those **animals** in Japan.	それらの動物を日本で見ることはできない。
I have two **dogs**.	私は2匹のイヌを飼っている。
This is a story about two **rabbits**.	これは2匹のウサギの物語だ。
I'm reading a **book** about France.	私はフランスに関する本を読んでいるところだ。
Let's go to the **movies** tomorrow.	明日映画に行こうよ。

25	**TV** 5 [tíːvíː] ティーヴィー	名 テレビ	● television の略。 ● on TV「テレビで」
26	**drama** 4 [dráːmɑ] ドゥラーマ	名 ドラマ，劇	● TV drama「テレビドラマ」
27	**picture** 5 [píktʃər] ピクチャ	名 絵，写真	● take a picture「写真を撮る」
28	**course** 4 [kɔ́ːrs] コース	名 コース，進路，針路	● of course「もちろん」
29	**festival** 4 [féstəvl] ふェスティヴる	名 祭り	● school festival「学園祭」
30	**food** 5 [fúːd] ふード	名 食べ物	● fast food「ファストフード」 ● Japanese food「日本食」
31	**breakfast** 5 [brékfəst] ブレックふァスト	名 朝食	● have ～ for breakfast「朝食に～を食べる」
32	**lunch** 5 [lʌ́ntʃ] らンチ	名 昼食，ランチ	● have [eat] lunch「昼食をとる」
33	**dinner** 5 [dínər] ディナ	名 夕食，ディナー	● 1日の主要な食事をさし，夕食の場合が多い。
34	**restaurant** 5 [réstərənt] レストラント	名 レストラン	
35	**music** 5 [mjúːzik] ミューズィック	名 音楽	● listen to music「音楽を聞く」
36	**piano** 5 [piǽnou] ピあノウ ア	名 ピアノ	● play the piano「ピアノを弾く」 ● pianist「ピアニスト」(1367)

I often watch sports on **TV**.	私はよくテレビでスポーツを見る。
My friends all love that **drama**.	私の友人はみんなそのドラマが大好きだ。
I took some **pictures** of the castle.	私はその城の写真を何枚か撮った。
The plane changed **course** and came back.	飛行機はコースを変えて戻ってきた。
Is there a summer **festival** in your town?	あなたの町には夏祭りがありますか。
What is your favorite **food**?	あなたの大好きな食べ物は何ですか。
I had sandwiches for **breakfast** today.	私は今日は朝食にサンドイッチを食べた。
They sometimes have **lunch** in the park.	彼らはときどき公園で昼食をとる。
My father is cooking **dinner** now.	今，父が夕食を作っているところだ。
We had a good time at the **restaurant**.	私たちはそのレストランで楽しい時間を過ごした。
I often listen to **music** at night.	私は夜によく音楽を聞く。
He plays the **piano** very well.	彼はとても上手にピアノを弾く。

37 ☑	**guitar** 5 [gitɑ́:r] ギター ア	名 ギター	● play the guitar「ギターを弾く」
38 ☑	**song** 5 [sɔ́:ŋ] ソーング	名 歌	● sing a song「歌を歌う」
39 ☑	**sport** 5 [spɔ́:rt] スポート	名 スポーツ	● play sports「スポーツをする」
40 ☑	**soccer** 5 [sɑ́kər] サカ	名 サッカー	=《英》football (166)
41 ☑	**tennis** 5 [ténis] テニス	名 テニス	● table tennis「卓球」
42 ☑	**team** 5 [tí:m] ティーム	名 チーム	● *be* on the tennis team「テニス部に入っている」
43 ☑	**player** 5 [pléiər] プれイア	名 選手，演奏者	
44 ☑	**birthday** 5 [bə́:rθdèi] バ～すデイ	名 誕生日	● Happy birthday!「誕生日おめでとう！」
45 ☑	**color** 5 [kʌ́lər] カら	名 色	形 colorful「色彩豊かな」(864)
46 ☑	**zoo** 5 [zú:] ズー	名 動物園	● go to the zoo「動物園に行く」
47 ☑	**park** 5 [pɑ́:rk] パーク	名 公園 動 を駐車する	● parking「駐車」
48 ☑	**tea** 5 [tí:] ティー	名 お茶，紅茶	● green tea「緑茶」 ● a cup of tea「1杯のお茶［紅茶］」
49 ☑	**cherry** 4 [tʃéri] チェリ	名 ①桜の木 ②サクランボ	●「桜の木」は cherry tree ともいう。

I played the **guitar** for my friends.	私は友人たちのためにギターを弾いた。
I know some English **songs**.	私はいくつか英語の歌を知っている。
She is good at winter **sports**.	彼女はウィンタースポーツが得意だ。
Don't play **soccer** in the park.	公園でサッカーをしてはいけない。
I play **tennis** at school.	私は学校でテニスをしている。
Our soccer **team** has thirty players.	私たちのサッカーチームには 30 人の選手がいる。
He is a famous basketball **player**.	彼は有名なバスケットボール選手だ。
When is your **birthday**?	あなたの誕生日はいつですか。
I like the **color** of your shirt.	私はあなたのシャツの色が気に入っています。
We went to the **zoo** last Sunday.	私たちは先週の日曜日に動物園に行った。
Many children were playing in the **park** with their dogs.	多くの子どもたちがイヌと公園で遊んでいた。
Do you drink **tea** or coffee after dinner?	あなたは夕食後にお茶やコーヒーを飲みますか。
Can you see the **cherry** trees over there?	あそこに桜の木が見えますか。

50	**house** 5 [háus] ハウス	名 家	● 複数形は houses [háuziz]。発音に注意。
51	**wall** 5 [wɔ́:l] ウォーる	名 壁	● on the wall「壁に［の］」
52	**cap** 5 [kǽp] キァップ	名 帽子	● ふちがない帽子。ふちのあるものは hat(163)。
53	**notebook** 5 [nóutbùk] ノウトブック	名 ノート	● note「メモ」(544)
54	**pen** 5 [pén] ペン	名 ペン	
55	**pencil** 5 [pénsl] ペンスる	名 鉛筆	● pencil case「筆箱」
56	**umbrella** 5 [ʌmbrélə] アンブレら	名 傘	● leave *one*'s umbrella at [on] ～「～に傘を置き忘れる」
57	**chair** 5 [tʃéər] チェア	名 いす	● on a chair「いす(の上)に」
58	**weekend** 5 [wí:kènd] ウィーケンド	名 週末	● on weekends [on the weekend]「週末に」 ● weekday「平日」(1692)
59	**concert** 5 [kάnsərt] カンサト	名 コンサート	● give a concert「コンサートを行う」
60	**musician** [mju:zíʃn] ミューズィシャン ア	名 音楽家，ミュージシャン	● music(35)
61	**go** 5 [góu] ゴウ	動 行く 変 went ― gone	● go to ～「～に行く」 ● *be* going to ～「～するつもりだ」 ● go ～ing「～しに行く」

My **house** is near the station.	私の家は駅の近くにある。
Those pictures on the **wall** are very nice.	壁のあれらの絵はすばらしいですね。
I have three **caps**.	私は帽子を3つ持っている。
I bought a new **notebook**.	私は新しいノートを買った。
Can I borrow your **pen**?	あなたのペンを借りてもいいですか。
Write with a pen, not a **pencil**.	鉛筆ではなくペンで書いてください。
I left my **umbrella** at school.	私は学校に傘を置き忘れてしまった。
My cat always sits on my **chair**.	うちのネコはいつも私のいすに座る。
I usually play tennis on **weekends**.	私は週末にたいていテニスをする。
We went to a rock **concert** last weekend.	私たちは先週末にロックコンサートに行った。
The **musician** sang five songs on the street.	そのミュージシャンは路上で5曲歌った。
Does this bus **go** to Umeda Station?	このバスは梅田駅に行きますか。

62	**come** 5 [kʌ́m] カム	動 来る 変 came — come	● come to [from] ～「～に［から］来る」
63	**want** 5 [wánt] ワント	動 をほしい	● want to ～「～したい」 ● want to be ～「～になりたい」
64	**know** 5 [nóu] ノウ 発 同 no	動 を知っている 変 knew — known	●「知っている」でも進行形(*be* ～ing)にはしない。
65	**make** 5 [méik] メイク	動 ①を作る ②～を…にする 変 made — made	● make you happy「あなたを幸せにする」
66	**see** 5 [síː] スィー 同 sea	動 ①が見える ②に会う ③がわかる 変 saw — seen	● ①無意識に目に入ること。 ● I see.「わかった」
67	**look** 5 [lúk] るック	動 ①見る ②に見える	● ①意識的に視線を向けること。 ● look good「よさそうだ」
68	**watch** 5 [wátʃ] ワッチ	動 を(じっと)見る 名 腕時計	● 注意して見る，または見守ること。
69	**think** 5 [θíŋk] すィンク	動 (と)思う，考える 変 thought — thought	● think so「そう思う」 ● I think (that) ～.「私は～だと思う」
70	**use** 5 [動 júːz / 名 júːs] 動 ユーズ / 名 ユース 発	動 を用いる，利用する 名 使用，用途	
71	**play** 5 [pléi] プれイ	動 ①(競技・ゲームなど)をする ②を演奏する ③遊ぶ 名 ①劇 ②プレー	● player(43)
72	**talk** 5 [tɔ́ːk] トーク	動 話す，しゃべる 名 話	● talk about ～「～について話す」 ● talk to ～「～と話す」
73	**enjoy** 5 [indʒɔ́i] インヂョイ	動 を楽しむ	● enjoy ～ing「～して楽しむ」

He **came** to Japan from America last week.	彼は先週アメリカから日本にやって来た。
She **wants** a new bag.	彼女は新しいかばんをほしがっている。
Do you **know** his phone number?	あなたは彼の電話番号を知っていますか。
My brother and I **made** a chair.	兄と私はいすを作った。
You can **see** the beautiful sea from the hotel.	そのホテルから美しい海が見えますよ。
She **looked** at me and smiled.	彼女は私を見てほほえんだ。
Many people **watched** the parade on Sunday.	多くの人が日曜日のパレードを見た。
What do you **think** about my idea?	私の考えについてどう思いますか。
Please **use** my umbrella.	私の傘を使ってください。
I don't **play** video games.	私はビデオゲームをしない。
I **talked** to him about the movie.	私は彼と映画について話した。
Enjoy your trip!	旅行を楽しんでください！

74	**eat** 5 [íːt] イート	動 (を)食べる 変 ate — eaten	● eat [have] soup with a spoon「スプーンでスープを飲む」
75	**get** 5 [gét] ゲット	動 ①を得る ②到着する ③になる 変 got — gotten [got]	● get up「起きる」 ● get to ～「～に着く」 ● get well「よくなる」
76	**take** 5 [téik] テイク	動 ①に乗っていく ②を連れて[持って]いく ③(授業など)を受ける 変 took — taken	● take off ～「～を脱ぐ」 ● take out ～「～を取り出す」
77	**try** 5 [trái] トゥライ	動 を試す 名 試み	● try to ～「～しようとする」 ● try on ～「～を試着する」
78	**listen** 5 [lísn] リスン	動 聞く	● 意識的に耳を傾けること。 ● listen to ～「～を聞く」
79	**hear** 5 [híər] ヒア	動 が聞こえる, (を)耳にする 変 heard — heard	● 意識せず聞こえること。 ● hear of ～「～のことを耳にする」
80	**visit** 5 [vízit] ヴィズィット	動 を訪問する 名 訪問	● visit to ～「～への訪問」 ● visitor「訪問者」(731)
81	**wait** 4 [wéit] ウェイト 同 weight	動 待つ	● wait for ～「～を待つ」
82	**win** 4 [wín] ウィン	動 (に)勝つ, を勝ち取る 変 won — won	● winner「勝者」 ⇔ lose「(に)負ける」(591)
83	**fall** 5 [fɔ́ːl] ふォーる	動 ①落ちる ②倒れる 名 秋 変 fell — fallen	● fall off [from] ～「～から落ちる」 ● fall down「倒れる」
84	**sing** 5 [síŋ] スィング	動 (を)歌う 変 sang — sung	● singer「歌手」
85	**keep** 4 [kíːp] キープ	動 ①を保管する ②を保つ 変 kept — kept	● keep ～ clean「～をきれいにしておく」 ● keep ～ing「～し続ける」

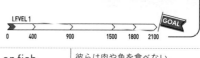

They don't **eat** meat or fish.	彼らは肉や魚を食べない。
I **got** two tickets for the concert.	私はそのコンサートのチケットを2枚手に入れた。
We **took** a taxi to the hospital.	私たちは病院までタクシーに乗っていった。
He **tried** a new racket.	彼は新しいラケットを試してみた。
My father **listens** to the radio every morning.	父は毎朝ラジオを聞いている。
I **heard** the sound of rain last night.	私は昨夜，雨の音が聞こえた。
I **visit** my grandparents every summer.	私は毎年夏に祖父母を訪ねる。
We **waited** for him for an hour.	私たちは1時間彼を待った。
How can we **win** the next game?	どうしたら次の試合に勝つことができるだろうか。
My eraser **fell** off my desk during the test.	テスト中に消しゴムが机から落ちてしまった。
My father can still **sing** his high school song.	父は今でも高校の校歌を歌うことができる。
Keep it in a cool place.	涼しい場所にそれを保管してください。

86	**draw** 4 [drɔ́ː] ドゥロー	動 (を)描く，(線を)引く 変 drew — drawn	
87	**write** 5 [ráit] ライト 発	動 ①を書く ②(に)手紙を書く 変 wrote — written	● write to ～「～(人)に手紙を書く」 ● writer「作家」
88	**stop** 5 [stáp] スタップ	動 止まる，を止める 名 停止，停留所	● stop ～ing「～することをやめる」 ● bus stop「バス停」
89	**put** 4 [pút] プット	動 を置く 変 put — put	● put on ～「～(衣類)を身につける」
90	**study** 5 [stʌ́di] スタディ	動 (を)勉強する，研究する 名 勉強，研究	
91	**learn** 5 [lə́ːrn] ら～ン	動 (を)学ぶ，を覚える 変 ～ed / learnt — ～ed / learnt	● 知識や技術を学んで身につけること。 ● learn how to ～「～の仕方を習う」
92	**walk** 5 [wɔ́ːk] ウォーク	動 歩く 名 散歩	● take a walk「散歩する」
93	**run** 5 [rʌ́n] ラン	動 ①走る ②流れる ③を経営する 変 ran — run	● runner「走者」
94	**buy** 5 [bái] バイ 同 by	動 を買う 変 bought — bought	● buy ～ ... ≒ buy ... for ～「～に…を買ってあげる」 ⇔ sell「を売る」(570)
95	**read** 5 [ríːd] リード	動 を読む，読書する 変 read [réd] レッド — read [réd] レッド	
96	**practice** 4 [prǽktis] プラぁクティス	動 を練習する 名 練習	● practice judo「柔道(の練習)をする」
97	**leave** 4 [líːv] リーヴ	動 ①出発する，去る ②を置き忘れる 変 left — left	● leave home「家を出る[出発する]」

He often **draws** pictures of animals.	彼はよく動物の絵を描く。
I **wrote** a letter to my friend in China.	私は中国にいる友人に手紙を書いた。
This train doesn't **stop** at Tokyo Station.	この電車は東京駅には止まりませんよ。
She **put** her bag on her bed.	彼女はかばんをベッドの上に置いた。
I was **studying** science then.	私はそのとき理科を勉強していた。
We are **learning** the history of the town.	私たちは町の歴史を学んでいる。
I usually **walk** to school.	私はたいてい学校に歩いて行く。
They **ran** to the bus stop.	彼らはバス停まで走った。
He **bought** flowers for his mother.	彼はお母さんに花を買ってあげた。
She **reads** ten books a month.	彼女はひと月に 10 冊の本を読む。
When do you **practice** the piano?	あなたはいつピアノを練習するのですか。
What time do you **leave** home?	あなたは何時に家を出ますか。

98 ☐	**drink** 5 [dríŋk] ドゥリンク	動 を飲む 名 飲み物 変 drank — drunk	●「飲酒する」の意味もある。
99 ☐	**turn** 5 [tə́:rn] ターン	動 ①向きを変える ②を回す ③曲がる 名 順番	● turn on [off] ～「～をつける[切る]」 ● turn left [right]「左[右]に曲がる」
100 ☐	**check** 3 [tʃék] チェック	動 を点検する，確認する 名 点検，検査	
101 ☐	**ride** 5 [ráid] ライド	動 (に)乗る 変 rode — ridden	
102 ☐	**swim** 5 [swím] スウィム	動 泳ぐ 変 swam — swum	名 swimming「水泳」 ● swimmer「泳ぎ手」
103 ☐	**wash** 5 [wɑ́ʃ] ワッシ	動 を洗う	● washing machine「洗濯機」
104 ☐	**dance** 5 [dǽns] ダァンス	動 踊る 名 ダンス，踊り	● dance to ～「～(音楽など)に合わせて踊る」
105 ☐	**jump** 4 [dʒʌ́mp] ヂャンプ	動 とぶ，とびはねる	
106 ☐	**help** 5 [hélp] へるプ	動 を手伝う，助ける 名 助け，手伝い	● help ～ with ...「～(人)の…を手伝う」
107 ☐	**say** 5 [séi] セイ	動 と言う 変 said — said	● say (that) ～「～と言う[書いてある]」
108 ☐	**work** 5 [wə́:rk] ワ～ク	動 働く 名 ①仕事 ②作品	
109 ☐	**bus** 5 [bʌ́s] バス	名 バス	● by bus「バスで」 ● get on [off] a bus「バスに乗る[を降りる]」

I **drank** a lot of water yesterday.	私は昨日はたくさん水を飲んだ。
He **turned** and looked at us.	彼は振り返って私たちを見た。
Can you **check** my answers?	私の答えをチェックしてもらえますか。
My mother **rides** her bicycle to the office.	母は会社まで自転車に乗っていく。
We **swam** in the sea this afternoon.	私たちは今日の午後海で泳いだ。
Did you **wash** your hands?	手を洗いましたか。
They were **dancing** to the song.	彼らはその歌に合わせて踊っていた。
Don't **jump** into the pool.	プールにとび込んではいけません。
I **helped** my sister with her homework.	私は妹の宿題を手伝った。
He **said**, "Nice to meet you."	彼は「はじめまして」と言った。
They **work** from nine to five.	彼らは9時から5時まで働く。
We went to the park by **bus**.	私たちは公園にバスで行った。

110	**club** 5 [klʌ́b] クらブ	名 クラブ，**部**	
111	**museum** 5 [mju:zíəm] ミューズィアム ア	名 博物館，美術館	● art museum「美術館」
112	**shopping** 5 [ʃápiŋ] シャピング	名 買い物	● shopping bag「買い物袋」 ● do the [*one*'s, some] shopping「買い物をする」
113	**library** 5 [láibreri] らイブレリ	名 図書館，**図書室**	
114	**apple** 5 [ǽpl] あプる	名 リンゴ	
115	**box** 5 [báks] バックス	名 箱	● lunch box「弁当箱」
116	**ball** 5 [bɔ́:l] ボーる	名 ボール，**球**	● ball game「球技」
117	**subject** 4 [sʌ́bdʒikt] サブヂェクト	名 ①教科 ②(研究などの)**主題**	●「(Eメールなどの)件名」，文の「主語」の意味もある。
118	**math** 5 [mǽθ] マぁす	名 数学	● mathematics の略。
119	**science** 5 [sáiəns] サイエンス	名 理科，科学	● scientist「科学者」(509)
120	**art** 5 [á:rt] アート	名 芸術，美術	● artist「芸術家」(162)
121	**cat** 5 [kǽt] キぁット	名 ネコ	

Our **club** practices after school every day.	私たちのクラブは毎日放課後に練習をしている。
He visited some **museums** in France.	彼はフランスでいくつかの博物館を訪れた。
I always carry my own **shopping** bag.	私はいつも自分の買い物袋を持っている。
Our city has about twenty **libraries**.	私たちの市には約 20 の図書館がある。
I ate an **apple** for lunch.	私は昼食にリンゴを食べた。
I keep my old toys in these **boxes**.	私は古いおもちゃをこれらの箱に保管している。
I can't catch the **ball** well.	私はボールをうまくキャッチできない。
My favorite **subject** is English.	私の大好きな教科は英語だ。
I have a **math** class today.	私は今日は数学の授業がある。
He is good at **science**.	彼は理科が得意だ。
They are talking about Japanese **art**.	彼らは日本の芸術について話している。
My **cat** is sleeping under the table.	私のネコはテーブルの下で眠っている。

No.	単語	発音	頻度	意味	補足
122	**penguin**	[péŋgwin] ペングウィン	5	名 ペンギン	
123	**gym**	[dʒím] ヂム	5	名 ①体育館 ②スポーツジム	
124	**bath**	[bǽθ] バぁす 発	4	名 入浴	● take a bath「風呂に入る」
125	**window**	[wíndou] ウィンドウ	5	名 窓	● open [close] the window「窓を開ける〔閉める〕」
126	**snack**	[snǽk] スナぁック		名 軽食，おやつ	● have a snack「軽食をとる，おやつを食べる」
127	**ink**	[íŋk] インク	3	名 インク	● in ink「インクで」
128	**king**	[kíŋ] キング	5	名 王	
129	**queen**	[kwí:n] クウィーン 発	3	名 女王	
130	**shoe**	[ʃú:] シュー		名 靴	● ふつう複数形で使う。 ● a pair of shoes「靴1足」
131	**flower**	[fláuər] ふらウア 発 同 flour	5	名 花，草花	
132	**tree**	[trí:] トゥリー	5	名 木	
133	**station**	[stéiʃn] ステイシャン	5	名 ①駅 ②〜署	● police [fire] station「警察署〔消防署〕」
134	**computer**	[kəmpjú:tər] コンピュータ	5	名 コンピューター	

The **penguins** were walking around in the zoo.	ペンギンが動物園で散歩をしていた。
I have a volleyball game in our school **gym** tomorrow.	私は明日学校の体育館でバレーボールの試合がある。
I took a **bath** at around nine yesterday.	私は昨日は9時ごろに風呂に入った。
Can you open the **window**?	窓を開けてくれますか。
I had a **snack** in the afternoon.	私は午後におやつを食べた。
He is writing a letter in **ink**.	彼はインクで手紙を書いている。
The **king** is still young.	その王はまだ若い。
They love their country's **queen**.	彼らは自分たちの国の女王を愛している。
Take off your **shoes** here, please.	ここで靴を脱いでください。
You can see many **flowers** in the park in spring.	その公園では春にたくさんの花を見ることができる。
There is an apple **tree** in our garden.	うちの庭にはリンゴの木がある。
See you at the **station** at five.	5時に駅で会いましょう。
My brother uses an old **computer**.	兄は古いコンピューターを使っている。

135 ☑	**girl** 5 [gə́:rl] ガ～る	名 少女	
136 ☑	**boy** 5 [bɔ́i] ボイ	名 少年	
137 ☑	**street** 5 [strí:t] ストゥリート	名 通り	
138 ☑	**hospital** 5 [háspitl] ハスピトゥる	名 病院	● *be* in [go to] the hospital「入院している[する]」 ● leave the hospital「退院する」
139 ☑	**doctor** 5 [dáktər] ダクタ	名 ①医者，医師 ②博士	● family [*one*'s] doctor「かかりつけ医」 ● see a doctor「医者にみてもらう」
140 ☑	**mountain** 5 [máuntn] マウントゥン	名 山	● Mt. Fuji「富士山」(Mt. は省略形)
141 ☑	**sea** 5 [sí:] スィー 同 see	名 〈the +〉海	
142 ☑	**table** 5 [téibl] テイブる	名 テーブル	
143 ☑	**desk** 5 [désk] デスク	名 机	
144 ☑	**card** 5 [ká:rd] カード	名 ①カード ②はがき ③(トランプの)カード	● play cards「トランプをする」
145 ☑	**classroom** 5 [klǽsrù:m] クらぁスルーム	名 教室	● the teachers' room「職員室」
146 ☑	**dish** [díʃ] ディッシ	名 ①皿 ②(皿に盛った)料理	● do [wash] the dishes「食器を洗う」(the dishes で「食器類」)

The young **girls** were practicing dancing this morning.	その若い女の子たちは今朝ダンスの練習をしていた。
The little **boy** often helps his mother.	その小さな少年は母親の手伝いをよくする。
The trees on this **street** are very beautiful in the fall.	この通りの木々は秋になるととてもきれいだ。
He is in the **hospital** now.	今彼は入院している。
I saw my **doctor** yesterday.	私は昨日かかりつけの医者にみてもらった。
He climbs that **mountain** every year.	彼は毎年その山に登る。
They are swimming in the **sea** now.	彼らは今海で泳いでいる。
Can you put it on the **table**?	それをテーブルに置いてくれますか。
I was reading at my **desk** last night.	私は昨晩は自分の机で読書をしていた。
Write your name on this **card**.	あなたの名前をこのカードに書いてください。
You can't eat snacks in the **classroom**.	教室でおやつを食べてはいけません。
Wash the **dishes**. It's your turn today.	食器を洗ってね。今日はあなたの番だよ。

No.	単語	意味	補足
147	**stadium** 4 [stéidiəm] ステイディアム 発	名 競技場，スタジアム	
148	**firework** 3 [fáiərwə̀:rk] ふァイアワ〜ク	名 花火	● ふつう複数形で使う。 ● play with fireworks「花火をする」
149	**bed** 5 [béd] ベッド	名 ベッド	● go to bed「寝る」 ● get out of bed「起きる，ベッドから出る」
150	**vacation** 5 [veikéiʃn] ヴェイケイシャン	名 休暇	● take a vacation「休暇をとる」
151	**bread** 5 [bréd] ブレッド	名 パン	● 不可算名詞。a slice of bread「1枚の食パン」のように数を表す。
152	**pie** 4 [pái] パイ	名 パイ	
153	**shrine** 3 [ʃráin] シュライン	名 神社	
154	**temple** 3 [témpl] テンプる	名 寺院，寺	
155	**newspaper** 5 [njú:zpèipər] ニューズペイパ	名 新聞	
156	**star** 5 [stá:r] スター	名 ①星 ②スター，有名人	● falling star「流れ星」 ● movie star「映画スター」
157	**juice** 5 [dʒú:s] ヂュース	名 ジュース，(野菜や果物の)汁	● 果汁100%の飲料のこと。「清涼飲料」は soft drink。 ● 不可算名詞だが，注文時は可算名詞扱い。
158	**salad** 5 [sǽləd] サぁらド	名 サラダ	● make (a) salad「サラダを作る」

We walked from the station to the baseball **stadium**.	私たちは駅から野球場まで歩いた。
We watched the **fireworks** last night.	私たちはゆうべ花火を見た。
My father goes to **bed** at ten every night.	父は毎晩10時にベッドに入る。
I visited my friend in Toyama during summer **vacation**.	私は夏休みに富山の友人を訪ねた。
I ate **bread** for lunch.	私は昼食にパンを食べた。
She made an apple **pie** for us.	彼女は私たちにアップルパイを作ってくれた。
Many tourists visit this **shrine**.	多くの観光客がこの神社を訪れる。
There are a lot of **temples** and shrines in this city.	この町にはたくさんの寺や神社がある。
He reads the student **newspaper** every week.	彼は学生新聞を毎週読んでいる。
The **stars** are very beautiful in winter.	冬の星はとてもきれいだ。
A tomato **juice** and two orange **juices**, please.	トマトジュースを1つとオレンジジュースを2つください。
He is making potato **salad**.	彼はポテトサラダを作っている。

No.	単語	意味	補足
159 ☑	**noodle** 4 [nú:dl] ヌードゥる	名 めん類	● ふつう複数形で使う。
160 ☑	**soup** 4 [sú:p] スープ	名 スープ	● 不可算名詞。a bowl [cup] of soup「スープ1杯」
161 ☑	**bicycle** 5 [báisikl] バイスィクる	名 自転車	● by bicycle「自転車で」 ＝ bike(420)
162 ☑	**artist** 4 [ɑ́:*r*tist] アーティスト	名 芸術家，画家	● art「芸術」(120)
163 ☑	**hat** 5 [hǽt] ハあット	名 帽子	● ふちがある帽子。ふちのないものは cap(52)。
164 ☑	**shirt** 5 [ʃə́:*r*t] シャ～ト	名 シャツ	● T-shirt「Tシャツ」 ● put on a shirt「シャツを着る」
165 ☑	**hero** 3 [hí:rou] ヒーロウ	名 英雄，ヒーロー	● この意味では性別を問わず使われる。heroine は「(女性の)英雄」。
166 ☑	**football** 5 [fútbɔ̀:l] ふットボーる	名 フットボール	● 《米》では「アメリカンフットボール」，《英》では「サッカー」のこと。
167 ☑	**jet** [dʒét] ヂェット	名 ジェット機	＝ jet plane
168 ☑	**eye** [ái] アイ 同 I	名 目	● open [close] *one's* eyes「目を開ける[閉じる]」
169 ☑	**change** 4 [tʃéindʒ] チェインヂ	動 を変える，変わる 名 ①変化 ②おつり	
170 ☑	**give** 5 [gív] ギヴ	動 を与える 変 gave — given	● give ～ ... ≒ give ... to ～「～に…を与える[あげる]」

They don't eat **noodles** with rice.	彼らはめん類をご飯といっしょには食べない。
I ate corn **soup** first.	私はまずコーンスープを飲んだ。
Many students at our school come to school by **bicycle**.	私たちの学校の多くの生徒が自転車で通学している。
These are works by a famous **artist**.	これらは有名な芸術家による作品だ。
I bought this **hat** for my birthday.	私は誕生日にこの帽子を買った。
Can I try on this **shirt**?	このシャツを着てみてもいいですか。
He is a **hero** of the country.	彼はその国の英雄だ。
There is a big **football** game in America next Sunday.	アメリカでは次の日曜日に大きなフットボールの試合がある。
He took a **jet** to London.	彼はロンドンまでジェット機に乗った。
Close your **eyes**.	目を閉じてください。
We **changed** trains at Nagoya Station.	私たちは名古屋駅で電車を乗りかえた。
My brother **gave** me a cap.	兄は私に帽子をくれた。

171 ☑	**teach** 5 [tí:tʃ] ティーチ	動 を教える 変 taught — taught	● teach ～ ... ≒ teach ... to ～「～に…を教える」
172 ☑	**tell** 5 [tél] テる	動 に話す，伝える 変 told — told	● tell ～ about ...「～に…について話す」 ● tell ～ ... ≒ tell ... to ～「～に…を話す」
173 ☑	**show** 4 [ʃóu] ショウ	動 を見せる，示す 名 ショー 変 ～ed — shown	● show ～ ... ≒ show ... to ～「～に…を見せる」 ● show ～ around ...「～に…を案内する」
174 ☑	**bring** 4 [bríŋ] ブリング	動 を持ってくる 変 brought — brought	● bring ～ ... ≒ bring ... to ～「～に…を持ってくる」 ● take「を持っていく」(76)
175 ☑	**find** 4 [fáind] ふァインド	動 を見つける 変 found — found	● find (that) ～「～ということがわかる」
176 ☑	**stay** 5 [stéi] ステイ	動 滞在する 名 滞在	● stay with ～「～(人)の家に泊まる」
177 ☑	**feel** 4 [fí:l] ふィーる	動 感じる 変 felt — felt	● feeling「感情」(986)
178 ☑	**thank** 5 [θǽŋk] さぁンク	動 に感謝する 名 (複数形で)感謝	● thanks to ～「～のおかげで」
179 ☑	**choose** 3 [tʃú:z] チューズ	動 を選ぶ 変 chose — chosen	● choice「選択」(1034)
180 ☑	**sound** 4 [sáund] サウンド	動 聞こえる，思える 名 音	● sound like ～「～のように思える」
181 ☑	**join** 4 [dʒɔ́in] ヂョイン	動 に加わる	
182 ☑	**meet** 5 [mí:t] ミート 同 meat	動 (に)会う，出会う 変 met — met	● Nice to meet you.「はじめまして」

She **teaches** them Japanese on weekends.	彼女は週末に彼らに日本語を教えている。
I **told** him about my family.	私は彼に家族について話した。
He **showed** me some pictures.	彼は私に数枚の写真を見せてくれた。
They **brought** us some food.	彼らは私たちにいくらか食べ物を持ってきてくれた。
Where did you **find** my bag?	あなたはどこで私のかばんを見つけたのですか。
On Saturday, we **stayed** with my grandparents.	土曜日に私たちは祖父母の家に泊まった。
When do you **feel** happy?	あなたはいつ幸せだと感じますか。
Thank you for your help.	手伝ってくれてありがとう。
Which color did you **choose**?	あなたはどの色を選びましたか。
This idea **sounds** good to me.	このアイディアは私にはよさそうに聞こえる。
I **joined** the newspaper club.	私は新聞部に入った。
I **met** her in the library.	私は彼女に図書館で会った。

183 ☑	**grow** 4 [gróu] グロウ	動 ①成長する ②を育てる 変 grew — grown	● grow up「大人になる」
184 ☑	**arrive** 4 [əráiv] アライヴ	動 到着する	● arrive at [in] ～「～に到着する」(at ＋地点，in ＋広い地域)
185 ☑	**send** 4 [sénd] センド	動 を送る 変 sent — sent	● send ～ ... ≒ send ... to ～「～に…を送る」
186 ☑	**happen** 4 [hǽpn] ハぁプン	動 (偶然)起こる	● happen to ～「～に(よくないことが)起こる」
187 ☑	**follow** 3 [fálou] ふァろウ	動 ①のあとについていく ②に従う	形 following「次に続く」(1062)
188 ☑	**hold** 4 [hóuld] ホウるド	動 ①を持っている，抱く ②(会)を開く 変 held — held	● hold *one's* hand「手を握る」 ● hold a party「パーティーを開く」
189 ☑	**relax** 3 [rilǽks] リらぁックス	動 くつろぐ，をくつろがせる	
190 ☑	**perform** 3 [pərfɔ́ːrm] パふォーム	動 (を)演じる	名 performance「上演，演技，演奏」(299)
191 ☑	**need** 5 [níːd] ニード	動 を必要とする 名 必要	● need to ～「～する必要がある」
192 ☑	**start** 5 [stáːrt] スタート	動 ①を始める，始まる ②出発する 名 開始	● start to ～ [～ing]「～し始める」 ＝ begin (583)
193 ☑	**become** 4 [bikʌ́m] ビカム	動 になる 変 became — become	● あとには名詞や形容詞がくる。
194 ☑	**hope** 4 [hóup] ホウプ	動 (を)望む 名 願い	● hope (that) ～「～ということを望む」 ● hope to ～「～したいと思う」

Children **grow** very quickly.	子どもたちはとても早く成長する。
He **arrived** at Hakata Station at five.	彼は5時に博多駅に到着した。
I **sent** a letter to my friend in Canada.	私はカナダにいる友人に手紙を送った。
What **happened** to her?	何が彼女に起こったの？
That dog is **following** us.	あのイヌが私たちについてきている。
He was **holding** a large box.	彼は大きな箱を抱えていた。
He **relaxed** in his chair.	彼はいすに座ってくつろいだ。
They **performed** at the dance festival last night.	彼らは昨晩ダンスフェスティバルで演技をした。
He **needs** your help.	彼はあなたの助けを必要としている。
The TV drama **starts** at eight.	そのテレビドラマは8時に始まる。
She **became** a Japanese teacher.	彼女は日本語の教師になった。
I **hope** that you can join us.	私はあなたが私たちに加わってくれることを願っています。

No.	単語	意味	補足
195	**worry** 4 [wə́:ri] ワ〜リ	動 心配する，を心配させる	● worry about 〜「〜のことを心配する」
196	**catch** 4 [kǽtʃ] キァッチ	動 ①をつかまえる ②(乗り物)に間に合う 変 caught — caught	● catch the bus「そのバスに間に合う」
197	**set** 4 [sét] セット	動 を置く，配置する 名 一組，セット 変 set — set	
198	**ski** 5 [skí:] スキー	動 スキーをする	● go skiing「スキーに行く」
199	**skate** 5 [skéit] スケイト	動 スケートをする	● go skating「スケートに行く」
200	**speak** 5 [spí:k] スピーク	動 (を)話す 変 spoke — spoken	● speak with [to] 〜「〜と話す，〜に話しかける」
201	**like** 5 [láik] らイク	動 が好きだ 前 〜のような[に]	● like to 〜 [〜ing]「〜するのが好きだ」
202	**live** 5 [lív] リヴ	動 ①住む ②生きる	● live in 〜「〜に住んでいる」 名 life「生活，生命」(221)
203	**cook** 5 [kúk] クック	動 を料理する 名 料理人	● 熱を加えて料理をすること。 名 cooking「料理」(520)
204	**open** 5 [óupn] オウプン	動 を開ける，開く 形 開いている	⇔ close「を閉じる」(971)
205	**do** 5 [dú:] ドゥー	動 をする 変 did — done 助 疑問文や否定文などを作る	● 助 三人称単数現在形は does，否定形は don't [doesn't，didn't]。
206	**be** 5 [bí:] ビー	動 ①である，になる ②いる，ある 助 進行形や受け身形を作る 変 was / were — been	● 原形の be は，助動詞や不定詞の to のあとに，また命令文で使う。

I sometimes **worry** about him.	私はときどき彼のことが心配だ。
He **caught** the ball with one hand.	彼は片手でボールをとらえた。
Please **set** the dishes on the table.	テーブルの上にお皿を並べてください。
We went **skiing** in Hokkaido last weekend.	私たちは先週末，北海道にスキーをしに行った。
I learned how to **skate** from my father.	私は父からスケートの仕方を習った。
Do they **speak** English?	彼らは英語を話しますか。
I **like** noodles very much.	私はめん類が大好きだ。
My sister **lives** in America.	姉はアメリカに住んでいる。
He is **cooking** dinner in the kitchen.	彼は台所で夕飯を作っている。
Can I **open** this box?	この箱を開けてもいいですか。
I **didn't do** my homework yesterday.	私は昨日は宿題をしなかった。
She wants to **be** a movie star.	彼女は映画スターになりたがっている。

207	**can** 5 [kǽn] キぁン	助 ①〜できる ②〜してもよい 名 缶 変 could(394)	● Can I 〜?「〜してもいいですか」 ● Can you 〜?「〜してくれますか」
208	**will** 5 [wíl] ウィる	助 ①〜するだろう ②〜するつもりだ 変 would(395)	● 否定形は will not または won't [wóunt]。 ● *be* going to 〜「〜するつもりだ」
209	**must** 4 [mʌ́st] マスト	助 ①〜しなければならない ②〜にちがいない	● must not 〜「〜してはいけない」 ● have to 〜「〜しなければならない」
210	**may** 5 [méi] メイ	助 ①〜してもよい ②〜かもしれない 変 might(898)	● May I 〜?「〜してもいいですか」
211	**word** 5 [wə́:rd] ワ〜ド	名 単語，言葉	
212	**language** 4 [lǽŋgwidʒ] らぁングウィッヂ	名 言語	
213	**English** 5 [íŋgliʃ] イングリッシ	名 英語 形 英語の	● in English「英語で」
214	**Japanese** 5 [dʒæ̀pəní:z] ヂぁパニーズ	名 日本語，日本人 形 日本(人)の，日本語の	● Japan「日本」
215	**thing** 4 [θíŋ] すィング	名 もの，こと	
216	**problem** 4 [prɑ́bləm] プラブれム	名 問題	● No problem.「いいですとも，どういたしまして」
217	**question** 5 [kwéstʃən] クウェスチョン	名 質問	● have a question about 〜「〜について質問がある」 ⇔ answer「答え」(327)
218	**way** 5 [wéi] ウェイ	名 ①方法 ②道	● the way to 〜「〜への道」 ● (in) this way「このようにして」

I can sing this song in English.	私は英語でこの歌を歌うことができる。
The team will win the game.	そのチームは試合に勝つだろう。
I must leave now.	私はもう行かなければなりません。
A: May I sit here? B: Yes, of course.	A: ここに座ってもよろしいですか。 B: ええ，もちろんです。
I don't know these English words.	私はこれらの英単語を知らない。
She can speak four languages.	彼女は4つの言語を話せる。
I wrote a letter in English.	私は英語で手紙を書いた。
He speaks very good Japanese.	彼はとても上手に日本語を話す。
I want to try new things this year.	私は今年は新しいことに挑戦したい。
She had a big problem.	彼女は大きな問題を抱えていた。
Do you have any questions about this?	このことについて何か質問はありますか。
Could you tell me the way to the museum?	博物館への道を教えていただけますか。

219	**world** 5 [wə́ːrld] ワ〜るド	名 〈the +〉世界	● in the world「世界で」
220	**country** 5 [kʌ́ntri] カントゥリ	名 ①国 ②〈the +〉いなか	
221	**life** 3 [láif] らイふ	名 ①生活 ②生命 ③一生 複 lives [láivz]	● in *one*'s life「〜の人生で」 動 live (202)
222	**man** 5 [mǽn] マぁン	名 男の人 複 men [mén]	
223	**woman** 5 [wúmən] ウマン	名 女の人 複 women [wímin]	
224	**class** 5 [klǽs] クらぁス	名 ①クラス ②授業	● have an English class「英語の授業がある」
225	**classmate** 4 [klǽsmèit] クらぁスメイト	名 同級生，クラスメート	
226	**game** 5 [géim] ゲイム	名 ①試合 ②ゲーム	● video game「ビデオ[テレビ]ゲーム」 ①＝ match (759)
227	**idea** 4 [aidíːə] アイディーア ア	名 考え，アイディア	● have no idea「まったくわからない」
228	**room** 5 [rúːm] ルーム	名 部屋	● living room「居間」
229	**city** 5 [síti] スィティ	名 市，都市	● town (230) よりも大きい，あるいは重要な町をさす。
230	**town** 5 [táun] タウン	名 町	● city (229) よりは小さく，village「村」(422) よりは大きい町をさす。

It is the largest lake in the **world**.	それは世界で最大の湖だ。
Which **country** do you want to visit?	あなたはどの国を訪れたいですか。
He enjoys his country **life**.	彼はいなかの生活を楽しんでいる。
Do you know that tall **man**?	あの背の高い男の人を知っていますか。
Are these hats for **women**?	これらの帽子は女性用ですか。
He and I are in the same **class**.	彼と私は同じクラスだ。
They are my **classmates**.	彼らは私のクラスメートだ。
In the evening, I watched a soccer **game** on TV.	私は夜はテレビでサッカーの試合を見た。
That's a good **idea**.	それはいい考えだ。
They are now waiting in the next **room**.	彼らは今隣の部屋で待っている。
He works in a big **city** in Canada.	彼はカナダの大都市で働いている。
He is from a small **town** in that country.	彼はその国の小さな町の出身だ。

No.	単語	発音	ランク	意味	補足
231 ☑	**example**	[igzǽmpl] イグザぁンプる	3	名 例	• for example「例えば」
232 ☑	**job**	[dʒáb] ヂャブ	4	名 仕事	• find [get] a job「仕事を見つける[得る]」
233 ☑	**part**	[pá:rt] パート	4	名 ①部分 ②役割，役	• (a) part of ～「～の一部」
234 ☑	**story**	[stɔ́:ri] ストーリ	5	名 話，物語	
235 ☑	**event**	[ivént] イヴェント	3	名 ①行事 ②できごと	• school event「学校行事」
236 ☑	**river**	[rívər] リヴァ	5	名 川	
237 ☑	**lake**	[léik] れイク	5	名 湖	
238 ☑	**trip**	[tríp] トゥリップ	4	名 旅行	• trip to ～「～への旅行」 • go on a trip「旅行に行く」
239 ☑	**tourist**	[túərist] トゥ(ア)リスト	3	名 観光客，旅行者	• tour「旅行」(540)
240 ☑	**e-mail**	[í:mèil] イーメイる	3	名 Eメール 動 にEメールを送る	• email ともつづる。 • by e-mail「Eメールで」
241 ☑	**evening**	[í:vniŋ] イーヴニング	5	名 夕方，晩	• ふつう日没から就寝時までをさす。
242 ☑	**weather**	[wéðər] ウェざ	5	名 天気	• 不可算名詞。

I'll give you an **example**.	例を挙げましょう。
He found a **job** in this town.	彼はこの町で仕事を見つけた。
Music is an important **part** of my life.	音楽は私の人生の大切な一部だ。
She told me an interesting **story**.	彼女は私におもしろい話をしてくれた。
It is the biggest **event** of the year.	それは1年でいちばん大きい行事だ。
Let's go swimming in the **river**.	川に泳ぎに行こう。
You can play with fireworks by this **lake**.	この湖のほとりでは花火をすることができる。
How was your **trip** to Kyoto?	京都への旅行はいかがでしたか。
Many **tourists** visit the town in winter.	冬には多くの観光客がその町を訪れる。
He sent me an **e-mail** last night.	彼は昨晩，私にEメールを送ってきた。
I have tennis practice on Friday **evening** every week.	私は毎週金曜日の夕方にテニスの練習がある。
The **weather** was bad during the trip.	旅行中は天気が悪かった。

243 ☑	**green**	[gríːn] グリーン	5	形 緑の 名 緑	● green tea「緑茶」
244 ☑	**white**	[*h*wáit] (ホ)ワイト	5	形 白い 名 白	
245 ☑	**red**	[réd] レッド	5	形 赤い 名 赤	● read(95)の過去形・過去分詞形と同音。
246 ☑	**black**	[blǽk] ブらぁック	5	形 黒い 名 黒	
247 ☑	**blue**	[blúː] ブるー	5	形 青い 名 青	
248 ☑	**brown**	[bráun] ブラウン	5	形 茶色い 名 茶色	
249 ☑	**some**	[sʌ́m] サム	5	形 いくつかの，いくらかの 代 いくつか，いくらか	● 可算名詞・不可算名詞のいずれも修飾する。 ● some of ～「～のいくつか[いくらか]」
250 ☑	**many**	[méni] メニ	5	形 多くの，多数の 代 多くの人[もの] 変 more — most	● 可算名詞を修飾する。不可算名詞には much (340)を使う。 ＝ a lot of ～
251 ☑	**every**	[évri] エヴリ	5	形 ①どの～もみな ②毎～	● 後ろには単数名詞がくる。 ● every day「毎日」
252 ☑	**old**	[óuld] オウるド	5	形 ①古い ②年をとった ③～歳の	● *be* fourteen years old「14歳だ」 ⇔① new「新しい」(253), ② young「若い」(599)
253 ☑	**new**	[njúː] ニュー 同 knew	5	形 新しい	● new year「新年」 ⇔ old(252)
254 ☑	**other**	[ʌ́ðər] アざ	4	形 ほかの 代 ほかのもの[人]	● the other ～「もう一方の～，残りの～」

The boy with the **green** cap is my brother.	緑の帽子をかぶった少年は私の弟だ。
I bought a **white** T-shirt yesterday.	私は昨日，白いTシャツを買った。
You must not write your names in **red** ink.	赤いインクで名前を書いてはいけません。
I have a **black** dog.	私は黒いイヌを飼っている。
She has beautiful **blue** eyes.	彼女はきれいな青い目をしている。
I want **brown** shoes.	私は茶色い靴がほしい。
I had **some** bread and soup.	私はいくらかパンとスープを食べた。
There were **many** people at that festival.	その祭りには多くの人々がいた。
Every student in my class studies hard.	私のクラスのどの生徒もみなよく勉強する。
My father likes to watch **old** movies.	父は古い映画を見るのが好きだ。
Your bicycle looks **new**.	きみの自転車は新しいようだね。
Are there any **other** problems?	ほかに何か問題はありますか。

255 ☑	**big** 5 [bíg] ビッグ	形 大きい	⇔ small「小さい」(256), little「小さい」(704)
256 ☑	**small** 3 [smɔ́:l] スモール	形 小さい	= little(704) ⇔ big(255), large「大きい」(358)
257 ☑	**tall** 5 [tɔ́:l] トーる	形 (背が)高い	● 木や建物などにも使う。山などには high(361)。 ⇔ short「低い」(273)
258 ☑	**great** 5 [gréit] グレイト 発	形 ①すばらしい ②偉大な	● That's great!「それはいいね！」
259 ☑	**last** 5 [lǽst] らぁスト	形 ①最後の ②この前の	● last summer「この前の夏(に)」 ⇔ ① first「最初の」(294)
260 ☑	**nice** 5 [náis] ナイス	形 すてきな，よい	= good(363), fine(494)
261 ☑	**famous** 3 [féiməs] ふェイマス	形 有名な 変 more ～ — most ～	● *be* famous for ～「～で有名だ」
262 ☑	**busy** 5 [bízi] ビズィ 発	形 忙しい	● *be* busy with ～「～で忙しい」
263 ☑	**tired** 4 [táiərd] タイアド	形 ①疲れた ②飽きた 変 more ～ — most ～	● get tired「疲れる」 ● feel tired「疲れを覚える」
264 ☑	**delicious** 4 [dilíʃəs] デリシャス	形 とてもおいしい 変 more ～ — most ～	● look delicious「とてもおいしそうだ」
265 ☑	**sweet** 5 [swí:t] スウィート	形 甘い	⇔ bitter「苦い」(499)
266 ☑	**another** 4 [ənʌ́ðər] アナざ	形 ①別の ②もう1つの 代 別のもの[人]	● another cup of coffee「もう1杯のコーヒー」
267 ☑	**all** 5 [ɔ́:l] オーる	形 すべての 代 すべて 副 まったく	● 形 all は the や my などの前に置く。 ● all day「1日中」

Yours is **bigger** than mine.	あなたのは私のよりも大きい。
This shirt is too **small** for me.	このシャツは私には小さすぎる。
He is the **tallest** player on the team.	彼はそのチームでいちばん背の高い選手だ。
I had a **great** time at the party.	私はパーティーですばらしい時を過ごした。
This is the **last** question.	これが最後の質問です。
What **nice** weather!	なんていい天気なんでしょう！
She is a very **famous** artist in that country	彼女はその国ではとても有名な芸術家だ。
Are you **busy** this evening?	今日の夕方は忙しいですか。
I was very **tired** after the trip.	私は旅行のあととても疲れていた。
This apple pie looks **delicious**.	このアップルパイはとてもおいしそうだ。
People in those countries often drink **sweet** green tea.	それらの国々の人たちは，甘い緑茶をよく飲む。
Let's talk about it **another** time.	それについては別の時に話しましょう。
I read **all** the books here.	私はここにあるすべての本を読んだ。

268 ☑	**any** 5 [éni] エニ	形 ①(疑問文で)いくらかの，何らかの ②(否定文で)少しの〜も	● 肯定文では「どんな〜でも」。 ● not 〜 any ... 「少しの…も〜ない」
269 ☑	**traditional** 3 [trədíʃənl] トゥラディショヌる	形 伝統的な 変 more 〜 ― most 〜	名 tradition 「伝統」(1029)
270 ☑	**hungry** 5 [hʌ́ŋgri] ハングリ	形 空腹な	● thirsty 「のどのかわいた」(1728)
271 ☑	**sleepy** 4 [slíːpi] スリーピ	形 眠い	● feel sleepy 「眠い」 動 sleep 「眠る」(472)
272 ☑	**long** 5 [lɔ́ːŋ] ろーング	形 長い 副 長く	● for a long time 「長い間」 ⇔ short 「短い」(273)
273 ☑	**short** 5 [ʃɔ́ːrt] ショート	形 ①短い ②(背が)低い	⇔① long(272), ② tall(257)
274 ☑	**kind** 5 [káind] カインド	形 親切な，やさしい 名 種類	● *be* kind to 〜 「〜に親切だ[やさしい]」
275 ☑	**happy** 5 [hǽpi] ハぁピ	形 幸せな，うれしい	● *be* happy to 〜 「〜してうれしい」 ⇔ sad(276)
276 ☑	**sad** 5 [sǽd] サぁッド	形 悲しい	⇔ happy(275) ● *be* sad to 〜 「〜して悲しい」
277 ☑	**wonderful** 5 [wʌ́ndərfl] ワンダふる	形 すばらしい 変 more 〜 ― most 〜	
278 ☑	**hundred** 5 [hʌ́ndrəd] ハンドゥレッド	形 100 の 名 100	● two hundred 「200(の)」(複数形にしない) ● hundreds of 〜 「何百もの〜」
279 ☑	**there** 5 [ðéər] ぜア 同 their	副 そこに[で，へ]	● over there 「向こうに」 ● There is [are] 〜. 「〜がある[いる]」

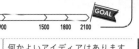

Do you have **any** good ideas?	何かよいアイディアはありますか。
They are practicing **traditional** Japanese dance.	彼らは伝統的な日本の踊りを練習している。
He was very **hungry** during the class.	彼は授業中とても空腹だった。
I felt **sleepy** and went to bed.	私は眠かったのでベッドに入った。
He lived there for a **long** time.	彼は長い間そこに住んでいた。
She is now taking a **short** vacation.	彼女は今短い休暇をとっている。
She is always **kind** to older people.	彼女はいつもお年寄りに親切だ。
You look very **happy** today.	あなたは今日はとてもうれしそうですね。
This is a book of **sad** stories about animals.	これは動物たちの悲しい物語の本だ。
Thank you for the **wonderful** dinner.	すばらしい夕食をありがとうございました。
There are about two **hundred** books in this room.	この部屋には約200冊の本がある。
They went to London and stayed **there** for a week.	彼らはロンドンに行き，そこに1週間滞在した。

280 ☑	**here** 5 [híər] ヒア 同 hear	副 ここに[で，へ]	● Here is [are] ～.「ここに～がある，これが～だ」
281 ☑	**now** 5 [náu] ナウ	副 ①今 ②さて	● right now「今すぐに」
282 ☑	**very** 5 [véri] ヴェリ	副 非常に，とても	● very much「とても」
283 ☑	**too** 5 [tú:] トゥー	副 ①～もまた ②あまりに～すぎる	● too ... to ～「…すぎて～できない」
284 ☑	**often** 5 [ɔ́:fn/ɔ́:ftn] オーふン/オーふトゥン	副 よく，しばしば	● How often ～?「どれくらい頻繁に[何回]～しますか」
285 ☑	**sometimes** 5 [sʌ́mtàimz] サムタイムズ	副 ときどき	
286 ☑	**really** 5 [rí:əli] リー(ア)リ	副 本当に，実に	● Really?「(会話で)本当に？」 形 real「本当の」(841)
287 ☑	**please** [plí:z] プリーズ	副 どうぞ	
288 ☑	**usually** 5 [jú:ʒuəli] ユージュアリ	副 たいてい，ふつうは	
289 ☑	**yesterday** 5 [jéstərdèi] イェスタデイ	副 昨日(は) 名 昨日	● tomorrow「明日」(370) ● the day before yesterday「おととい」
290 ☑	**hard** 4 [há:rd] ハード	副 熱心に 形 ①困難な　②固い	● have a hard time「苦労する，つらい目にあう」
291 ☑	**yes** 5 [jés] イェス	副 はい	⇔ no「いいえ」(338)
292 ☑	**always** 5 [ɔ́:lweiz] オーるウェイズ	副 いつも，常に	● not always ～「いつも～とは限らない」

We arrived **here** three hours ago.	私たちはここに3時間前に着いた。
What time is it **now**?	今何時ですか。
They are **very** nice people.	彼らはとてもよい人たちだ。
I cleaned my brother's room, **too**.	私は弟の部屋も掃除した。
She **often** sends me e-mails.	彼女はよく私にEメールを送ってくる。
I **sometimes** see him in the school library.	私はときどき彼を学校の図書館で見かける。
That was a **really** good game.	あれは本当にいい試合だった。
Please listen to me.	どうか私の話を聞いてください。
I **usually** go to bed before eleven.	私はたいてい11時前に寝る。
He left Japan **yesterday**.	彼は昨日日本を出発した。
She is studying very **hard** to become a doctor.	彼女は医者になるためにとても熱心に勉強している。
A: Are you hungry? B: **Yes**, I'm very hungry.	A: おなかはすいてますか。 B: はい，とてもすいています。
I **always** buy this juice.	私はいつもこのジュースを買う。

No.	単語	頻度	意味	補足
293	**back** [bǽk] バぁック	5	副 ①戻って ②後ろへ 名 背中，後ろ	● come [go] back「戻る」 ● look back「振り返る」
294	**first** [fə́ːrst] ふァ〜スト	5	副 ①最初に ②第1に 形 第1の，最初の 名（月の）第1日	● last(259) ● for the first time「初めて」 ● at first「最初は」
295	**clock** [klák] クらック	5	名 時計	● 置時計や掛け時計をさす。 ● watch(68)
296	**phone** [fóun] ふォウン	4	名 電話	● telephone(1642)の略。 ● answer the phone「電話に出る」
297	**cup** [kʌ́p] カップ	5	名 カップ，茶わん	● a cup of 〜「(カップ) 1杯の〜」
298	**garbage** [gáːrbidʒ] ガーベッヂ	3	名 生ごみ	● 不可算名詞。 ● take out the garbage「ごみを出す」
299	**performance** [pərfɔ́ːrməns] パふォーマンス	3	名 上演，演技，演奏	動 perform(190)
300	**beach** [bíːtʃ] ビーチ	3	名 浜，浜辺	
301	**castle** [kǽsl] キぁスる 発	3	名 城	
302	**chocolate** [tʃɔ́ːkəlit] チョーコれット ア	5	名 チョコレート	● 不可算名詞。
303	**racket** [rǽkit] ラぁケット	5	名 ラケット	
304	**leg** [lég] れッグ	5	名 脚，足	● もものつけ根から足首までの部分をさす。 ● foot「足」(443)

I will come **back** at five.	5時に戻ってきます。
I always eat salad **first**.	私はいつもサラダを最初に食べる。
Can you see the **clock** on the wall?	壁の時計が見えますか。
She is talking to him on the **phone**.	彼女は彼と電話で話しているところだ。
I have two **cups** of coffee every morning.	私は毎朝コーヒーを2杯飲む。
You can't leave your **garbage** here.	ここにごみを置いてはいけません。
Their **performance** was wonderful.	彼らの演奏はすばらしかった。
I cleaned the **beach** with my classmates last Sunday.	私は先週の日曜日にクラスメートたちと浜辺を清掃した。
There is an old **castle** near the lake.	その湖の近くに古い城がある。
He doesn't eat **chocolate**.	彼はチョコレートを食べない。
She bought a new tennis **racket** yesterday.	彼女は昨日新しいテニスラケットを買った。
That bird is standing on one **leg**.	その鳥は片足で立っている。

No.	単語		意味	補足
305	**shop** [ʃáp] シャップ	5	名 店 動 買い物をする	● go shopping「買い物に行く」 名 shopping(112)
306	**store** [stɔ́:r] ストーア	5	名 店	＝ shop(305)
307	**bookstore** [búkstɔ̀:r] ブックストーア	4	名 書店	
308	**supermarket** [sú:pərmà:rkit] スーパマーケット ア	5	名 スーパーマーケット	
309	**post office** [póust ɔ̀:fis] ポウスト オーふィス	5	名 郵便局	●《英》post「郵便」
310	**drum** [drʌ́m] ドゥラム	4	名 太鼓, ドラム	● バンドなどの「ドラム」は複数形にする。
311	**mouth** [máuθ] マウす	5	名 口	● open *one*'s mouth「口を開ける」
312	**ear** [íər] イア	5	名 耳	
313	**heart** [há:rt] ハート	4	名 ①心 ②心臓	
314	**case** [kéis] ケイス	3	名 ①場合 ②箱, ケース	● in case of ～「～の場合には」
315	**cousin** [kʌ́zn] カズン 発	5	名 いとこ	● aunt [ǽnt]「おば」, uncle [ʌ́ŋkl]「おじ」
316	**fan** [fǽn] ふァン	4	名 ①ファン ②扇	● a big fan of ～「～の大ファン」

The **shop** opens at ten.	その店は 10 時に開く。
What did you buy at the **store**?	店では何を買いましたか。
I got this book at a **bookstore** in Kanda.	私は神田の書店でこの本を手に入れた。
My family goes shopping at the **supermarket** on Sundays.	私の家族は日曜日にスーパーマーケットに買い物に行く。
Is there a **post office** near here?	この近くに郵便局はありますか。
She plays the **drums** in our band.	彼女は私たちのバンドでドラムを演奏している。
He opened his **mouth** to say a word.	彼は一言話そうと口を開いた。
That rabbit has very long **ears**.	あのウサギは耳がとても長い。
You have a kind **heart**.	あなたはやさしい心の持ち主だ。
In that **case**, please call this number.	その場合は，こちらの番号に電話してください。
I will visit my **cousin** this Saturday.	私は今度の土曜日にいとこを訪ねます。
She is a big **fan** of that player.	彼女はその選手の大ファンだ。

317	**towel** 5 [táuəl] タウエる 発	名 タオル	● bath towel「バスタオル」
318	**photographer** [fətágrəfər] ふォタグラふァ ア	名 写真家	● photograph「写真」(1366)
319	**glove** [glʌ́v] グらヴ 発	名 手袋	● ふつう複数形で使う。 ● put on *one*'s gloves「手袋をはめる」
320	**mouse** 5 [máus] マウス	名 ①ネズミ ②(コンピューターの)マウス 複 mice [máis]	● ハツカネズミをさす。大型の「ネズミ」は rat。 ● 複 ②は mouses もある。
321	**door** 5 [dɔ́:r] ドーア	名 ドア	
322	**love** 5 [lʌ́v] らヴ	名 愛 動 ①を愛している ②が大好きである	● love for ～「～への愛情」 ● love to ～ [～ing]「～するのが大好きだ」
323	**name** 5 [néim] ネイム	名 名前 動 に名前をつける	● first [given] name「名」, last [family] name「姓」 ● name ～ ...「～を…と名付ける」
324	**fish** 5 [fíʃ] ふィッシ	名 魚 複 fish 動 釣りをする	● fishing「魚釣り」
325	**face** 5 [féis] ふェイス	名 顔 動 に直面する	
326	**bag** 5 [bǽg] バぁッグ	名 かばん	
327	**answer** 5 [ǽnsər] あンサ 発	名 答え，返答 動 に答える	● answer to ～「～への答え[返答]」 ● answer the phone「電話に出る」
328	**place** 5 [pléis] プれイス	名 場所	● good place for ～「～によい場所」

Please use this new **towel**.	この新しいタオルを使ってください。
My mother works as a **photographer**.	母は写真家として働いている。
She put on her **gloves**.	彼女は手袋をはめた。
I saw a **mouse** in the kitchen.	私は台所でネズミを見た。
Can you open the **door** for me?	ドアを開けてくれますか。
She showed her **love** for her family.	彼女は家族への愛を示した。
May I have your **name**, please?	お名前をうかがってもよろしいですか。
I caught three **fish** in this river.	私はこの川で魚を3匹つかまえた。
He washed his **face** with cold water.	彼は冷たい水で顔を洗った。
I have some books in my **bag**.	私のかばんに数冊の本がある。
The **answer** to your question is "yes."	あなたの質問への答えは「イエス」だ。
This is a good **place** for reading.	ここは読書にはよい場所だ。

329 ☐	**future** 4 [fjúːtʃər] ふューチャ	名 未来，将来	● in the future「将来は」
330 ☐	**ship** 5 [ʃíp] シップ	名 船	● 大型の船に用いる。 ● by ship「船で」
331 ☐	**hot** 5 [hát] ハット	形 (温度が)熱い， (気候が)暑い	● warm「暖かい」(497) ⇔ cold「冷たい」(332)
332 ☐	**cold** 5 [kóuld] コウるド	形 冷たい，寒い 名 かぜ	● have a cold「かぜをひく」 ⇔ hot(331)
333 ☐	**rainy** 5 [réini] レイニ	形 雨降りの	● rainy weather「雨天」 名 rain「雨」(961)
334 ☐	**cloudy** 5 [kláudi] クらウディ	形 曇りの	名 cloud「雲」(1655)
335 ☐	**cheerful** [tʃíərfl] チアふる	形 元気のいい，うれしそうな 変 more ～ — most ～	動 cheer「(を)応援する」(1460)
336 ☐	**heavy** 4 [hévi] ヘヴィ	形 ①重い ②激しい	⇔① light「軽い」(337)
337 ☐	**light** 4 [láit] らイト 発	形 ①軽い ②明るい 名 ①光 ②明かり	⇔① heavy「重い」(336) ② dark「暗い」(851)
338 ☐	**no** 5 [nóu] ノウ	形 1つの[少しの] ～もない 副 いいえ	● No, thank you.「いいえ，けっこうです」 ⇔ 副 yes(291)
339 ☐	**important** 4 [impɔ́ːrtnt] インポータント	形 重要な，大切な 変 more ～ — most ～	● important to [for] ～「～にとって大切な」
340 ☐	**much** 5 [mʌ́tʃ] マッチ	形 たくさんの，多量の 副 ①ずっと ②大いに 変 more — most	● 形はふつう否定文や疑問文で使い，不可算名詞について量を表す。 → many(250)

What do you want to be in the **future**?	あなたは将来何になりたいですか。
We enjoyed lunch at the restaurant on the **ship**.	私たちは船上のレストランでランチを楽しんだ。
It will be **hot** tomorrow.	明日は暑くなるだろう。
The water in the sea was very **cold**.	海の水はとても冷たかった。
It was **rainy** yesterday.	昨日は雨模様だった。
It's **cloudy** and cold today.	今日は曇りで寒い。
They all had **cheerful** faces.	彼らはみなうれしそうな表情をしていた。
This cat is big and **heavy**.	このネコは大きくて重い。
All these bags are really **light**.	これらのかばんはどれも本当に軽い。
There were **no** students in the classroom.	教室には1人も生徒がいなかった。
Music is very **important** to me.	音楽は私にとってとても大切だ。
Does this flower need **much** water?	この花はたくさんの水を必要としますか。

No.	単語	意味	補足
341 ☑	**difficult** 4 [dífikəlt] ディふィカるト	形 難しい 変 more ～ — most ～	● *be* difficult for ～「～にとって難しい」 = hard(290), ⇔ easy(342)
342 ☑	**easy** 5 [íːzi] イーズィ	形 簡単な	⇔ difficult(341), hard(290)
343 ☑	**sure** 5 [ʃúər] シュア	形 確信して 副 もちろん	● *be* sure of [about] ～「～を確信している」
344 ☑	**right** 5 [ráit] ライト 発 同 write	形 ①正しい ②右の 副 ①右に ②まさに 名 右	● That's right.「その通りだ」 ⇔① wrong「間違った」(722), ② left「左の」(451)
345 ☑	**popular** 3 [pápjələr] パピュら	形 人気のある 変 more ～ — most ～	
346 ☑	**funny** 4 [fʌ́ni] ふァニ	形 おもしろい	名 fun「楽しみ」(417)
347 ☑	**interesting** 4 [íntərəstiŋ] インタレスティング ア	形 興味深い，おもしろい 変 more ～ — most ～	
348 ☑	**interested** 4 [íntərəstid] インタレスティッド ア	形 興味を持った 変 more ～ — most ～	● *be* interested in ～「～に興味がある」
349 ☑	**exciting** 4 [iksáitiŋ] イクサイティング	形 興奮させる，わくわくさせる 変 more ～ — most ～	
350 ☑	**excited** 4 [iksáitid] イクサイティッド	形 興奮して，わくわくして 変 more ～ — most ～	● get excited「わくわくする」
351 ☑	**surprised** 3 [sərpráizd] サプライズド	形 驚いた 変 more ～ — most ～	● *be* surprised to ～「～して驚く」 ● surprising「驚くべき」(615)
352 ☑	**special** 4 [spéʃl] スペシャる	形 特別な 名 特別なもの	

This question was **difficult** for some students.	その質問は何人かの生徒にとっては難しかった。
Is there any **easy** way to study English?	英語を勉強する簡単な方法はあるだろうか。
Are you **sure** about that?	それについては確かですか。
Which of these is the **right** answer?	この中で正しい答えはどれでしょうか。
This is the most **popular** drink in the shop.	これはその店でいちばん人気のある飲み物だ。
I heard a **funny** story from her.	私は彼女からおもしろい話を聞いた。
That sounds **interesting** to me.	それは私には興味深く思える。
I am **interested** in table tennis.	私は卓球に興味がある。
The trip was the most **exciting** time of his life.	その旅行は彼の人生でいちばんわくわくする時間だった。
The tourists were really **excited**.	観光客たちは本当にわくわくしていた。
He was **surprised** to see me.	彼は私を見て驚いた。
We ate a **special** dinner last night.	私たちは昨晩特別なディナーを食べた。

353	**favorite** 5 [féivərit] ふェイヴァリット	形 お気に入りの，大好きな 名 お気に入り	● 比較変化しない。
354	**such** 4 [sʌ́tʃ] サッチ	形 そのような	● such a thing「そのようなこと」(《such＋a＋名詞》の語順に注意)
355	**local** 3 [lóukl] ろウクる	形 地元の，その土地の	
356	**true** 3 [trú:] トゥルー	形 本当の，真実の	● come true「実現する」
357	**useful** 3 [jú:sfl] ユースふる	形 役に立つ 変 more ～ — most ～	● *be* useful to [for] ～「～に役に立つ」 動 名 use(70)
358	**large** 5 [lɑ́:rdʒ] らーヂ	形 大きい，広い	⇔ small(256)
359	**cool** 4 [kú:l] クーる	形 ①かっこいい ②涼しい	⇔② warm「暖かい」(497)
360	**next** 5 [nékst] ネクスト	形 ①次の ②隣の 副 次に	● next time「今度は，次に」
361	**high** 5 [hái] ハイ 発	形 高い	● 山や壁，数量や質の高さなどを表す。→ tall(257) ⇔ low(1150)
362	**free** 4 [frí:] ふリー	形 ①暇な ②自由な ③無料の	⇔① busy(262)
363	**good** 5 [gúd] グッド	形 ①よい ②上手な 間 よろしい 変 better — best	● *be* good at ～「～が得意だ[上手だ]」 ⇔ bad「悪い」(702)
364	**beautiful** 5 [bjú:təfl] ビューティふる	形 美しい 変 more ～ — most ～	

Blue is my **favorite** color.	青は私の大好きな色だ。
Did you really finish your homework in **such** a short time?	あなたは本当にそんなに短い時間で宿題を終えたのですか。
We enjoyed the **local** food there.	私たちはそこで地元の料理を楽しんだ。
This is a **true** story.	これは本当の話だ。
This book is very **useful** for me.	この本は私にはとても役に立っている。
Takayama is the **largest** city in Japan.	高山は日本でいちばん大きな市だ。
His new song is really **cool**.	彼の新曲は本当にかっこいい。
We are going to go fishing **next** Saturday.	私たちは次の土曜日に釣りに行く予定だ。
That house has very **high** walls.	あの家にはとても高い壁がある。
Are you **free** this afternoon?	あなたは今日の午後暇ですか。
We had a **good** vacation.	私たちはよい休暇を過ごした。
There is a **beautiful** beach near that hotel.	そのホテルの近くに美しいビーチがある。

365 ☑	**sunny** 5 [sʌ́ni] サニ	形 よく晴れた	● rainy(333), cloudy(334)
366 ☑	**clean** 5 [klíːn] クリーン	形 きれいな 動 を掃除する	⇔ dirty「汚い」(508)
367 ☑	**later** 4 [léitər] れイタ	副 あとで	● two weeks later「2週間後」
368 ☑	**ago** 4 [əgóu] アゴウ	副 (今から)～前に	● 過去形の文で使う。 ● three days ago「3日前に」
369 ☑	**soon** 5 [súːn] スーン	副 まもなく, すぐに	● as soon as ～「～するとすぐに」
370 ☑	**tomorrow** 5 [təmárou] トゥマロウ	副 明日(は) 名 明日	● the day after tomorrow「あさって」
371 ☑	**still** 4 [stíl] スティる	副 まだ, 今でも	● yet「(否定文で)まだ」(1243)
372 ☑	**away** 4 [əwéi] アウェイ	副 離れて, 去って	● away from ～「～から離れて」
373 ☑	**abroad** 3 [əbrɔ́ːd] アブロード	副 外国に[へ, で]	● go [study] abroad「外国に行く[留学する]」
374 ☑	**a.m.** 4 [éiém] エイエム	副 午前	
375 ☑	**p.m.** 4 [píːém] ピーエム	副 午後	
376 ☑	**then** 5 [ðén] ゼン	副 ①そのとき ②それから	

I feel happy on **sunny** days.	私はよく晴れた日は幸せな気持ちになる。
Are your hands **clean**?	手はきれいですか。
I'll call you **later**.	あとであなたに電話しますね。
I played with him three days **ago**.	私は3日前に彼と遊んだ。
The bus will arrive here **soon**.	バスはまもなくここに到着するだろう。
Let's meet at nine **tomorrow**.	明日9時に会いましょう。
She is **still** studying in her room.	彼女はまだ部屋で勉強している。
The city is two hours **away** from here by car.	その市はここから車で2時間離れている。
He wants to study **abroad**.	彼は留学したいと思っている。
My father leaves home at 7 **a.m.**	父は午前7時に家を出る。
The concert starts at 3 **p.m.**	コンサートは午後3時に始まる。
I was watching TV **then**.	私はそのときテレビを見ていた。

377	**up** 5 [ʌ́p] アップ	副 ①上へ[に] ②起きて	⇔ down「下へ[に]」(378)
378	**down** 5 [dáun] ダウン	副 下へ[に]	⇔ up(377)
379	**together** 5 [təgéðər] トゥゲざ	副 いっしょに	
380	**just** 5 [dʒʌ́st] ヂャスト	副 ①ただ〜だけ ②ちょうど	
381	**also** 5 [ɔ́:lsou] オーるソウ	副 〜もまた	= too(283)
382	**where** 5 [hwéər] (ホ)ウェア	副 どこに[へ, で]	
383	**when** 5 [hwén] (ホ)ウェン	副 いつ 接 〜のとき	
384	**how** 5 [háu] ハウ	副 ①どのようにして ②どんな様子で ③どれくらい	● how to 〜「〜の仕方」
385	**why** 5 [hwái] (ホ)ワイ	副 なぜ	● Why don't you 〜?「〜してはどうですか」
386	**who** 5 [hú:] フー	代 だれ	
387	**which** 5 [hwítʃ] (ホ)ウィッチ	代 どちら 形 どちらの	
388	**what** 5 [hwát] (ホ)ワット	代 何 形 何の	● What kind of 〜?「どんな種類の〜」

We looked **up** at the sky.	私たちは空を見上げた。
He put the box **down** on the table.	彼はその箱をおろしてテーブルに置いた。
We went to the festival **together**.	私たちは祭りにいっしょに行った。
I **just** wanted to talk to you.	私はあなたとただ話したかっただけだ。
He is a TV star and **also** a writer.	彼はテレビスターであり，また作家でもある。
Where did you buy it?	あなたはどこでそれを買いましたか。
When will she come back?	彼女はいつ戻ってきますか。
How did you get here?	あなたはどうやってここに着いたのですか。
Why did you choose that book?	あなたはなぜその本を選んだのですか。
Who made this?	だれがこれを作ったのですか。
Which is your umbrella?	どちらがあなたの傘ですか。
What is in the box on the floor?	床の上の箱には何が入っているのですか。

389	**whose** 5 [hú:z] フーズ	代 だれの，だれのもの	
390	**one** 5 [wʌ́n] ワン 同 won	代 1つ，1人 名 1　形 1つの	● one of ～「～の1つ［1人］」
391	**something** 5 [sʌ́mθiŋ] サムスィング	代 何か，あること［もの］	● something cold「冷たいもの」(〈something＋形容詞〉の語順)
392	**anything** 4 [éniθiŋ] エニスィング	代 ①(疑問文で)何か ②(否定文で)何も	● 肯定文では「何でも」。
393	**everyone** 5 [évriwʌ̀n] エヴリワン	代 だれでも，みな	● 単数扱い。 ＝ everybody(892)
394	**could** 4 [kúd] クッド 発	助 (can の過去形)～できた	● Could you ～?「～していただけますか」
395	**would** 4 [wúd] ウッド	助 (will の過去形)～だろう	● would like to ～「～したいと思う」
396	**should** 4 [ʃúd] シュッド 発	助 ～したほうがいい，～すべきだ	● must「～しなければならない」(209)
397	**as** 5 [ǽz] あズ	前 ～として 接 ①～するにつれて ②～のように	● such as ～「～のような」 ● as ～ as ...「…と同じくらい～」
398	**around** 4 [əráund] アラウンド	前 ①～のまわりに［を］ ②～のあちこちに［を］ 副 ①まわりに　②約	● around the world「世界中で［の］」 ● around 7 p.m.「午後7時ごろに」
399	**after** 5 [ǽftər] あふタ	前 ～のあとに［で］ 接 ～したあとに［で］	● after school「放課後に」 ⇔ before(400)
400	**before** 5 [bifɔ́:r] ビふォーア	前 ～の前に［で］ 接 ～する前に［で］ 副 以前，かつて	⇔ after(399)

Whose bag is this?	これはだれのかばんですか。
That was one of the most exciting games of the year.	あれは１年でいちばんわくわくする試合の１つだった。
I want something cold to drink.	私は何か冷たい飲み物がほしい。
She doesn't know anything about me.	彼女は私のことを何も知らない。
Everyone wants to be happy.	だれもが幸せになりたいと思っている。
I could not answer some of those questions.	私は質問のいくつかに答えることができなかった。
I thought you would help me.	私はあなたが私を手伝ってくれるだろうと思った。
You should thank her for that.	あなたはそのことで彼女に感謝したほうがいいよ。
My father works as a pianist.	父はピアニストとして働いている。
I walked around the park with my mother.	私は母といっしょに公園のまわりを歩いた。
I took a bath after my father.	私は父のあとにお風呂に入った。
We had coffee before the show.	私たちはショーの前にコーヒーを飲んだ。

同音異義語

[hóul] ホウる

hole (744)	穴
whole (984)	全体の

[ráit] ライト

write (87)	を書く
right (344)	正しい

[ái] アイ

I	私
eye (168)	目

[síːn] スィーン

seen	see (66)の過去分詞形
scene (560)	場面

[njúː] ニュー

knew	know (64)の過去形
new (253)	新しい

[síː] スィー

see (66)	が見える
sea (141)	海

[nóu] ノウ

know (64)	を知っている
no (338)	1つの～もない

[sʌ́n] サン

sun (907)	太陽
son (1004)	息子

[méil] メイる

mail	郵便物
male	男性の

[téil] テイる

tale (1782)	話，物語
tail (1879)	しっぽ

[míːt] ミート

meet (182)	(に)会う
meat (762)	肉

[túː] トゥー

two	2
too (283)	～もまた

[píːs] ピース

piece (651)	部分，かけら
peace (763)	平和

[wíːk] ウィーク

week (13)	週
weak (715)	弱い

[réd] レッド

read	read (95)の過去形・過去分詞形
red (245)	赤，赤い

[wʌ́n] ワン

won	win (82)の過去形
one (390)	1つ

LEVEL

2

中学2・3年生レベル

STEP 34〜75 | 500語（401▶900）

中学2・3年生でおもに学習する英単語です。

各教科書によく取り上げられているものばかりですが，つづりの長い単語や，抽象的な意味の単語も多く収録されています。例文中の単語を消えるフィルターでかくしながら，つづりや単語の使い方を確実なものにしましょう。

関連情報には，入試にも役立つ単語の使われ方や頻出表現が収められています。

例文は比較的短く，中学3年生までに学習する文法・文構造の内容で構成されています。

No.	単語	意味	補足
401	**parent** 5 [péərənt] ペ(ア)レント	名 親	● parents「両親」 ● grandparents「祖父母」
402	**eraser** [iréisər] イレイサ	名 消しゴム	
403	**calligraphy** 3 [kəlígrəfi] カリグラふィ ア	名 書道	
404	**sweater** [swétər] スウェタ 発	名 セーター	
405	**restroom** [réstrù:m] レストルーム	名 (公共施設の)トイレ, 洗面所	● bathroom「浴室, トイレ」(528), toilet「トイレ」(1762)
406	**taxi** 5 [tǽksi] タぁクスィ	名 タクシー	● take a taxi「タクシーに乗る」
407	**calendar** 5 [kǽləndər] キぁれンダ ア	名 カレンダー	
408	**dessert** [dizə́:rt] ディザ～ト 発	名 デザート	● for dessert「デザートに」 ● desert「砂漠」(1037)
409	**knee** [ní:] ニー 発	名 ひざ	
410	**nose** 5 [nóuz] ノウズ 同 knows	名 鼻	
411	**rainbow** 5 [réinbòu] レインボウ	名 虹	
412	**marathon** 3 [mǽrəθὰ:n] マぁラさン	名 マラソン, マラソン大会	● run a marathon「マラソンを走る, マラソン大会に出場する」
413	**aquarium** 3 [əkwéəriəm] アクウェアリアム	名 水族館	

I went to the festival with my **parents**.	私は両親といっしょに祭りに行った。
Did you bring pencils and **erasers**?	鉛筆と消しゴムを持ってきましたか。
She practices **calligraphy** four times a month.	彼女は月に4回書道を習っている。
The red **sweater** looks better than the green one.	赤いセーターのほうが緑のよりもよさそうだ。
Let's go to the **restroom** before the concert starts.	コンサートが始まる前にトイレに行っておこう。
We took a **taxi** to the next station.	私たちは隣の駅までタクシーに乗った。
I went to the bookstore to buy next year's **calendar**.	私は来年のカレンダーを買いに書店に行った。
I had chocolate cake for **dessert**.	私はデザートにチョコレートケーキを食べた。
The cat is sitting on her **knees**.	ネコが彼女のひざの上に座っている。
His **nose** was red from the cold.	彼の鼻は寒さで赤くなっていた。
There was a **rainbow** after the rain.	雨のあとに虹がかかっていた。
He ran that **marathon** in five hours.	彼はそのマラソンを5時間で走った。
The new **aquarium** opened yesterday.	新しい水族館が昨日オープンした。

414	**spring** [spríŋ] スプリング	5	名 ①春 ②ばね	● in spring「春に」
415	**autumn** [ɔ́:təm] オータム 発		名 秋	= fall(83)
416	**surfing** [sə́:rfiŋ] サ～ふィング		名 ①サーフィン ②ネットサーフィン	動 surf「を見て回る，サーフィンをする」(479)
417	**fun** [fʌ́n] ふァン	4	名 楽しみ，おもしろさ	● 不可算名詞。 ● have fun「楽しむ」 形 funny(346)
418	**speech** [spí:tʃ] スピーチ	4	名 スピーチ，演説	● make a speech「スピーチをする」 動 speak(200)
419	**car** [kɑ́:r] カー	5	名 車，自動車	● by car「車で」
420	**bike** [báik] バイク	5	名 自転車	● by bike「自転車で」 = bicycle(161)
421	**floor** [flɔ́:r] ふろーア	5	名 ①床 ②階	● the first floor「《米》1階，《英》2階」
422	**village** [vílidʒ] ヴィれッヂ	4	名 村	● city(229)，town(230)
423	**site** [sáit] サイト	3	名 ①敷地 ②ウェブサイト	● website「ウェブサイト」(727)
424	**camera** [kǽmərə] キャメラ	5	名 カメラ	
425	**fruit** [frú:t] ふルート	5	名 果物	● 不可算名詞。果物の種類を表すときは可算名詞。

We usually go to the mountains in **spring**.	私たちはたいてい春に山に行く。
They are going on a trip to Kyoto this **autumn**.	彼らはこの秋に京都へ旅行に行く予定だ。
That beach is a good place for **surfing**.	あのビーチはサーフィンにはよい場所だ。
Skating with my friends was a lot of **fun**.	友人たちとのスケートはとても楽しかった。
He made a **speech** at the party.	彼はパーティーでスピーチをした。
Do not leave small children in the **car**.	小さな子どもを車の中に放置してはいけない。
Can we go there by **bike**?	私たちはそこへ自転車で行けますか。
Our dog is sleeping on the **floor**.	うちのイヌは床で寝ている。
We visited a small **village** near the mountains.	私たちは山の近くにある小さな村を訪ねた。
There is a camping **site** near the lake.	湖の近くにはキャンプ用の敷地がある。
I took these pictures with this **camera**.	私はこのカメラでこれらの写真を撮った。
Can you buy some **fruit** at the supermarket?	スーパーで果物を買ってきてもらえますか。

No.	単語	頻度	意味	解説
426 ☑	**dollar** [dálər] ダら	5	名 ドル	● アメリカなどの通貨単位。記号は$。
427 ☑	**nurse** [nə́:rs] ナ〜ス	5	名 看護師	● nurse's office「保健室」
428 ☑	**staff** [stǽf] スタぁふ	3	名 スタッフ，職員	● ふつう単数形で職員全体をさす。個々人をさすときは a staff member [staff members] など。
429 ☑	**robot** [róubɑt] ロウバット 発	4	名 ロボット	
430 ☑	**pet** [pét] ペット	5	名 ペット	● as a pet「ペットとして」
431 ☑	**prize** [práiz] プライズ	4	名 賞	● win a prize「賞をとる」
432 ☑	**meaning** [mí:niŋ] ミーニング	3	名 意味	動 mean「を意味する」(678)
433 ☑	**voice** [vɔ́is] ヴォイス	3	名 声，鳴き声	● in a 〜 voice「〜な声で」
434 ☑	**kitchen** [kítʃən] キチン	5	名 台所	● in the kitchen「台所で」
435 ☑	**bedroom** [bédrù:m] ベッドルーム		名 寝室	
436 ☑	**gate** [géit] ゲイト	3	名 門，出入り口	● open [close] a gate「門を開ける[閉める]」
437 ☑	**actor** [ǽktər] あクタ	4	名 俳優	● 男女とも表す語。あえて「女優」という場合は actress [ǽktris]。

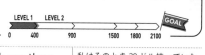

I had 30 **dollars** with me then.	私はそのとき30ドル持っていた。
He became a **nurse** at that hospital.	彼はその病院の看護師になった。
I spoke to one of the **staff** members.	私はスタッフの1人に話しかけた。
Those cars were built by **robots**.	それらの車はロボットによって作られた。
They keep some mice as **pets**.	彼らは数匹のネズミをペットとして飼っている。
He won first **prize** in the marathon.	彼はマラソン大会で1等賞をとった。
What is the **meaning** of this word?	この単語の意味は何ですか。
She spoke to me in a small **voice**.	彼女は小さな声で私に話しかけてきた。
He is making something in the **kitchen**.	彼は台所で何か作っている。
There are three **bedrooms** in their house.	彼らの家には寝室が3つある。
The **gate** is closed on weekends.	その門は週末は閉まっている。
All the **actors** in that drama are famous.	そのドラマの俳優たちはみな有名だ。

438 ☐	**chorus** 3 [kɔ́:rəs] コーラス	名 合唱(団)	
439 ☐	**neighbor** 3 [néibər] ネイバ 発	名 隣人，近所の人	●《英》neighbour
440 ☐	**degree** 準2 [digríː] ディグリー	名 ①(温度・角度などの)度 ②程度	● ten degrees below zero「氷点下10度」
441 ☐	**hair** 4 [héər] ヘア	名 髪，髪の毛	
442 ☐	**finger** 4 [fíŋgər] ふィンガー	名 (手の)指	● toe [tóu]「(足の)指」(1669)
443 ☐	**foot** 5 [fút] ふット	名 足 複 feet [fi:t]	● 足首から下の部分をさす。→ leg(304) ● on foot「徒歩で」
444 ☐	**hobby** 4 [hábi] ハビ	名 趣味	
445 ☐	**cookie** 5 [kúki] クキ	名 クッキー	
446 ☐	**water** 5 [wɔ́:tər/wátər] ウォータ / ワタ	名 水	● a glass of water「コップ1杯の水」
447 ☐	**nature** 3 [néitʃər] ネイチャ	名 自然	形 natural「自然の」(488)
448 ☐	**volunteer** 4 [vὰləntíər] ヴァらンティア ア	名 ボランティア	● volunteer work「ボランティア活動」
449 ☐	**Internet** [íntərnèt] インタネット	名 〈the +〉インターネット	● on the Internet「インターネットで」
450 ☐	**comic book** [kámik bùk] カミック ブック	名 漫画本	● comic(s) でもこの意味を表せる。

I joined in the school **chorus**.	私は学校の合唱団に入った。
Our new **neighbors** brought some fruit to us.	新しいご近所さんがうちに果物を持ってきてくれた。
It's five **degrees** below zero now.	今は氷点下５度だ。
The man had short brown **hair**.	その男性は茶色くて短い髪だった。
I ate curry with the **fingers** of my right hand.	私はカレーを右手の指で食べた。
Did you come here on **foot**?	あなたはここまで徒歩で来たのですか。
One of my **hobbies** is playing tennis.	私の趣味の１つはテニスをすることだ。
I gave her a box of **cookies**.	私は彼女にクッキー１箱をあげた。
I drank a glass of **water** after my bath.	私はお風呂のあとにコップ１杯の水を飲んだ。
You will feel the power of **nature** there.	そこでは自然の力を感じるでしょう。
We did **volunteer** work during the summer vacation.	私たちは夏休みの間にボランティア活動をした。
I read the news on the **Internet**.	私はそのニュースをインターネットで読んだ。
The stories in the **comic books** are always exciting.	その漫画本のストーリーはいつもわくわくさせてくれる。

451	**left** 5 [léft] レふト	名 左 副 左へ[に] 形 左の	● leave(97)の過去形・過去分詞形と同形。 ● turn left「左に曲がる」 ⇔ right(344)
452	**experience** 3 [ikspíəriəns] イクスピ(ア)リエンス ア	名 経験 動 を経験する	
453	**souvenir** [sù:vəníər] スーヴェニア	名 みやげ，記念品	● 自分用の記念の品をさすことが多い。
454	**front** 4 [frʌ́nt] ふラント 発	名 前，正面	● in front of ～「～の前に[で]」
455	**head** 5 [héd] ヘッド	名 ①頭 ②頭脳	● ①首から上の部分をさす。
456	**contest** 4 [kántest] カンテスト	名 コンテスト	
457	**build** 4 [bíld] ビるド	動 を建てる 変 built ― built	名 building「建物」(633)
458	**call** 5 [kɔ́:l] コーる	動 ①を呼ぶ ②に電話する 名 電話をかけること	● call ～ ...「～を…と呼ぶ」
459	**ask** 5 [ǽsk] あスク	動 ①をたずねる ②に頼む	● ask ～ about ...「～に…についてたずねる」 ● ask ～ ...「～に…をたずねる」
460	**understand** 4 [ʌ̀ndərstǽnd] アンダスタぁンド	動 (を)理解する，(が)わかる 変 understood ― understood	名 understanding「理解」(1777)
461	**decide** 4 [disáid] ディサイド	動 (を)決める	● decide to ～「～することを決める」
462	**believe** 4 [bilí:v] ビリーヴ	動 を信じる	● believe (that) ～「～ということを信じる，～だと思う」

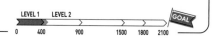

You can see the lake on your left.	左側に湖が見えますよ。
The game was a good experience for the team.	その試合はチームにとってよい経験となった。
I bought this T-shirt as a souvenir of Osaka.	私は大阪のみやげとしてこのTシャツを買った。
She is waiting in front of the hotel.	彼女はホテルの前で待っている。
He put his hands on his head.	彼は自分の頭に手を置いた。
She won the speech contest at her school.	彼女は学校のスピーチコンテストで優勝した。
My house was built 30 years ago.	私の家は30年前に建てられた。
We call him John.	私たちは彼のことをジョンと呼んでいる。
I asked her about her school life.	私は彼女に学校生活についてたずねた。
They don't understand Japanese.	彼らは日本語がわからない。
He decided to change jobs.	彼は仕事を変えることを決心した。
I can't believe such a story.	私はそんな話は信じられない。

463 ☑	**excuse** 5 [ikskjúːz] イクスキューズ 発	動 を許す	● Excuse me.「すみません」
464 ☑	**guess** 3 [gés] ゲス	動 ①を推測する ②を言い当てる	● guess (that) ～「～だと思う」 ● Guess what!「ねえ，聞いて！」
465 ☑	**order** 4 [ɔ́ːrdər] オーダ	動 ①を注文する ②を命令する 名 ①注文 ②命令	● in order to ～「～するために」
466 ☑	**act** 3 [ǽkt] あクト	動 ①行動する ②演じる 名 行為	名 action「行動」(519) 形 active「活動的な」(492)
467 ☑	**smile** 4 [smáil] スマイる	動 ほほえむ 名 ほほえみ	● smile at ～「～にほほえむ」 ● with a smile「ほほえんで」
468 ☑	**explain** 4 [ikspléin] イクスプれイン	動 (を)説明する	● explain (～) to ...「(～を)…に説明する」
469 ☑	**ring** 4 [ríŋ] リング	動 鳴る，を鳴らす 名 指輪 変 rang — rung	
470 ☑	**jog** [dʒɑ́ːg] ヂャグ	動 ジョギングする	● go jogging「ジョギングをしに行く」
471 ☑	**move** 5 [múːv] ムーヴ	動 ①引っ越す ②動く，を動かす	● move to [from] ～「～へ[から]引っ越す」
472 ☑	**sleep** 5 [slíːp] スリープ	動 眠る 名 眠り 変 slept — slept	● sleep well「よく眠る」 ● go to sleep「寝入る」 形 sleepy(271)
473 ☑	**wear** 4 [wéər] ウェア	動 を着ている，身につけている 変 wore — worn	●「着る，身につける」動作は put on ～(89)。
474 ☑	**share** 3 [ʃéər] シェア	動 ①を共有する ②を分け合う	● share ～ with ...「～を…と共有する」

Excuse me, which way is the station?	すみません，駅はどちらの方向でしょうか。
I **guess** he is about 30 years old.	彼は 30 歳ぐらいだと思う。
I **ordered** a sandwich and a coffee.	私はサンドイッチとコーヒーを注文した。
You should think more before you **act**.	あなたは行動する前にもっと考えたほうがいいですよ。
She **smiled** at me.	彼女は私にほほえんだ。
I **explained** how to use the computer.	私はそのコンピューターの使い方を説明した。
Your phone is **ringing**.	あなたの電話が鳴っているよ。
He **jogs** for an hour every morning.	彼は毎朝 1 時間ジョギングをする。
We will **move** to Sendai next month.	私たちは来月仙台に引っ越す。
I usually **sleep** for eight hours every night.	私は毎晩たいてい 8 時間眠る。
What should I **wear** today?	今日は何を着ていこうかな。
He **shares** a house with other people.	彼はほかの人たちと家をいっしょに使っている。

475 ☑	**save** 4 [séiv] セイヴ	動 ①を救助する ②をたくわえる	● save money「お金をためる」
476 ☑	**chat** [tʃǽt] チぁット	動 ①おしゃべりをする ②チャットする 名 ①おしゃべり ②チャット	● chat with ～「～とおしゃべりする」
477 ☑	**brush** [brʌ́ʃ] ブラッシ	動 を(ブラシで)みがく 名 ブラシ, 筆	● brush *one*'s teeth「歯をみがく」
478 ☑	**shoot** 3 [ʃúːt] シュート	動 ①(を)撃つ ②(ボール)をシュートする 変 shot — shot	
479 ☑	**surf** 4 [sə́ːrf] サ～ふ	動 ①(サイトなど)を見て回る ②サーフィンをする	● go surfing「サーフィンをしに行く」 名 surfing(416)
480 ☑	**feed** 3 [fíːd] ふィード	動 に食べ物を与える 変 fed — fed	● feed *one*'s family「～の家族を養う」
481 ☑	**second** 5 [sékənd] セカンド	形 2番目の 名 ①2番目 ②秒	● the second of June「6月2日」 ● ten seconds「10秒」
482 ☑	**thousand** 5 [θáuznd] さウザンド	形 1,000の 名 1,000	● two thousand「2,000(の)」(複数形にしない) ● thousands of ～「何千もの～」
483 ☑	**million** 3 [míljən] ミリョン	形 100万の 名 100万	● millions of ～「何百万もの～」
484 ☑	**glad** 4 [glǽd] グらぁッド	形 うれしい	● *be* glad to ～「～してうれしい」
485 ☑	**sorry** 5 [sɑ́ri] サリ	形 ①気の毒で, 残念で ②すまなく思って	● *be* sorry to ～「～して気の毒[残念]に思う」 ● I'm sorry.「ごめんなさい」
486 ☑	**careful** 4 [kéərfl] ケアふる	形 注意深い, 慎重な 変 more ～ — most ～	副 carefully「気をつけて, 注意深く」(1769)

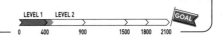

Doctors and nurses worked hard to **save** many lives.	医師と看護師たちは大勢の命を救うため懸命に努力した。
She is **chatting** with her friends in the classroom.	彼女は教室で友人たちとおしゃべりをしている。
My father always **brushes** his shoes on Sundays.	父はいつも日曜日に自分の靴をみがく。
He **shot** a bear in the mountains.	彼は山でクマを撃った。
He often **surfs** the Internet on the train.	彼は電車内でよくネットサーフィンをする。
You can't **feed** animals in the zoo.	動物園の動物に食べ物を与えてはいけません。
I like the **second** song on her CD.	私は彼女の CD の 2 曲目の歌が好きだ。
Five **thousand** people ran the marathon.	そのマラソンに 5,000 人が出場した。
About two **million** people live in that city.	その都市には約 200 万人が住んでいる。
I am **glad** to see you.	あなたに会えてうれしいです。
I'm **sorry** to hear that.	それを聞いて気の毒に思います。
Be **careful**! The soup is very hot.	気をつけて！スープはとても熱いですよ。

487 ☑	**nervous** 3 [nə́ːrvəs] ナ〜ヴァス	形 緊張して，不安で 変 more 〜 — most 〜	● get nervous「緊張する」
488 ☑	**natural** 3 [nǽtʃərəl] ナぁチュラる	形 自然の	名 nature(447)
489 ☑	**cute** 5 [kjúːt] キュート	形 かわいい	
490 ☑	**serious** 3 [síriəs] スィリアス	形 ①深刻な ②本気の 変 more 〜 — most 〜	
491 ☑	**fresh** 3 [fréʃ] ふレッシ	形 新鮮な，できたての	● fresh bread「焼きたてのパン」 ● instant [ínstənt]「即座の，即席の」
492 ☑	**active** 3 [ǽktiv] あクティヴ	形 活動的な，活発な 変 more 〜 — most 〜	名 act(466) 名 activity「活動」(903)
493 ☑	**early** 5 [ə́ːrli] ア〜リ	形 早い 副 早く	● get up early「早く起きる」 ⇔ late「遅い」(791)
494 ☑	**fine** 5 [fáin] ふァイン	形 ①元気な ②晴れた ③すばらしい	● fine weather「よい天気」
495 ☑	**friendly** 3 [fréndli] ふレンドり	形 親しみのある， 好意的な	● friendly smile「親しみのある笑顔」
496 ☑	**soft** 5 [sɔ́ːft] ソーふト	形 ①やわらかい ②おだやかな	⇔① hard「固い」(290)
497 ☑	**warm** 4 [wɔ́ːrm] ウォーム	形 暖かい，温かい	● hot(331) ⇔ cool(359)
498 ☑	**snowy** [snóui] スノウイ	形 雪の降る[多い]	名 snow「雪」(962)

I was very **nervous** before my speech.	私はスピーチの前はとても緊張していた。
That is her **natural** hair color.	それが彼女の自然の髪の色だ。
How **cute** that baby is!	あの赤ちゃんはなんてかわいらしいのでしょう！
That village has a **serious** problem.	その村は深刻な問題を抱えている。
I bought **fresh** fish and eggs at that store.	私はその店で新鮮な魚と卵を買った。
Some animals are **active** at night.	一部の動物は夜になると活動的だ。
We visited Okinawa in **early** June.	私たちは６月の早い時期に沖縄を訪れた。
I'm very **fine**, thank you.	私はとても元気です，ありがとう。
The local people are warm and **friendly**.	その地元の人たちは温かくて親しみやすい。
That chocolate was sweet and **soft**.	そのチョコレートは甘くてやわらかかった。
This sweater is very **warm**.	このセーターはとても暖かい。
January is usually **snowy** around here.	このあたりでは１月はたいてい雪が多い。

No.	単語	意味	補足
499	**bitter** [bítər] ビタ	形 苦い 変 more ～ — most ～	● 比較変化は bitterer, bitterest の形もある。 ⇔ sweet (265)
500	**salty** [sɔ́:lti] ソーるティ	形 塩辛い	名 salt [sɔ́:lt]「塩」
501	**sour** [sáuər] サウア	形 すっぱい	
502	**fantastic** [fæntǽstik] ふぁンタぁスティック	形 すばらしい 変 more ～ — most ～	
503	**unique** 準2 [ju:ní:k] ユーニーク 発	形 独特の，**特有の**	
504	**shy** [ʃái] シャイ	形 恥ずかしがりの，**内気な**	
505	**lonely** [lóunli] ろウンり	形 一人ぼっちの，さびしい	● feel lonely「さびしく思う」
506	**national** 3 [nǽʃnəl] ナぁショナる	形 国の，国民の	● national park「国立公園」
507	**main** 3 [méin] メイン	形 主要な	
508	**dirty** 3 [dɔ́:rti] ダ～ティ	形 汚い	⇔ clean (366)
509	**scientist** 4 [sáiəntist] サイエンティスト	名 科学者	● science (119)
510	**temperature** 3 [témpərətʃər] テンペラチャ	名 気温，体温	● take *one*'s temperature「体温を計る」
511	**size** 4 [sáiz] サイズ	名 大きさ，サイズ	

I can't drink **bitter** coffee.	私は苦いコーヒーが飲めない。
The soup is too **salty** for me.	そのスープは私には塩辛すぎる。
Some of those apples were **sour**.	それらのリンゴのいくつかはすっぱかった。
We had really **fantastic** weather in Nagano.	私たちは長野で本当にすばらしい天気に恵まれた。
He has a **unique** way of thinking.	彼は独特な考え方をしている。
She was too **shy** to speak in front of others.	彼女はとても恥ずかしがりで他人の前で話せなかった。
He felt **lonely** when he moved here.	彼はここに引っ越してきたときさびしく感じた。
These mountains are part of a **national** park.	これらの山は国立公園の一部だ。
They didn't understand the **main** problem.	彼らは主要な問題を理解していなかった。
I don't want to sit on such a **dirty** floor.	私はそんなに汚い床に座りたくない。
The **scientists** studied the penguins.	科学者たちはそのペンギンを研究した。
What is the **temperature** of this room now?	この部屋の温度は今何度ですか。
Do you have a bigger **size**?	大きめのサイズはありますか。

512 ☑	**situation** 3 [sitʃuéiʃn] スィチュエイシャン	名 状況，立場	● in a ～ situation「～な状況で」
513 ☑	**theater** 5 [θí:ətər] すィーアタ	名 劇場，映画館	●《英》theatre ● go to the theater「芝居［映画］を見に行く」
514 ☑	**bank** 5 [bǽŋk] バぁンク	名 ①銀行 ②土手	
515 ☑	**clerk** 3 [klə́:rk] クら～ク	名 店員，事務員	● bank clerk「銀行員」
516 ☑	**hotel** 5 [houtél] ホウテる	名 ホテル，旅館	
517 ☑	**sightseeing** 4 [sáitsì:iŋ] サイトスィーイング	名 観光	● go sightseeing「観光に行く」
518 ☑	**letter** 5 [létər] れタ	名 ①手紙 ②文字	
519 ☑	**action** 4 [ǽkʃn] あクシャン	名 ①行動，実行 ②行為	● take action「行動を起こす」 形 active(492)
520 ☑	**cooking** 5 [kúkiŋ] クキング	名 料理	● do the cooking「料理をする」 動 cook(203)
521 ☑	**gift** 4 [gíft] ギふト	名 贈り物	＝ present (828)
522 ☑	**jacket** 5 [dʒǽkit] ヂぁケット	名 ①ジャケット，上着　②(本の)カバー	
523 ☑	**pot** 3 [pát] パット	名 つぼ，深なべ，ポット	● flower pot「植木鉢」
524 ☑	**shelf** 5 [ʃélf] シェるふ	名 棚	● bookshelf「本棚」(1373)

We are in a difficult **situation**.	私たちは困難な状況にある。
This is the oldest **theater** in Japan.	ここは日本でいちばん古い劇場だ。
Many **banks** are not open on weekends.	多くの銀行は週末は開いていない。
The **clerks** in this store are all friendly.	この店の店員はみな親しみやすい。
We stayed at the **hotel** for a week.	私たちはそのホテルに1週間泊まった。
I'd like to go **sightseeing** in Nara.	私は奈良に観光に行きたい。
I wrote a **letter** to my grandmother.	私は祖母に手紙を書いた。
He took **action** to change the situation.	彼は状況を変えるために行動を起こした。
I usually do the **cooking** on Sunday mornings.	日曜日の朝はたいてい私が料理をする。
She gave me gloves as a **gift**.	彼女は私に贈り物として手袋をくれた。
I'll wear this **jacket** today.	私は今日はこのジャケットを着よう。
Eat the soup in the **pot** for lunch.	昼食はなべにあるスープを飲んでね。
I put the box back on the **shelf**.	私は箱を棚に戻した。

525	**café** 4 [kæféi] キぁふェイ	名 喫茶店，カフェ	● cafe ともつづる。
526	**key** [kí:] キー	名 ①かぎ ②〈the +〉手がかり	● a [the] key to ～「～のかぎ[手がかり]」
527	**leaf** 3 [lí:f] りーふ	名 葉	● 複数形の leaves は，動 leave(97)の三単現の形と同一。
528	**bathroom** 4 [bǽθrù:m] バぁすルーム	名 ①浴室 ②トイレ	● ②は個人宅・公共のトイレをさす。→ restroom (405)
529	**passenger** 3 [pǽsindʒər] パぁセンヂャ	名 乗客	
530	**quiz** [kwíz] クウィズ	名 小テスト，クイズ 複 quizzes	● exam「試験」(1501)
531	**trick** 3 [trík] トゥリック	名 ①手品 ②いたずら	
532	**novel** 3 [nάvl] ナヴる	名 小説	
533	**sunrise** [sʌ́nràiz] サンライズ	名 日の出	● sunset「日没」(1758)
534	**wood** 3 [wúd] ウッド	名 ①木材 ②森	● ② woods とも表す。 ● tree「木」(132)，forest「森」(743)
535	**farm** 4 [fά:rm] ふァーム	名 農場	● farmer「農場主」
536	**cow** 3 [káu] カウ	名 牛，雌牛	
537	**heritage** 3 [héritidʒ] ヘリテッヂ	名 (文化的な)遺産	● World Heritage Site「世界遺産」

The coffee at that **café** is my favorite.	あのカフェのコーヒーは私のお気に入りだ。
Please bring the **key** to this room.	この部屋のかぎを持ってきてください。
Those **leaves** turn yellow or red in autumn.	あれらの葉は秋に黄色や赤くなる。
Excuse me, where is the **bathroom**?	すみません，トイレはどこですか。
There are about 3,000 **passengers** on that ship.	その船には約 3,000 人の乗客が乗っている。
The teacher gave us a **quiz** in today's class.	先生は今日の授業で小テストをした。
He showed me a new **trick**.	彼は私に新しい手品を見せてくれた。
His **novels** are popular abroad, too.	彼の小説は海外でも人気がある。
We watched the **sunrise** on the beach.	私たちは浜辺で日の出を見た。
This shelf is made of **wood**.	この棚は木でできている。
He runs a large fruit **farm**.	彼は大きな果物農園を経営している。
There are about 500 **cows** on the farm.	その農場には約 500 頭の牛がいる。
They became Japan's first World **Heritage** Sites in 1993.	それらは 1993 年に日本で最初の世界遺産となった。

538 ☑	**mistake** 4 [mistéik] ミステイク	名 誤り，間違い 動 を誤解する 変 mistook — mistaken	● make a mistake「間違える」
539 ☑	**driver** 4 [dráivər] ドゥライヴァ	名 運転手	● drive「を運転する」(1134)
540 ☑	**tour** 4 [túər] トゥア	名 旅行，ツアー	● go on a tour「ツアーに出かける」 ● tourist(239)
541 ☑	**teammate** 3 [tí:mmèit] ティームメイト	名 チームメイト	
542 ☑	**goal** 4 [góul] ゴウる	名 目標，ゴール	● set a goal「目標を設定する」
543 ☑	**lantern** [lǽntə:rn] らぁンタン	名 ランタン，ちょうちん	● light a lantern「ランタンに火をともす」
544 ☑	**note** 3 [nóut] ノウト	名 メモ，覚え書き	● make a note「メモする」 ● 日本語の「ノート」はnotebook(53)。
545 ☑	**symbol** 3 [símbl] スィンブる	名 シンボル，象徴	
546 ☑	**police** 5 [pəlí:s] ポリース	名 警察	● the police で警察全体を表す(複数扱い)。 a police officer は個々の「警察官」。
547 ☑	**rock** 4 [rák] ラック	名 ①岩 ②ロック音楽	● stone「石」(928)
548 ☑	**comedy** [kámədi] カメディ	名 コメディー，喜劇	
549 ☑	**comment** 2 [káment] カメント ア	名 コメント，批評	● comment on ～「～についてのコメント」

I made some **mistakes** on the math quiz.	私は数学の小テストで何問か間違いをした。
The **driver** stopped the car near the theater.	運転手は劇場の近くで車を止めた。
They went on a **tour** of Spain.	彼らはスペインのツアーに出かけた。
She is one of our **teammates**.	彼女は私たちのチームメートの1人だ。
My main **goal** is to win the contest.	私のおもな目標は，コンテストで優勝することだ。
There is an old **lantern** on the shelf.	棚に古いランタンがある。
I left a **note** on the table for my father.	私はテーブルの上に父へのメモを残した。
Mt. Fuji is a **symbol** of our country.	富士山は私たちの国の象徴だ。
I called the **police**.	私は警察に電話した。
The ship was on the **rocks**.	その船は岩に乗り上げていた。
I watched a **comedy** show on TV.	私はテレビでコメディー番組を見た。
Do you have any **comments** on that?	それについて何かコメントはありますか。

550 ☑	**court** [kɔ́ːrt] コート	名 コート	
551 ☑	**custom** 3 [kʌ́stəm] カスタム	名 習慣	● おもに社会の習慣をさす。個人的な習慣は habit(1285)。
552 ☑	**engineer** 4 [èndʒəníər] エンヂニア ア	名 技師，エンジニア	
553 ☑	**facility** [fəsíləti] ふァスィリティ	名 施設，設備	● sports facilities「スポーツ施設」
554 ☑	**fridge** [frídʒ] ふリッヂ	名 冷蔵庫	● refrigerator の略。
555 ☑	**hallway** [hɔ́ːlwèi] ホーるウェイ	名 ①廊下 ②玄関	
556 ☑	**net** [nét] ネット	名 ①網 ②〈the +〉インターネット	● ② Net とつづることも多い。on the Net「インターネットで」
557 ☑	**safety** 3 [séifti] セイふティ	名 安全(性)，無事	形 safe「安全な」(843)
558 ☑	**sale** 4 [séil] セイる	名 ①販売 ②特売	● for sale「売りものの」 動 sell「を売る」(570)
559 ☑	**manager** 4 [mǽnidʒər] マぁネヂャ	名 経営者，支配人	
560 ☑	**scene** [síːn] スィーン	名 ①(映画などの)場面 ②光景	
561 ☑	**spot** 3 [spɑ́t] スパット	名 ①(特定の)地点，場所 ②しみ	● tourist spot「観光名所」
562 ☑	**chess** [tʃés] チェス	名 チェス	● play chess「チェスをする」

There are two tennis **courts** in this park.	この公園にはテニスコートが 2 面ある。
I visited the village to learn the local **customs**.	私は地元の習慣を知るためにその村を訪れた。
My father is an **engineer** at a computer company.	父はコンピューター会社でエンジニアをしている。
The city is building new sports **facilities**.	その市は新しいスポーツ施設を建設中だ。
Put the eggs in the **fridge**.	卵を冷蔵庫に入れてください。
Do not run in the **hallway**.	廊下を走らないように。
I caught fish with a **net**.	私は網で魚を捕まえた。
They worry about the **safety** of the bus passengers.	彼らはバスの乗客たちの安全を心配している。
Those works are not for **sale**.	それらの作品は売りものではない。
I'd like to speak to the **manager**.	支配人とお話がしたいのですが。
I didn't like the last **scene** of that movie.	私はあの映画の最後の場面が気に入らなかった。
I'll show you my favorite **spot**.	あなたに私のお気に入りの場所を案内しましょう。
We often play **chess** after dinner.	私たちは夕食のあとによくチェスをする。

No.	単語	意味	補足
563	**church** 4 [tʃə́:rtʃ] チャ〜チ	名 教会	● go to church「教会に行く，礼拝に行く」
564	**barrier** [bǽriər] バぁリア	名 ①防壁 ②妨げ，障壁	● language barrier「言語の壁」
565	**blackboard** [blǽkbɔ̀:rd] ブらぁックボード ア	名 黒板	● whiteboard「ホワイトボード」
566	**furniture** [fə́:rnitʃər] ふァ〜ニチャ	名 家具	● 不可算名詞。数えるときは a piece of 〜 の形をとる。
567	**closet** [klázit] クらゼット	名 クローゼット	
568	**ceiling** [sí:liŋ] スィーリング	名 天井	● on the ceiling「天井に」
569	**coal** [kóul] コウる	名 石炭	● 不可算名詞。数えるときは a piece of 〜 の形をとる。
570	**sell** 4 [sél] セる	動 を売る，売れる 変 sold — sold	● sell 〜 ... ≒ sell ... to 〜「〜に…を売る」 名 sale(558) ⇔ buy(94)
571	**carry** 4 [kǽri] キぁリ	動 を運ぶ，持ち歩く	● carry out 〜「〜を実行する」
572	**protect** 3 [prətékt] プロテクト	動 を守る，保護する	
573	**finish** 5 [fíniʃ] ふィニッシ	動 を終える，終わる	● finish 〜ing「〜し終える」
574	**remember** 4 [rimémbər] リメンバ	動 を覚えている，思い出す	● remember to 〜「忘れずに〜する」

She goes to **church** on Sundays.	彼女は日曜日に教会に通っている。
The police were waiting behind the **barriers**.	警察が防壁のうしろで待機していた。
I wrote the answer on the **blackboard**.	私は黒板にその答えを書いた。
There is not much **furniture** in his room.	彼の部屋には家具があまりない。
She put the souvenirs from him in the **closet**.	彼女は彼からのおみやげをクローゼットにしまった。
I see a black spot on the **ceiling**.	天井に黒いしみが見える。
He put some **coal** on the fire.	彼は火に石炭を少しくべた。
I **sold** my old comic books to the store.	私はその店に古い漫画本を売った。
He is **carrying** a large box.	彼は大きな箱を運んでいる。
We must **protect** these animals.	私たちはこれらの動物を守らなければならない。
I **finished** washing the dishes.	私は皿を洗い終わった。
He didn't **remember** me.	彼は私を覚えていなかった。

575 ☑	**forget** 4 [fərgét] ふォゲット	動 を忘れる 変 forgot — forgotten / forgot	● forget to ～「～し忘れる」
576 ☑	**agree** 3 [əgríː] アグリー	動 意見が一致する，同意する	● agree with ～「(人)に同意する」 ● agree to ～「(提案など)に同意する」
577 ☑	**travel** 4 [trǽvl] トゥラぁヴる	動 (を)旅行する 名 旅行	● travel around ～「～中を旅行する」 ● traveler「旅行者」(1175)
578 ☑	**die** 4 [dái] ダイ	動 死ぬ，枯れる	● ～ing 形は dying。 ● die of [from] ～「～で死ぬ」
579 ☑	**pay** 3 [péi] ペイ	動 を支払う 変 paid — paid	● pay ～ for ...「…に～(金額)を支払う」
580 ☑	**cut** 4 [kʌ́t] カット	動 を切る 変 cut — cut	
581 ☑	**fly** 5 [flái] ふらイ	動 ①飛ぶ，を飛ばす ②飛行機で行く 変 flew — flown	名 flight「(飛行機の)便」(1109)
582 ☑	**touch** 3 [tʌ́tʃ] タッチ	動 に触れる，触る 名 接触	
583 ☑	**begin** 5 [bigín] ビギン	動 を始める，始まる 変 began — begun	● begin to ～ [～ing]「～し始める」 ＝ start(192)
584 ☑	**return** 3 [ritə́ːrn] リタ～ン	動 帰る，戻る，を戻す 名 返却	● return to ～「～に戻る」
585 ☑	**continue** 3 [kəntínjuː] コンティニュー	動 続く，を続ける	● continue to ～ [～ing]「～し続ける」
586 ☑	**create** 3 [kriéit] クリエイト	動 を創造する	形 creative「創造的な」(1729)

I didn't **realize** that it was important.	私はそれが大切だと気づいていなかった。
My father **designed** this house.	私の父がこの家を設計した。
This company **produces** many kinds of computers.	この企業は多くの種類のコンピューターを生産している。
We **spent** the weekend at the beach.	私たちはビーチで週末を過ごした。
He **lost** his cap yesterday.	彼は昨日帽子をなくした。
I'll **miss** you so much when you move.	あなたが引っ越すと，とてもさびしくなります。
The monkey is **climbing** a tree.	サルが木に登っている。
Many **foreign** students study at this school.	多くの外国からの生徒がこの学校で学んでいる。
His ideas are very **different** from the others'.	彼の考えはそのほかの人たちのとは大きく異なる。
My cousin and I go to the **same** school.	いとこと私は同じ学校に通っている。
Each student in this school is given a computer.	この学校のどの生徒にもコンピューターが与えられている。
She doesn't have her **own** room.	彼女には自分自身の部屋がない。

599 ☑	**young** 5 [jʌ́ŋ] ヤング 発	形 若い，年下の	⇔ old(252)
600 ☑	**plastic** 4 [plǽstik] プらぁスティック ア	形 プラスチック(製)の 名 プラスチック	● plastic bag「ビニール袋」
601 ☑	**crowded** 3 [kráudid] クラウディッド	形 混み合った 変 more ～ — most ～	
602 ☑	**junior** [dʒú:njər] ヂューニャ	形 年少の，下級の 名 年少者	● junior high school「中学校」
603 ☑	**elementary** [èləméntəri] エれメンタリ	形 初等の，初歩の	● elementary school「小学校」
604 ☑	**wild** 3 [wáild] ワイるド	形 野生の 名 〈the +〉野生	
605 ☑	**smart** 3 [smá:rt] スマート	形 りこうな，賢い	●「ほっそりした」は slim [slím] を使う。
606 ☑	**ancient** 3 [éinʃənt] エインシェント	形 古代の 変 more ～ — most ～	⇔ modern「現代の」(1414)
607 ☑	**bored** [bɔ́rd] ボード	形 退屈した，うんざりした 変 more ～ — most ～	● get bored「退屈[うんざり]する」
608 ☑	**boring** 3 [bɔ́:riŋ] ボーリング	形 退屈な 変 more ～ — most ～	
609 ☑	**everyday** 3 [évridèi] エヴリデイ	形 毎日の，日常の	● 副詞の働きをする every day「毎日」との区別に注意。
610 ☑	**honest** 3 [ánist] アネスト 発	形 正直な 変 more ～ — most ～	
611 ☑	**quiet** 4 [kwáiət] クワイエット	形 ①静かな ②おだやかな	⇔① noisy(612)

When my mother was **young**, she wanted to be an actor.	母は若かったころ，俳優になりたかった。
I bought **plastic** dishes for the party.	私はパーティー用にプラスチック製の食器類を買った。
The station was very **crowded**.	駅はとても混んでいた。
He is in the same club as me in **junior** high school.	彼は中学校で私と同じクラブに入っている。
My sister will start **elementary** school in April.	妹は４月に小学校に上がる。
I want to see **wild** animals in Africa in the future.	私は将来アフリカで野生動物を見たい。
Your dog is very **smart**.	あなたのイヌはとても賢いですね。
He's interested in **ancient** history.	彼は古代史に関心がある。
I got **bored** and left the room.	私は退屈してその部屋を出ていった。
The movie was really **boring**.	その映画はとても退屈だった。
We use a lot of water in **everyday** life.	私たちは毎日の生活でたくさんの水を使う。
She is an **honest** and nice woman.	彼女は正直ですてきな女性だ。
Everyone, please be **quiet**.	みなさん，静かにしてください。

612	**noisy** [nɔ́izi] ノイズィ	形 騒がしい	名 noise「物音」(1519)
613	**sacred** [séikrid] セイクリッド	形 神聖な 変 more ～ — most ～	
614	**scary** [ské(ə)ri] スケ(ア)リ	形 怖い	
615	**surprising** 3 [sərpráiziŋ] サプライズィング	形 驚くべき 変 more ～ — most ～	● surprised「驚いた」(351) 動 surprise「を驚かす」(1203)
616	**lazy** [léizi] れイズィ	形 怠け者の	● feel lazy「めんどうくさい，やる気がしない」
617	**easygoing** [í:zigóuiŋ] イーズィゴウイング	形 のんきな，あくせくしない	● easy-going ともつづる。
618	**number** 5 [nʌ́mbər] ナンバ	名 ①数 ②番号	● the number of ～「～の数」 ● phone number「電話番号」
619	**hour** 5 [áuər] アウア 発 同 our	名 ①1時間 ②時間(帯)	● for hours「何時間も」 ● lunch hour「昼食時間」
620	**minute** 5 [mínit] ミニット	名 ①分 ②ちょっとの間	● Wait [Just] a minute.「ちょっと待って」
621	**past** 3 [pǽst] パぁスト	名 〈the +〉過去，昔 形 過去の 前 ～を過ぎて	● in the past「昔は」 ● present「現在の」(828), future「未来」(329)
622	**group** 4 [grú:p] グループ	名 集団，グループ	● a group of ～「～のグループ[団体]」
623	**culture** 3 [kʌ́ltʃər] カるチャ	名 ①文化 ②教養	形 cultural「文化の」(725)

The street is always **noisy**.	その通りはいつも騒がしい。
This is a **sacred** place for them.	ここは彼らにとって神聖な場所だ。
I don't like **scary** stories.	私は怖い話が好きではない。
I heard a **surprising** thing from her.	私は彼女から驚くべきことを聞いた。
I think he is the **laziest** student in the class.	彼はクラスでいちばん怠け者の生徒だと思う。
My sister is friendly and **easygoing**.	妹は気さくでのんびりしている。
The local people were surprised at the **number** of tourists.	地元の人々は旅行客の数に驚いた。
We practiced basketball for two **hours**.	私たちはバスケットボールを2時間練習した。
Can you wait five **minutes**?	5分待ってもらえますか。
We can learn from our mistakes of the **past**.	私たちは過去の間違いから学ぶことができる。
A **group** of fans were waiting at the gate.	ファンのグループが門のところで待っていた。
He is studying Japanese **culture**.	彼は日本文化を勉強している。

No.	単語		意味	補足
624	**history** [hístəri] ヒスタリ	5	名 歴史	
625	**money** [mʌ́ni] マニ	5	名 ①お金 ②通貨	● 不可算名詞。 ● make money「金をもうける」
626	**person** [pə́:rsn] パ～スン	4	名 人，個人	● 複数にはふつう people (1) を使う。
627	**reason** [rí:zn] リーズン	4	名 理由	● reason for ～「～の理由」
628	**bird** [bə́:rd] バ～ド	5	名 鳥	
629	**vegetable** [védʒətəbl] ヴェヂタブる	4	名 野菜	
630	**clothes** [klóuz] クろウズ 発	4	名 衣服	● 複数扱い。 ● change *one*'s clothes「着替える」
631	**care** [kéər] ケア	4	名 ①世話　②注意 動 (を)気にする	● take care of ～「～の世話をする，～に気を配る」 ● with care「注意して」
632	**company** [kʌ́mpəni] カンパニ	4	名 会社，企業	
633	**building** [bíldiŋ] ビるディング		名 建物	動 build (457)
634	**environment** [inváirənmənt] インヴァイロンメント	3	名 環境	形 environmental「環境の」(1064)
635	**point** [pɔ́int] ポイント	3	名 点，要点，論点	
636	**center** [séntər] センタ	4	名 ①中心 ②(施設の)センター	●《英》centre

She is interested in art **history**.	彼女は美術史に興味がある。
I spent a lot of **money** yesterday.	私は昨日たくさんお金を使ってしまった。
She is shy but a very nice **person**.	彼女は恥ずかしがりやだが，とてもいい人だ。
He explained the **reason** for his actions.	彼は自分の行為の理由を説明した。
Birds were singing in the trees this morning.	今朝，鳥が木で鳴いていた。
My mother grows some **vegetables** in the kitchen.	母は台所で野菜を育てている。
Take off your dirty **clothes** and put these on.	汚れた服を脱いで，こちらを着なさい。
She takes **care** of her sister after school.	彼女は放課後に妹の世話をしている。
He runs a large **company**.	彼は大企業を経営している。
There are many tall **buildings** in Tokyo.	東京には多くの高い建物がある。
We should do something to protect the **environment**.	私たちは環境を守るために何かをするべきだ。
I see your **point**, but I don't agree with you.	あなたの論点はわかりますが，あなたに同意はできません。
Our school is at the **center** of our town.	私たちの学校は町の中心にある。

637	**message** 3 [mésidʒ] メセッヂ	名 伝言，メッセージ	● leave [take] a message「メッセージを残す[受ける]」
638	**party** 5 [páːrti] パーティ	名 パーティー	● have [hold] a party「パーティーを開く」
639	**area** 3 [éəriə] エ(ア)リア	名 地域，区域	
640	**body** 5 [bádi] バディ	名 体，胴体	● body temperature「体温」
641	**baby** 5 [béibi] ベイビ	名 赤ん坊	
642	**child** 5 [tʃáild] チャイるド	名 子ども 複 children [tʃíldrən]	⇔ adult「大人」(1003)，parent「親」(401)
643	**century** 4 [séntʃəri] センチュリ	名 世紀，100 年	● in the 21st century「21 世紀に」
644	**college** 4 [kálidʒ] カれッヂ	名 (単科)大学	● college student「大学生」 ● go to college「大学に通う」
645	**university** 4 [jùːnəvə́ːrsəti] ユーニヴァ～スィティ	名 (総合)大学	● at (the) university「大学で」
646	**power** 4 [páuər] パウア	名 ①力 ②電力	● water [wind] power「水力[風力]」 形 powerful「力強い」(861)
647	**health** 3 [hélθ] へるす	名 健康	形 healthy「健康な」(713)
648	**field** 3 [fíːld] ふィーるド	名 畑，野原	● rice field「水田」

Would you like to leave a **message**?	伝言を残しますか。
I went to her birthday **party** last Saturday.	私は先週の土曜日に彼女の誕生日パーティーに行った。
There are some large farms in this **area**.	この地域には大規模な農場がいくつかある。
My **body** temperature is much higher than yesterday.	私の体温は昨日よりもだいぶ高い。
Some foods are not good for **babies**.	一部の食べ物は赤ちゃんにはよくない。
My family moved to this town when I was a small **child**.	私が小さな子どものときに，私の家族はこの町に越してきた。
The castle was built in the 16th **century**.	その城は 16 世紀に建てられた。
She is a **college** student in America.	彼女はアメリカで大学生をしている。
He is studying at the **University** of London.	彼はロンドン大学で学んでいる。
She has the **power** to move everyone.	彼女にはみんなを動かす力がある。
Eating too much is not good for your **health**.	食べすぎは健康によくない。
He is working in the **field** now.	彼は今畑で作業している。

649 ☐	**garden** 5 [gá:rdn] ガードゥン	名 庭，庭園	
650 ☐	**office** 5 [ɔ́:fis] オーふィス	名 事務所，会社	● go to the office「会社に行く，出勤する」
651 ☐	**piece** 3 [pí:s] ピース 同 peace	名 部分，かけら	● a piece of ～「1つの～，～を1つ」(特定の不可算名詞の前に置く)
652 ☐	**ticket** 5 [tíkit] ティケット	名 切符，チケット	● ticket to [for] ～「～のチケット」
653 ☐	**price** 3 [práis] プライス	名 値段	● high [low] price「高い[低い]値段」
654 ☐	**sign** 3 [sáin] サイン 発	名 ①標識，看板 ②合図	● sign language「手話」 ● signature「署名」(1388)
655 ☐	**season** 5 [sí:zn] スィーズン	名 ①季節 ②時期	● rainy season「雨季，梅雨」
656 ☐	**holiday** 4 [hálədèi] ハリデイ	名 休日，祝日	● vacation「(比較的長い)休暇」(150) ● national holiday「国民の祝日」
657 ☐	**society** 3 [səsáiəti] ソサイアティ	名 社会	形 social「社会の」(1065)
658 ☐	**bridge** 4 [brídʒ] ブリッヂ	名 橋	● build a bridge「橋をかける」
659 ☐	**line** 4 [láin] らイン	名 ①線　②路線 ③列	● in line「並んで」
660 ☐	**smartphone** 3 [smá:rtfòun] スマートふォウン	名 スマートフォン	● on the smartphone「スマートフォンで」

There are different kinds of roses in this **garden**.	この庭園にはさまざまな種類のバラがある。
My mother is still at her **office**.	母はまだ事務所にいる。
My family bought two **pieces** of furniture.	私の家族は家具を 2 点買った。
Can I get a **ticket** to that concert on the Internet?	そのコンサートのチケットはインターネットで手に入りますか。
That company changed the **price** of its food again.	その企業は自社の食品の値段を再び変更した。
The **sign** in the store window says "CLOSED."	店の窓の看板には「閉店」と書いてある。
Autumn is a good **season** for jogging.	秋はジョギングをするにはよい季節だ。
He has to go to the office on a **holiday** this month.	彼は今月の休日に出勤しなければならない。
Each of us is a member of **society**.	私たちのそれぞれが社会の一員である。
This **bridge** opened in 1988.	この橋は 1988 年に開通した。
She drew a **line** under the word.	彼女はその単語の下に線を引いた。
She is always chatting on her **smartphone**.	彼女はいつもスマートフォンでチャットばかりしている。

661 ☑	**product** 3 [prádəkt] プラダクト	名 製品	動 produce(589)
662 ☑	**goods** [gúdz] グッヅ	名 商品	● good(363)
663 ☑	**item** [áitəm] アイテム	名 項目，品目	
664 ☑	**difference** [dífərəns] ディふァレンス	名 違い	● difference between ～「～の間の違い」 形 different(595)
665 ☑	**opinion** 3 [əpínjən] オピニョン	名 意見	● opinion of [on, about] ～「～についての意見」
666 ☑	**space** 4 [spéis] スペイス	名 ①空間，場所 ②宇宙	● space for ～「～の(ための)空間[場所]」 ● space travel「宇宙旅行」
667 ☑	**grass** 3 [grǽs] グラぁス	名 草，芝生	
668 ☑	**yard** 4 [já:rd] ヤード	名 庭，中庭	● おもに《米》で，《英》は garden(649)。
669 ☑	**scarf** [ská:rf] スカーふ	名 スカーフ，マフラー	● put on a scarf「スカーフを巻く」
670 ☑	**belt** [bélt] べるト	名 ベルト	● seat belt「シートベルト」
671 ☑	**laundry** [lɔ́:ndri] ろーンドゥリ	名 ①洗濯もの ②クリーニング店	● do the laundry「洗濯をする」
672 ☑	**talent** [tǽlənt] タぁれント	名 才能	● talent for ～「～の才能」

The company's new **product** sells well.	その会社の新製品はよく売れている。
The prices of the **goods** in that store are low.	その店の商品の値段は安い。
They checked all the **items** for sale.	彼らは販売用のすべての品目を点検した。
I don't know the **difference** between these two ways.	私にはこの2つの方法の違いがわからない。
That is my honest **opinion** of this book.	それがこの本についての私の正直な意見です。
There was no **space** for those boxes.	それらの箱を置く場所はまったくなかった。
Let's sit on the **grass** around here and have lunch.	このあたりの芝生に座ってランチにしましょう。
I have to cut the grass in the **yard** this afternoon.	私は今日の午後は庭の草を刈らなければならない。
She put on a **scarf** before she went out.	彼女は出かける前にスカーフを巻いた。
You're wearing a cool **belt**.	あなたはかっこいいベルトをしているね。
I couldn't do the **laundry** today.	私は今日は洗濯をすることができなかった。
She has a **talent** for singing.	彼女は歌の才能がある。

No.	単語	意味	補足
673 ☑	**flashlight** [flǽʃlàit] ふらぁッシらイト	名 ①懐中電灯 ②(カメラの)フラッシュ	● turn on [off] a flashlight「懐中電灯をつける[消す]」
674 ☑	**postcard** 5 [póustkɑ̀:rd] ポウストカード	名 (絵)はがき	●「絵はがき」は picture card ともいう。
675 ☑	**carpenter** [kɑ́:rpəntər] カーペンタ	名 大工	
676 ☑	**cartoonist** [kɑ:rtú:nist] カートゥーニスト	名 漫画家	● cartoon [kɑ:rtú:n]「(風刺)漫画，アニメ」
677 ☑	**yogurt** [jóugərt] ヨウガト 発	名 ヨーグルト	
678 ☑	**mean** 4 [mí:n] ミーン	動 を意味する 変 meant — meant	名 meaning (432)
679 ☑	**pick** 3 [pík] ピック	動 ①を選ぶ ②(花など)をつむ	● pick up ～「～を拾い上げる」
680 ☑	**improve** 3 [imprú:v] インプルーヴ	動 ①を改善する，上達させる ②よくなる	名 improvement「改善」(1884)
681 ☑	**communicate** 4 [kəmjú:nikèit] コミューニケイト ア	動 ①意思を伝える ②を伝える	● communicate with ～「～に意思を伝える」 名 communication「伝達，コミュニケーション」(927)
682 ☑	**enter** 3 [éntər] エンタ	動 ①に入る ②に入学する	＝ go in [into] ～
683 ☑	**introduce** 3 [ìntrədjú:s] イントゥロデュース	動 ①を紹介する ②を導入する	● introduce ～ to ...「～を…に紹介する」 名 introduction [ìntrədʌ́kʃn]「紹介」
684 ☑	**paint** 4 [péint] ペイント	動 を描く，を塗る 名 絵の具，ペンキ	● 絵の具で描く，ペンキなどで塗ること。 ● draw (86)

He turned on the **flashlight** and went into the room.	彼は懐中電灯をつけて部屋に入った。
She sent me a **postcard** from Paris.	彼女はパリから私に絵はがきを送ってきた。
Good **carpenters** built my house.	腕のいい大工たちがうちの家を建ててくれた。
He is studying to become a **cartoonist**.	彼は漫画家になるために勉強している。
I like to eat **yogurt** with fruit.	私はヨーグルトにフルーツを入れて食べるのが好きだ。
What does that sign **mean**?	あの標識は何を意味しているのですか。
She **picked** her words with care before she talked to him.	彼女は彼と話す前に慎重に言葉を選んだ。
She studies hard to **improve** her English.	彼女は英語を上達させるために熱心に勉強している。
They tried to **communicate** with each other.	彼らは互いに意思を伝えあおうとした。
The police **entered** the building.	警察はそのビルに入った。
I **introduced** him to my family.	私は彼を家族に紹介した。
The children **painted** these pictures of flowers.	その子どもたちはこれらの花の絵を描いた。

685 ☑	**encourage** 2 [inkə́:ridʒ] インカ～リッヂ	動 を励ます，を勇気づける	
686 ☑	**invite** 4 [inváit] インヴァイト	動 を招待する	• invite ～ to ...「～を…に招待する」 名 invitation [invətéiʃn]「招待」
687 ☑	**prepare** 4 [pripéər] プリペア	動 (を)準備[用意]する	• prepare for ～「～の準備をする，～に備える」
688 ☑	**sit** 5 [sít] スィット	動 座る 変 sat — sat	• sit down「座る」 ⇔ stand(689)
689 ☑	**stand** 5 [stǽnd] スタぁンド	動 ①立つ ②をがまんする 変 stood — stood	• stand up「立ち上がる」 ⇔ sit(688)
690 ☑	**pass** 4 [pǽs] パぁス	動 ①を手渡す ②(時が)過ぎる ③に合格する	• pass ～ ... ≒ pass ... to ～「～に…を手渡す[とる]」 • pass the test [exam]「試験に合格する」
691 ☑	**develop** 3 [divéləp] ディヴェろプ	動 ①を開発する ②を発展させる，発展する	名 development「発達，発展」(1611)
692 ☑	**receive** 3 [risí:v] リスィーヴ	動 を受け取る	
693 ☑	**cry** 4 [krái] クライ	動 ①泣く ②叫ぶ 名 叫び声	
694 ☑	**burn** 3 [bə́:rn] バ～ン	動 燃える，を燃やす 名 やけど 変 burned / burnt — burned / burnt	
695 ☑	**spread** 3 [spréd] スプレッド	動 を広げる，広まる 変 spread — spread	
696 ☑	**let** 5 [lét] れット	動 (人)に～させる 変 let — let	• Let's ～.「～しよう」

I was **encouraged** by my teammates.	私はチームメイトに励まされた。
He **invited** me to lunch with his family.	彼は家族とのランチに私を招待してくれた。
I have to **prepare** for my trip next week.	私は来週の旅行の準備をしなければいけない。
I **sat** on the bed and called her.	私はベッドに座り彼女に電話をかけた。
We had to **stand** on the train for a long time.	私たちは電車で長時間立っていなければならなかった。
Can you **pass** me that book?	あの本をとってもらえる？
The company is **developing** a new product.	その会社は新製品を開発しているところだ。
I **received** a phone call from that store yesterday.	私は昨日その店から電話を受けた。
I wanted to **cry** then.	私はあのときは泣きたかった。
My mother **burned** her old letters.	母は昔の手紙を燃やした。
My father **spread** a newspaper on the table.	父は新聞をテーブルに広げた。
Let me explain the reason.	私にその理由を説明させてください。

697	**fight** [fáit] ふァイト 3	動 戦う 名 戦い 変 fought — fought	● fight for ～「～のために戦う」
698	**invent** [invént] インヴェント 3	動 を発明する	名 invention「発明」(1192)
699	**kill** [kíl] キる 4	動 を殺す	● *be* killed (in ～)「(～で)死ぬ，命を奪われる」
700	**laugh** [lǽf] らぁふ 発 3	動 笑う	● laugh at ～「～を笑う」 名 laughter「笑い」(1525)
701	**reach** [rí:tʃ] リーチ 3	動 に到着する，に届く	= arrive at [in] ～(184)，get to ～(75)(前置詞の扱いに注意)
702	**bad** [bǽd] バぁッド 5	形 ①悪い ②下手な 変 worse [wə́:*r*s] — worst [wə́:*r*st]	● That's too bad.「それはお気の毒です」 ⇔ good(363)
703	**few** [fjú:] ふュー 3	形 ①〈a +〉少数の ②ほとんど～ない 代 〈a +〉少数の人[物]	● 可算名詞の複数形の前に用いる。不可算名詞には little(704)を用いる。 ● 冠詞 a の有無に注意。
704	**little** [lítl] りトゥる 5	形 ①小さい ②〈a +〉少量の ③ほとんど～ない 副 〈a +〉少し 変 less [lés] — least [lí:st]	● There's little [a little] tea in the cup.「カップにお茶がほとんどない[少しある]」 ⇔① big(255)，② much(340)
705	**sick** [sík] スィック 4	形 病気の	● get sick「病気になる」 = ill(1637) ⇔ healthy「健康な」(713)，well「健康で」(793)
706	**able** [éibl] エイブる 3	形 (*be* able to ～で) ～することができる	● will be able to ～「～することができるだろう」
707	**poor** [púə*r*] プア 4	形 ①貧しい ②下手な	● *be* poor at ～「～が不得意だ」 ⇔① rich「裕福な」(708)，② good(363)

They were **fighting** to protect their country.	彼らは自分たちの国を守るために戦っていた。
Instant noodles were **invented** by a Japanese person.	インスタントラーメンは日本人によって発明された。
Millions of people were **killed** in that war.	何百万人もの人々がその戦争で殺された。
I couldn't stop **laughing** when I saw that.	私はそれを見たとき笑いが止まらなかった。
We will **reach** the village soon.	私たちはまもなくその村に到着する。
I have some good news and **bad** news for you.	あなたによい知らせと悪い知らせがあります。
May I ask you a **few** questions?	いくつか質問をしてもよろしいでしょうか。
She bought a **little** house in the country.	彼女はいなかに小さな家を買った。
She is taking care of her **sick** dog.	彼女は病気のイヌの世話をしているところだ。
We will be **able** to travel in space in the future.	私たちは将来，宇宙旅行をすることができるだろう。
He does volunteer work to help **poor** children.	彼は貧しい子どもたちを助けるボランティア活動をしている。

708 ☑	**rich** 4 [rítʃ] リッチ	形 ①裕福な ②豊かな	⇔① poor(707)
709 ☑	**ready** 4 [rédi] レディ	形 用意[準備]ができて	● *be* ready for ～「～の用意ができている」 ● get ready「準備する」
710 ☑	**afraid** 3 [əfréid] アふレイド	形 心配して，恐れて	● *be* afraid of ～「～を恐れる」
711 ☑	**several** 3 [sévrəl] セヴラる	形 いくつかの	● 可算名詞に用いる。some(249)は可算・不可算名詞の両方に用いる。
712 ☑	**American** 5 [əmérikən] アメリカン	形 アメリカ(人)の 名 アメリカ人	● *be* American「アメリカ人である」 ● America「アメリカ」
713 ☑	**healthy** 3 [hélθi] へるすィ	形 健康な，健康によい	名 health「健康」(647)
714 ☑	**strong** 4 [strɔ́:ŋ] ストゥローング	形 強い	● get stronger「(より)強くなる」 ⇔ weak(715)
715 ☑	**weak** 4 [wí:k] ウィーク 同 week	形 弱い	● have weak eyes「視力が弱い」 ⇔ strong(714)
716 ☑	**expensive** 4 [ikspénsiv] イクスペンスィヴ	形 高価な 変 more ～ — most ～	⇔ cheap(717)
717 ☑	**cheap** 4 [tʃí:p] チープ	形 (思っていたより)安い	● ときに「安っぽい」の意味合いにもなる。 ⇔ expensive(716)
718 ☑	**necessary** 3 [nésəsèri] ネセセリ	形 必要な 変 more ～ — most ～	● It is necessary (for ...) to ～.「(…は)～する必要がある」
719 ☑	**helpful** 3 [hélpfl] へるプふる	形 役に立つ 変 more ～ — most ～	● *be* helpful to ～「～の役に立つ」 ＝ useful(357)
720 ☑	**various** 2 [véəriəs] ヴェ(ア)リアス	形 さまざまな 変 more ～ — most ～	名 variety「いろいろ」(1558)

Her family is **rich**, but she doesn't look happy.	彼女の家族は裕福だが，彼女は幸せそうに見えない。
We'll be **ready** in three minutes.	私たちはあと３分で準備できます。
You don't have to be **afraid** of anything.	あなたは何も恐れる必要はありません。
I saw that movie **several** times last year.	私は昨年あの映画を何度か見た。
One of my **American** friends is coming to Japan next month.	アメリカ人の友人の１人が来月来日する。
She is very interested in **healthy** food.	彼女は健康によい食べ物にとても関心がある。
The wind is getting **stronger**.	風が強くなってきた。
I can't see that sign well because I have **weak** eyes.	私は視力が弱いので，あの標識がよく見えない。
He often wears **expensive** clothes.	彼はよく高価な服を着ている。
I was able to get a **cheap** ticket.	私は安いチケットを手に入れることができた。
It is **necessary** for us to start it right now.	私たちは今すぐにそれを始める必要がある。
This book will be **helpful** to you.	この本はあなたの役に立つでしょう。
People from **various** countries joined the meeting.	さまざまな国の人たちがその会議に参加した。

721 ☑	**perfect** 3 [pə́:rfikt] パ〜ふェクト	形 完ぺきな，最適の 変 more 〜 — most 〜	= complete(1216)
722 ☑	**wrong** 4 [rɔ́:ŋ] ローング 発	形 ①間違った ②(具合が)悪い 変 more 〜 — most 〜	● There is something wrong with 〜.「〜はどこか具合が悪い」 ⇔ right「正しい」(344)
723 ☑	**angry** 3 [ǽŋgri] あングリ	形 怒った，腹を立てて	● get angry「腹を立てる」(「〜(人)に」は with [at] 〜，「〜(事)に」は at [about] 〜)
724 ☑	**similar** 3 [símələr] スィミら	形 似た，同じような 変 more 〜 — most 〜	● *be* similar to 〜「〜と似ている」
725 ☑	**cultural** 3 [kʌ́ltʃərəl] カるチュラる	形 文化の 変 more 〜 — most 〜	名 culture(623)
726 ☑	**toy** 4 [tɔ́i] トイ	名 おもちゃ	● play with *one*'s toy「おもちゃで遊ぶ」
727 ☑	**website** 3 [wébsàit] ウェッブサイト	名 ウェブサイト	● on a website「ウェブサイトで」 ● visit a website「ウェブサイトにアクセスする[を見る]」
728 ☑	**sky** 5 [skái] スカイ	名 〈the +〉空	● in the sky「空に」
729 ☑	**airport** 4 [éərpɔ̀:rt] エアポート	名 空港	
730 ☑	**hometown** 4 [hóumtáun] ホウムタウン	名 故郷	
731 ☑	**visitor** 3 [vízitər] ヴィズィタ	名 訪問者，観光客	● visitor to [from] 〜「〜への[からの]訪問者」 ● visit(80)
732 ☑	**trouble** 3 [trʌ́bl] トゥラブる	名 困難，問題，面倒なこと	● have trouble with 〜「〜に困っている，〜で問題を抱えている」

He speaks **perfect** English.	彼は完ぺきな英語を話す。
I took the **wrong** train yesterday.	私は昨日，間違った電車に乗った。
He got **angry** at her words.	彼は彼女の言葉に腹を立てた。
His bicycle is **similar** to mine.	彼の自転車は私のものと似ている。
I learned about **cultural** differences when I went abroad.	私は外国に行ったとき，文化の違いについて学んだ。
She bought her son a **toy** for his birthday.	彼女は息子の誕生日におもちゃを買ってあげた。
You can find more pictures on the **website**.	そのウェブサイトでより多くの写真が見つかります。
This morning I could still see stars in the **sky**.	今朝は空にまだ星が見られた。
Which bus goes to the **airport**?	空港に行くバスはどれですか。
She misses her **hometown**.	彼女は故郷を恋しく思っている。
This place is always crowded with **visitors** from abroad.	この場所は海外からの観光客でいつも混んでいる。
He's having **trouble** with his friends.	彼は友人たちとのことで問題を抱えている。

No.	単語	頻度	意味	備考
733	**poster** [póustə:r] ポウスタ	5	名 ポスター	
734	**trash** [træʃ] トゥラぁッシ	3	名 ごみ，くず	● take out the trash「ごみを出す」 ● garbage(298)
735	**boat** [bóut] ボウト	5	名 ①ボート，小舟 ②船	● in [on] a boat = by boat「ボートで」 ● ship(330)
736	**side** [sáid] サイド	5	名 ①側 ②側面	● on ～ side of ...「…の～側［面］に」
737	**fact** [fækt] ふぁクト	3	名 事実	● in fact「実際は，実は」
738	**magazine** [mǽgəzì:n] マぁガズィーン	5	名 雑誌	● take a magazine「雑誌を定期購読する」
739	**photo** [fóutou] ふォウトウ	5	名 写真	● photograph(1366)の略。 ● take a photo「写真を撮る」
740	**air** [éər] エア	5	名 ①空気 ②〈the +〉空中	● fresh air「新鮮な空気」 ● in the air「空中で」
741	**island** [áilənd] アイらンド 発	3	名 島	● on an island「島に［で］」
742	**ocean** [óuʃn] オウシャン	4	名 海，大洋	● swim in the ocean「海で泳ぐ」
743	**forest** [fɔ́:rist] ふォーレスト	3	名 森	● wood(s)(534)より大きな森をさす。
744	**hole** [hóul] ホウる 同 whole	3	名 穴	● hole in ～「～の穴」

She has a few **posters** of the singer on her ceiling.	彼女の部屋の天井にはその歌手のポスターが数枚貼ってある。
My father takes out the **trash** on Monday mornings.	父は毎週月曜日の朝にごみ出しをする。
There were many **boats** on the lake.	湖にはたくさんのボートが浮かんでいた。
You can find the office on the other **side** of the bank.	その事務所は銀行の反対側に見つかりますよ。
He just doesn't know that **fact**.	彼はただその事実を知らないだけだ。
I bought a **magazine** at the store.	私は雑誌をその店で買った。
She is good at taking **photos**.	彼女は写真を撮るのが上手だ。
When I opened the window, cold **air** came in.	窓を開けると，冷たい空気が入ってきた。
I'm going to spend three days on an **island** in Okinawa.	私は沖縄のある島で3日間過ごす予定だ。
Many people were fishing in boats on the **ocean**.	海では多くの人が船で釣りをしていた。
Walking in the **forest** was a good experience.	森の中を歩くのはよい経験だった。
I found a **hole** in one of my shoes.	私は靴の片方に穴が開いているのを見つけた。

745	**earthquake** 3 [ə́:rθkwèik] アーすクウェイク	名 地震	● the Great East Japan Earthquake「東日本大震災」
746	**government** 4 [gʌ́vərnmənt] ガヴァ(ン)メント	名 政府	
747	**percent** 4 [pərsént] パセント	名 パーセント	●《英》per cent
748	**corner** 4 [kɔ́:rnər] コーナ	名 角，すみ	● at [on] the corner「(曲がり)角に，角で，角を」
749	**character** 3 [kǽriktər] キぁラクタ	名 ①登場人物 ②性格	● main character「主人公，主役」
750	**solution** [səlú:ʃn] ソるーシャン	名 解決(策)	● solution to [for] ～「～の解決策」 動 solve「を解決する」(958)
751	**topic** 3 [tápik] タピック	名 話題，トピック	● main topic「おもな話題」
752	**textbook** 5 [tékstbùk] テクストブック	名 教科書	● text「本文」(1857)
753	**grade** 4 [gréid] グレイド	名 ①学年 ②成績	● *be* in (the) first grade「1年生である」
754	**drill** [dríl] ドゥリる	名 ①訓練，ドリル ②きり	● fire drill「防火訓練」
755	**war** 4 [wɔ́:r] ウォーア 発 同 wore	名 戦争	● World War II「第二次世界大戦」 ● peace「平和」(763)
756	**bomb** [bám] バム 発	名 爆弾	

There was a big **earthquake** last night.	昨晩大きな地震があった。
The **government** agreed to the plan.	政府はその計画に同意した。
About 90 **percent** of the class passed the test.	クラスの約 90 パーセントが試験に合格した。
Turn left at the next **corner**.	次の角を左に曲がってください。
Who is your favorite **character** in the movie?	その映画の中でいちばん好きな登場人物はだれですか。
We found a good **solution** to that problem.	私たちはその問題のよい解決策を見つけた。
He was trying to change the **topic** of her speech.	彼は彼女の話の話題を変えようとしていた。
I forgot to bring my English **textbook** today.	私は今日は英語の教科書を持ってくるのを忘れた。
Her brother is in the sixth **grade**.	彼女の弟は 6 年生だ。
Our city held a fire **drill** last Sunday.	私たちの市では先週の日曜日に防火訓練が行われた。
The **war** began in 1939.	その戦争は 1939 年に始まった。
The man made **bombs** in his room.	その男は自分の部屋で爆弾を製造した。

757	**arm** 4 [ɑ́:rm] アーム	名 腕	● carry ～ in *one*'s arms [under *one*'s arm]「～を両腕に[脇に]抱える」
758	**metal** 4 [métl] メトゥる	名 金属	● 不可算名詞。
759	**match** 準2 [mǽtʃ] マぁッチ	名 ①試合 ②マッチ(棒)	● win [lose] a match「試合に勝つ[負ける]」 ＝ game(226)
760	**wind** 5 [wínd] ウィンド	名 風	● in the wind「風に[で]」 形 windy [wíndi]「風の強い」
761	**Christmas** 5 [krísməs] クリスマス	名 クリスマス	● at Christmas (time)「クリスマスに」
762	**meat** 4 [mí:t] ミート 同 meet	名 肉	● a piece of meat「1切れの肉」
763	**peace** 3 [pí:s] ピース 同 piece	名 平和	● in peace「平和に」 形 peaceful「平和な」(1731) ● war(755)
764	**athlete** 3 [ǽθli:t] あすリート ア	名 運動選手	● athletics [æθlétiks]「運動競技，陸上競技」
765	**movement** 4 [mú:vmənt] ムーヴメント	名 ①動き ②(社会的)運動	動 move(471)
766	**moment** 4 [móumənt] モウメント	名 瞬間，ちょっとの間	● Wait [Just] a moment.「ちょっと待って」 ● for a moment「ちょっとの間」
767	**uniform** 4 [jú:nəfɔ̀:rm] ユーニふォーム	名 制服，ユニフォーム	● school uniform「学校の制服」
768	**bench** [béntʃ] ベンチ	名 ベンチ	

She had a dog in her **arms**.	彼女は両腕にイヌを抱えていた。
These toys are made of **metal**.	これらのおもちゃは金属製だ。
The fans were excited about the boxing **match**.	ファンたちはそのボクシングの試合に興奮していた。
When the **wind** is strong, the door on this side is closed.	風が強いとき，こちら側のドアは閉まっている。
I spend **Christmas** with my family every year.	私は毎年クリスマスを家族と過ごす。
First, cook one side of the **meat** well.	まず肉の片面によく火を通してください。
Everyone hopes for world **peace**.	だれもが世界平和を望んでいる。
Athletes from around the world entered the stadium.	世界各国の選手が競技場に入場した。
The hand **movements** are very beautiful in that dance.	その踊りでは手の動きがとても美しい。
Can you give me a few **moments** to get ready?	準備するのに少し時間をくれませんか。
We must wear school **uniforms** at our school.	私たちの学校では制服を着用しなければならない。
We sat on a park **bench** and enjoyed chatting.	私たちは公園のベンチに座っておしゃべりを楽しんだ。

No.	単語	意味	補足
769	**pleasure** 3 [pléʒər] プれジャ	名 ①楽しみ，喜び ②楽しいこと	●①は不可算名詞，②は可算名詞。 ●for pleasure「楽しみのために」
770	**speaker** 3 [spí:kər] スピーカ	名 話す人，演説者	●speak(200)
771	**tower** 4 [táuər] タウア	名 塔	
772	**glass** 5 [glǽs] グらぁス	名 ①ガラス ②コップ	●glasses「めがね」 ●a piece of glass「一片のガラス」，a glass of ～「コップ1杯の～」
773	**pocket** 5 [pákit] パケット	名 ポケット	
774	**wish** 3 [wíʃ] ウィッシ	動 ①を願う ②であればと思う 名 願い	●① wish to ～「～したいと思う」(= want to ～) ●② I wish ～.「～であればよいのに」(事実とは違うことを願う)
775	**count** 3 [káunt] カウント	動 (を)数える 名 数えること	●count down「秒読みする」
776	**gather** 3 [gǽðər] ギぁざ	動 を集める，集まる	
777	**wrap** 3 [rǽp] ラぁップ 発	動 を包む	●wrap ～ in [with] ...「～を…で包む」
778	**drop** 4 [dráp] ドゥラップ	動 落ちる，を落とす 名 しずく	
779	**appear** 3 [əpíər] アピア	動 現れる	⇔ disappear「姿を消す」(1224)
780	**wake** 4 [wéik] ウェイク	動 目を覚ます，を起こす 変 woke — woken	●wake (～) up「目を覚ます，～を起こす」

Swimming is one of my **pleasures**.	水泳は私の楽しみの１つだ。
There were no English **speakers** in that restaurant.	そのレストランには英語を話す人が１人もいなかった。
That is the highest **tower** in Japan.	あれは日本でいちばん高い塔だ。
Don't touch these pieces of **glass**.	これらのガラスの破片を触ってはいけません。
She put her smartphone in her **pocket**.	彼女はスマートフォンをポケットに入れた。
She **wishes** to thank you for all your help.	彼女はあなたのご協力すべてに感謝したいと思っています。
The teacher **counted** the students in line.	先生は並んでいる生徒を数えた。
They **gathered** the trash in the yard.	彼らは庭のごみを集めた。
The clerk **wrapped** those glasses in paper.	店員は紙でそれらのグラスを包んだ。
Excuse me, you **dropped** something.	すみません，何か落としましたよ。
The rain stopped and a rainbow **appeared**.	雨がやんで虹が現れた。
She **woke** up early this morning.	彼女は今朝は早く目を覚ました。

781	**rise** 3 [ráiz] ライズ	動 ①(太陽・月などが)昇る ②上がる 変 rose — risen	⇔① set「(太陽・月などが)沈む」(197)
782	**deliver** 3 [dilívər] デリヴァ	動 (を)配達する	● deliver ～ to ...「～を…に配達する」 名 delivery「配達」(1122)
783	**fold** [fóuld] ふォウるド	動 (を)折る, 折りたたむ	
784	**hang** 4 [hǽŋ] ハぁング	動 を掛ける, つるす 変 hung — hung	
785	**pray** [préi] プレイ	動 祈る	● pray for ～「～を祈る」
786	**recommend** [rèkəménd] レコメンド	動 を勧める	● recommend ～ to ...「～を…(人)に勧める」
787	**translate** [trænsléit] トゥラぁンスれイト	動 (を)翻訳する	● translate ～ into [from] ...「～を…に[から]翻訳する」
788	**today** 5 [tədéi] トゥデイ	副 ①今日(は) ②現在(では) 名 今日	● today's newspaper「今日の新聞」 ● yesterday(289), tomorrow(370)
789	**off** 5 [ɔ́:f] オーふ	副 ①(距離・時間が)離れて ②(機器・電灯などが)止まって 前 ～から離れて	⇔ on「(距離・時間が)向かって, 進んで, (機器・電灯などが)作動して」
790	**only** 5 [óunli] オウンり 発	副 ただ～だけ, ほんの～ 形 唯一の	● the only way「唯一の方法」
791	**late** 5 [léit] れイト	副 遅く 形 遅い, 遅れた 変 later — latest	副 later(367) 形 latest「最新の」(1968) 形 last(259)
792	**so** 5 [sóu] ソウ	副 ①そんなに ②とても 接 それで, だから	● ②= very(282) ● so ～ that ...「とても～なので…だ」

The sun **rose** over the mountain.	太陽が山の上から昇った。
The letter was **delivered** to the office yesterday.	その手紙は昨日事務所に配達された。
Fold the paper in two.	その紙を２つに折ってください。
He **hung** his jacket in the closet.	彼はジャケットをクローゼットに掛けた。
I **pray** for their safety.	私は彼らの無事を祈っている。
I **recommended** the book to my classmates.	私はその本をクラスメートたちに勧めた。
She **translated** the English e-mail into Japanese.	彼女は英語のＥメールを日本語に翻訳した。
I have to go to the doctor **today**.	私は今日は医者に行かなくてはいけない。
The lights were **off** in that room.	その部屋は電気が消えていた。
This restaurant opened **only** three days ago.	このレストランはほんの３日前に開店したばかりだ。
My father gets up **late** on Sunday mornings.	父は日曜日の朝は遅く起きる。
Please don't be **so** angry.	どうかそんなに怒らないで。

793	**well** 5 [wél] ウェる	副 上手に，よく 形 健康で 間 ①ええと　②さて 変 better — best	● go well「うまくいく」 ● get well「元気になる」
794	**again** 5 [əgén] アゲン	副 もう1度，再び	● again and again「何度も何度も」
795	**however** 3 [hauévər] ハウエヴァ	副 しかしながら	● but よりも堅い語。文と文をつなぎ，文頭や文中でコンマを伴って用いられる。
796	**never** 4 [névər] ネヴァ	副 ①～したことが(1度も)ない ②決して～しない	● ①現在完了形の〈経験〉用法で用いる。 ● have [has] never been to ～「～に行ったことがない」
797	**even** 4 [í:vn] イーヴン	副 ①～でさえ ②いっそう	● ①強調する語(句)の前に置く。 ● ②比較級の前に置いて強調する。
798	**finally** 4 [fáinəli] ふァイナり	副 ①ついに，ようやく ②最後に	形 final「最後の」(1153)
799	**quickly** 4 [kwíkli] クウィックり	副 すばやく，すぐに 変 more ～ — most ～	⇔ slowly「ゆっくりと」(879) 形 quick「すばやい」(2033)
800	**fast** 5 [fǽst] ふぁスト	副 速く 形 速い	● fast swimmer「速い泳ぎ手」 ● early「早く，早い」(493)
801	**already** 4 [ɔ:lrédi] オーるレディ	副 もう，すでに	● 疑問文ではふつう yet (1243)を使うが，already を使う場合もある。
802	**ever** 3 [évər] エヴァ	副 これまでに	● この意味では疑問文や否定文などで使う。
803	**hint** [hínt] ヒント	名 ヒント，暗示	● hint about ～「～に関するヒント」

Did you sleep **well** last night?	昨夜はよく眠れましたか。
Could you say that **again**?	もう1度おっしゃっていただけますか。
That was the only way. **However**, it didn't go well.	それが唯一の方法だった。しかし，うまくいかなかった。
I have **never** visited the shrine.	私はその神社を訪れたことが1度もない。
My mother gets up early **even** on holidays.	母は休日でさえ早起きをする。
Three hours later, he **finally** arrived.	3時間後，彼はようやく到着した。
The Internet spread **quickly** in the 21st century.	インターネットは21世紀に急速に広まった。
She can swim **faster** than her brother.	彼女は兄より速く泳ぐことができる。
Where is he? The show has **already** started.	彼はどこ？ショーはもう始まってるのに。
Have you **ever** listened to his songs?	これまでに彼の歌を聞いたことがありますか。
Give me a **hint** about the first question.	最初の設問のヒントをください。

804	**blog** [blɑ́:g] ブらーグ	名 ブログ	● blog about ～「～に関するブログ」
805	**report** 4 [ripɔ́:rt] リポート	名 ①報告(書), レポート ②報道 動 を報告する	● report on [about] ～「～に関するレポート」 ● book report「感想文」
806	**dream** 4 [drí:m] ドゥリーム	名 夢 動 夢を見る 変 ～ed / dreamt ― ～ed / dreamt	● have a dream (about ～)「(～の)夢を見る」
807	**mirror** [mírər] ミラ	名 鏡	
808	**step** 4 [stép] ステップ	名 ①段階, 一歩 ②歩み ③段, 階段	● step by step「一歩一歩」
809	**stair** [stéər] ステア	名 (複数形で)階段	● climb [go up] the stairs「階段を上る」
810	**end** 4 [énd] エンド	名 終わり, 最後 動 終わる, を終える	● at the end of ～「～の終わり[最後]に」 ⇔ beginning「始まり」(1502), start (192)
811	**crossing** [krɔ́:siŋ] クロースィング	名 交差点, 横断歩道, 踏切	● at the crossing「交差点で[を]」 ● cross「を横断する」(1586)
812	**seafood** [sí:fù:d] スィーふード	名 シーフード, 海産物	● 不可算名詞。
813	**crane** [kréin] クレイン	名 ①ツル ②クレーン	● paper crane「折り鶴」(origami crane ともいう)
814	**dancer** 4 [dǽnsər] ダぁンサ	名 ダンサー, 踊る人	● *be* a good [bad] dancer「踊りがうまい[下手だ]」

I write a **blog** about my hobbies.	私は趣味に関するブログを書いている。
He finished writing a **report** on the new product.	彼は新製品に関する報告書を書き終えた。
My **dream** is to be a scientist.	私の夢は科学者になることだ。
My cat was looking at himself in the **mirror**.	うちのネコは鏡に映った自分の姿を見ていた。
That was the first **step** to stop the war.	それが戦争を止める最初の一歩となった。
I climbed the **stairs** to the third floor.	私は3階まで階段を上った。
They are always busy at the **end** of the year.	彼らは1年の終わりはいつも忙しい。
Turn right at the next **crossing**.	次の交差点を右に曲がってください。
That town is famous for its **seafood**.	その町は海産物で有名だ。
I taught her how to fold paper **cranes**.	私は彼女に折り鶴の折り方を教えてあげた。
The **dancers**' movements were fantastic.	そのダンサーたちの動きはすばらしかった。

815 ☑	**age** 5 [éidʒ] エイヂ	名 ①年齢 ②時代	• at the age of ～「～歳のときに」
816 ☑	**middle** 3 [mídl] ミドゥる	名 〈the +〉真ん中，中央，中間 形 真ん中の，中間の	• in the middle of ～「～の真ん中[中ごろ]に」
817 ☑	**information** 4 [ìnfərméiʃn] インふォメイシャン	名 情報	• 不可算名詞。「1つの～」は a piece of ～。 • information about [on] ～「～の情報」
818 ☑	**news** 5 [njú:z] ニューズ 発	名 ニュース，知らせ	• 不可算名詞。「1つの～」は a piece of ～。
819 ☑	**rest** 3 [rést] レスト	名 休息 動 休む	• take a rest「一休みする」 • get some rest「少し休息をとる[休む]」 • the rest「残り」
820 ☑	**fire** 4 [fáiər] ふァイア	名 ①火 ②火事	• make a fire「火をおこす」 • by fire「火事で」
821 ☑	**result** 3 [rizʌ́lt] リザるト	名 結果 動 〈+ in〉という結果になる	• as a result (of ～)「(～の)結果として」
822 ☑	**rule** 3 [rú:l] ルーる	名 規則 動 を支配する	• follow a rule「規則を守る」
823 ☑	**half** 4 [hǽf] ハぁふ	名 半分 形 半分の	• half of ～「～の半分」 • half a [an] ～「半分の～」
824 ☑	**human** 3 [hjú:mən] ヒューマン	名 人間 形 人間の，人間的な	= human being • human body「人体」
825 ☑	**Chinese** 3 [tʃàiní:z] チャイニーズ	名 中国人，中国語 形 中国(人)の，中国語の	• 単複同形。 • China「中国」

He became a teacher at the **age** of 22.	彼は22歳のときに教師になった。
There is a small bench in the **middle** of the park.	公園の真ん中に小さなベンチがある。
I need some **information** about the university.	私はその大学についての情報が必要だ。
She was glad to hear the great **news**.	彼女はそのすばらしい知らせを聞いて喜んでいた。
You need to get some **rest**.	あなたは少し休息をとる必要があります。
He knows how to make a **fire**.	彼は火のおこし方を知っている。
This is the **result** of everyone's hard work.	これはみんなの懸命な努力の結果だ。
Do you understand the **rules** of rugby?	あなたはラグビーのルールがわかりますか。
Half of the staff here speaks English.	ここのスタッフの半分は英語を話す。
Humans can read, write, and speak.	人間は読み，書き，話すことができる。
Those words come from **Chinese**.	それらの言葉は中国語から来ている。

826 ☑	**east** 4 [íːst] イースト	名 〈the +〉東，東部 形 東の 副 東へ	● 形には eastern [íːstərn] もある。
827 ☑	**mark** 3 [mɑ́ːrk] マーク	名 ①印 ②点数 動 に印をつける	● make a mark「印をつける」 ● get a good mark [grade]「よい成績をとる」
828 ☑	**present** 5 [préznt] プレズント ア	名 プレゼント 形 現在の	● present for ～「～へのプレゼント」 名＝ gift(521)
829 ☑	**lot** 5 [lát] らット	名 たくさん	● a lot「たくさん」(名詞のほかに副詞の働きもする) ● a lot of ～＝ lots of ～「たくさんの～」
830 ☑	**paper** 4 [péipər] ペイパ	名 ①紙 ②新聞	● ①の意味では不可算名詞。数えるときは a piece of ～「1枚の～」。
831 ☑	**guest** [gést] ゲスト	名 客	● 招待客やホテルなどの宿泊客をさす。 ● customer「顧客」(914)
832 ☑	**wheelchair** 3 [hwíːltʃèər] (ホ)ウィーるチェア ア	名 車いす	● in a wheelchair「車いすで」 ● wheel [hwíːl]「車輪」
833 ☑	**hand** 5 [hǽnd] ハぁンド	名 手 動 を手渡す	● in *one's* hand「手に」 ● on the other hand「他方では」
834 ☑	**bell** 4 [bél] べる	名 ベル(の音)，鐘(の音)	● ring a bell「ベルを鳴らす」
835 ☑	**apron** [éiprən] エイプロン 発	名 エプロン	● in an apron「エプロンをかけて」
836 ☑	**coat** 4 [kóut] コウト	名 コート	

He lives in the **east** of Tokyo.	彼は東京の東部に住んでいる。
What is that **mark** on the calendar?	カレンダーのあの印は何ですか。
I wrapped a Christmas **present** for him.	私は彼へのクリスマスプレゼントを包んだ。
I had a **lot** to do yesterday.	私は昨日はやることがたくさんあった。
Can I borrow a pen and **paper**?	ペンと紙を貸してもらえますか。
Two hundred **guests** were invited to that party.	200 人の客がそのパーティーに招待された。
We were excited to see a **wheelchair** basketball game.	私たちは車いすバスケットボールの試合を見て興奮した。
The children were holding **hands** and singing.	子どもたちは手をつないで歌っていた。
I rang the **bell** but there was no answer.	私はベルを鳴らしたが，応答はなかった。
My father looks good in an **apron**.	父はエプロン姿が似合っている。
Hang your **coat** here.	コートはここに掛けてください。

837 ☑	**blanket** [blǽŋkit] ブらぁンケット	名 毛布	
838 ☑	**carpet** [ká:rpit] カーペット	名 じゅうたん，カーペット	
839 ☑	**dam** [dǽm] ダぁム	名 ダム	● build a dam「ダムを建造する」
840 ☑	**lucky** 5 [lʌ́ki] らキ	形 幸運な	名 luck「幸運」(1006)
841 ☑	**real** 4 [rí:əl] リー(ア)る	形 ①本当の，本物の ②実在の，現実の 変 more ～ — most ～	副 really(286) 名 reality「現実(のこと)」(1167)
842 ☑	**dangerous** 4 [déindʒərəs] デインヂャラス 発	形 危険な 変 more ～ — most ～	名 danger「危険(性)」(1121) ⇔ safe(843)
843 ☑	**safe** 4 [séif] セイふ	形 安全な	⇔ dangerous(842)
844 ☑	**strange** 4 [stréindʒ] ストゥレインヂ	形 ①奇妙な，不思議な ②見知らぬ	
845 ☑	**amazing** 3 [əméiziŋ] アメイズィング	形 ①驚くべき ②すばらしい 変 more ～ — most ～	動 amaze [əméiz]「をびっくりさせる」
846 ☑	**wide** 4 [wáid] ワイド	形 広い	● 幅や範囲が広いことを表す。
847 ☑	**daily** 4 [déili] デイリ	形 毎日の，日常の	= everyday(609)

Can I have another **blanket**?	毛布をもう1枚もらえますか。
This **carpet** is made in Japan.	このじゅうたんは日本製だ。
That **dam** is also famous as a tourist spot.	あのダムは観光名所としても有名だ。
You are **lucky** to have such nice friends.	あなたはそんなすてきな友達がいるとは幸運ですね。
I will tell you the **real** reason.	あなたに本当の理由をお話しします。
Don't go to **dangerous** places during your trip.	旅行中に危険な場所に行ってはいけません。
Many people in the world need **safe** water.	世界では多くの人々が安全な水を必要としている。
I had a **strange** experience at school today.	私は今日学校で奇妙な経験をした。
I have some **amazing** news for you all.	みなさんに驚きのニュースがあります。
The road in front of the supermarket is very **wide**.	スーパーマーケットの前の道はとても広い。
The Internet has become a part of our **daily** lives.	インターネットは私たちの日常生活の一部となっている。

848	**professional** 3 [prəféʃənl] プロふェショヌる	形 プロの，専門職の	● 短縮形は pro [próu]。 ⇔ amateur [ǽmətʃùər]「アマチュアの，素人の」
849	**full** 4 [fúl] ふる	形 ①いっぱいの ②満腹の	● *be* full of ～「～でいっぱいだ」 ⇔ empty(850)
850	**empty** 3 [émpti] エンプティ	形 からの	⇔ full(849)
851	**dark** 4 [dɑ́:rk] ダーク	形 ①暗い ②濃い	● get dark「暗くなる」 ⇔ light(337)
852	**dead** 4 [déd] デッド 発	形 死んだ	動 die(578) 名 death「死」(1503)
853	**scared** [skéərd] スケアド	形 怖がって 変 more ～ — most ～	● *be* scared to ～「～するのが怖い，怖くて～できない」
854	**terrible** 4 [térəbl] テリブる	形 ①恐ろしい ②ひどい 変 more ～ — most ～	● terrible mistake「ひどい間違い」
855	**dry** 4 [drái] ドゥライ	形 ①乾いた ②乾燥した 動 を乾かす，乾く	● dry season「乾季」 ⇔ wet(856)
856	**wet** 3 [wét] ウェット	形 ①ぬれた ②雨降りの	● get wet「ぬれる」 ⇔ dry(855)
857	**bright** 3 [bráit] ブライト	形 輝いている，明るい	
858	**positive** 3 [pɑ́zitiv] パズィティヴ	形 ①積極的な，前向きの ②肯定的な 変 more ～ — most ～	⇔ negative「消極的な，否定的な」(1914)

He became a **professional** skater.	彼はプロのスケーターになった。
The store was **full** of people.	その店は人でいっぱいだった。
Use this **empty** case.	このからの箱を使ってください。
Let's go home before it gets **dark**.	暗くなる前に帰ろう。
My grandfather is **dead**. He died two years ago.	祖父は亡くなっています。彼は2年前に亡くなりました。
The boy was very **scared** when he saw the dog.	その男の子はイヌを見たときとても怖がった。
I was sad to hear the **terrible** news about them.	私は彼らの恐ろしいニュースを聞いて悲しくなった。
I folded the **dry** clothes and towels.	私は乾いた衣服とタオルをたたんだ。
She dried her **wet** hair quickly.	彼女はぬれた髪を手早く乾かした。
The stars look **brighter** tonight.	今夜は星がより明るく見える。
She is **positive** about everything.	彼女は何事にも前向きだ。

859	**medium** [mí:diəm] ミーディアム	形 中くらいの，Mサイズの	● small(256)，large(358)
860	**deep** 4 [dí:p] ディープ	形 ①深い ②(色が)濃い 副 深く	副 deeply「深く，非常に」(2094)
861	**powerful** 3 [páuərfl] パウアふる	形 力強い，影響力のある 変 more ～ — most ～	● powerful speech「力強い演説」 名 power(646)
862	**thick** 5 [θík] すィック	形 ①厚い ②(液体が)濃い	● thick soup「とろみのあるスープ」 ⇔ thin(863)
863	**thin** 3 [θín] すィン	形 ①薄い ②やせた	⇔ thick(862)
864	**colorful** 4 [kʌ́lərfl] カらふる	形 色彩豊かな 変 more ～ — most ～	●《英》colourful
865	**atomic** [ətámik] アタミック ア	形 原子力の	● atomic power [energy]「原子力」 ● atomic bomb「原子爆弾」
866	**round** 3 [ráund] ラウンド	形 丸い 副 周りに，ぐるりと回って	副 ＝ around(398)
867	**alone** 4 [əlóun] アろウン	副 1人で，自分たちだけで	● 2人以上のときにも使われる。
868	**almost** 3 [ɔ́:lmoust] オーるモウスト	副 ほとんど	● almost all [every] ～「ほとんどすべての～」 ＝ nearly(1773)
869	**actually** 3 [ǽktʃuəli] あクチュアり	副 ①実際に，本当に ②実は	

Do you have this color in a **medium** size?	Mサイズでこの色はありますか。
They had to walk in **deep** snow.	彼らは深い雪の中を歩かなければならなかった。
He is one of the most **powerful** people in the country.	彼はその国で最も影響力のある人物の1人だ。
He is reading a **thick** book.	彼は分厚い本を読んでいる。
You must be cold in that **thin** coat.	あなたはその薄いコートでは寒いでしょう。
There were many **colorful** fish in the aquarium.	水族館には色彩豊かな魚がたくさんいた。
The **atomic** bomb was first developed in America.	原子爆弾はアメリカで最初に開発された。
We sat at a **round** table in a Chinese restaurant.	私たちは中華料理店で丸いテーブルについた。
He likes to travel **alone**.	彼は1人で旅するのが好きだ。
We were **almost** ready for the event.	私たちはそのイベントの準備がほぼできていた。
What did he **actually** tell you about the trouble?	彼はそのトラブルについて実際にはあなたに何を話したのですか。

870 ☑	**twice** 4 [twáis] トゥワイス	副 ①2度[回] ②2倍	● twice a day「1日2回」 ● twice as ～ as ...「…より2倍～」
871 ☑	**o'clock** 5 [əklák] オクラック	副 ～時	● at two o'clock「2時に」
872 ☑	**tonight** 5 [tənáit] トゥナイト	副 今夜(は)	
873 ☑	**instead** 3 [instéd] インステッド	副 その代わりに	● instead of ～「～の代わりに」
874 ☑	**suddenly** 3 [sʌ́dnli] サドゥンリ	副 突然	形 sudden「突然の」(2034)
875 ☑	**outside** 4 [àutsáid] アウトサイド	副 外に[で] 名 外側 前 ～の外に[で]	● the outside of ～「～の外側」, outside the house「家の外で」 ⇔ inside(888)
876 ☑	**maybe** 4 [méibi:] メイビー	副 たぶん，もしかすると	
877 ☑	**exactly** 3 [igzǽktli] イグザぁクトリ	副 正確に，ちょうど，まさに 変 more ～ ― most ～	形 exact「正確な」(1237)
878 ☑	**anyway** 3 [éniwèi] エニウェイ	副 とにかく	
879 ☑	**slowly** 4 [slóuli] スろウリ	副 ゆっくりと 変 more ～ ― most ～	形 slow「遅い」(1399) ⇔ quickly(799)
880 ☑	**sincerely** [sinsíərli] スィンスィアリ	副 心から 変 more ～ ― most ～	● Sincerely (yours)「敬具」(手紙の結びの言葉)

I have been to Hiroshima **twice**.	私は広島に2回行ったことがある。
It's almost one **o'clock**. Let's go back.	もうすぐ1時です。戻りましょう。
That hotel is full **tonight**.	そのホテルは今夜は満室だ。
My sister couldn't go there, so I went **instead**.	姉がそこに行けなかったので，私が代わりに行った。
The baby **suddenly** began to cry.	その赤ちゃんは突然泣き出した。
When I woke up, it was raining **outside**.	私が起きたとき，外では雨が降っていた。
Maybe I will move to Nagoya.	もしかすると私は名古屋に引っ越すかもしれない。
The train left at **exactly** ten o'clock.	その列車は10時ちょうどに出発した。
That may be difficult, but let's try again **anyway**.	それは難しいかもしれないが，とにかくもう1度やってみよう。
The road was wet, so we walked **slowly**.	道路がぬれていたので，私たちはゆっくりと歩いた。
I **sincerely** hope we will meet again soon.	またすぐにお目にかかれることを心より願っています。

881	**about** 5 [əbáut] アバウト	副 およそ，約 前 ～について	● *be* about to ～「まさに～するところだ」
882	**out** 5 [áut] アウト	副 外へ[に，で]	● go out「外に出る，出かける」，out of ～「～から外へ」 ⇔ in「中に[へ]」
883	**over** 5 [óuvər] オウヴァ	前 ①～の真上に ②～を越えて 副 終わって	● over there「向こうに」 ⇔ under [ʌ́ndər]「～の真下に」
884	**until** 4 [əntíl] アンティる	前 ～まで(ずっと) 接 ～するまで(ずっと)	● by「～までに」はそのときまでに終わっていることを，until はそのときまで続いていることを表す。
885	**since** 3 [síns] スィンス	前 ～以来 接 ～して以来	● 現在完了形の文で使われることが多い。 ● since then「そのとき以来」
886	**than** 4 [ðǽn] ざぁン	前 接 ～よりも	● ...(比較級) + than ～「～よりも…」
887	**across** 4 [əkrɔ́:s] アクロース	前 ～を横切って，～を渡って	
888	**inside** 4 [ìnsáid] インサイド	前 ～の中に[で] 副 内側に[で]	⇔ outside(875)
889	**because** 3 [bikɔ́:z] ビコーズ	接 (なぜなら)～だから	● because of ～「～のために」
890	**if** 4 [íf] イふ	接 もし～なら	● if ～が未来の内容でも，if ～の中は現在形で表す。
891	**these** 5 [ðí:z] ずィーズ	代 これら 形 これらの	● this の複数形。

The tower has **about** 600 steps.	そのタワーには約 600 段の階段がある。
I stood at the window and looked **out**.	私は窓のところに立って外を見た。
The small bridge **over** the river is about 130 years old.	その川の上の小さな橋は約 130 年前のものだ。
He will be in Kobe **until** next Friday.	彼は来週金曜日まで神戸にいます。
I haven't eaten anything **since** this morning.	私は今朝から何も食べていない。
She speaks more slowly **than** the others.	彼女はほかの人たちよりもゆっくりと話す。
A cat was walking **across** the wide street.	ネコが広い通りを歩いて渡っていた。
It was hot outside, so we waited **inside** the building.	外は暑かったので，私たちは建物の中で待っていた。
I went to bed early **because** I was very tired.	私はとても疲れていたので早めに寝た。
If I have free time tomorrow, I will help you.	もし私に明日暇な時間があれば，あなたを手伝いましょう。
Are **these** your shoes?	これらはあなたの靴ですか。

892	**everybody** 4 [évribɑ̀di] エヴリバディ	代 だれでも，みんな	= everyone(393)
893	**everything** 5 [évriθìŋ] エヴリスィング	代 何でも	● 単数扱い。
894	**someone** 5 [sʌ́mwʌ̀n] サムワン	代 だれか	● 肯定文で使われることが多い。
895	**anyone** 4 [éniwʌ̀n] エニワン	代 ①(疑問文で)だれか ②(否定文で)だれも	● 肯定文では「だれでも」。
896	**nothing** 5 [nʌ́θiŋ] ナスィング	代 何も～ない	● 単数扱い。形容詞は nothing のあとにつける。
897	**have** 5 [hǽv] ハぁヴ	助 現在完了(進行)形を作る 動 ①を持っている ②を食べる ③を過ごす 変 had [hǽd] — had	● 三単現は has [hǽz]。 ● 現在完了形〈have [has] + 過去分詞〉は，「～したところだ〈完了〉，～してしまった〈結果〉，～している〈継続〉，～したことがある〈経験〉」。 ● 現在完了進行形〈have [has] been + ～ing〉は「(ずっと)～している」。
898	**might** 4 [máit] マイト	助 ①～かもしれない ②～してもよい	● 形は may(210)の過去形だが，意味は①現在や未来の推量，②許可。
899	**shall** 4 [ʃǽl] シぁる	助 (Shall I [we] ～? で) ～しましょうか	● Shall I ～? は「(私が)～しましょうか」，Shall we ～? は「いっしょに～しませんか」。
900	**welcome** 5 [wélkəm] ウェるカム	間 ようこそ 形 歓迎される 動 を歓迎する	● You're welcome.「どういたしまして」

Everybody makes mistakes sometimes.	だれでも時には間違いをする。
Everything is going to be fine.	何もかもうまく行きますよ。
I need **someone** to help me.	私にはだれか私を助けてくれる人が必要です。
I haven't talked to **anyone** today.	私は今日はだれとも話していない。
There is **nothing** to eat in this room.	この部屋には何も食べるものがない。
I **have** been friends with him for ten years.	私は彼とは 10 年間ずっと友達だ。
She **might** come with us, but I'm not sure.	彼女は私たちといっしょに来るかもしれませんが，よくわかりません。
Shall we take a rest?	一休みしませんか。
Welcome to my house!	我が家へようこそ！

まとめて覚えよう

発音のまぎらわしい語

ball (116)	[bɔ́:l]	ボーる	ボール，玉
bowl (1357)	[bóul]	ボウる	(料理用の)ボウル
bus (109)	[bʌ́s]	バス	バス
bath (124)	[bǽθ]	バぁす	入浴
cloud (1655)	[kláud]	クらウド	雲
crowd (1801)	[kráud]	クラウド	群衆，に群がる
collect (960)	[kəlékt]	コれクト	を集める
correct (1629)	[kərékt]	コレクト	正しい，を正す
first (294)	[fə́:rst]	ふァ～スト	最初に，第1に
fast (800)	[fǽst]	ふぁスト	速く，速い
grass (667)	[grǽs]	グラぁス	草，芝生
glass (772)	[glǽs]	グらぁス	ガラス，コップ
long (272)	[lɔ́:ŋ]	ろーング	長い
wrong (722)	[rɔ́:ŋ]	ローング	間違った，悪い
read (95)	[rí:d]	リード	を読む
lead (1400)	[lí:d]	りード	通じる，を導く
light (337)	[láit]	らイト	軽い，明るい，光
right (344)	[ráit]	ライト	正しい，右の
she	[ʃí:]	シー	彼女
sea (141)	[sí:]	スィー	海
throw (963)	[θróu]	すロウ	を投げる
slow (1399)	[slóu]	スろウ	(の)速度を落とす
walk (92)	[wɔ́:k]	ウォーク	歩く，散歩
work (108)	[wə́:rk]	ワ～ク	働く，仕事

LEVEL

3

中学3年生・公立高校入試レベル

STEP 76〜125 | 600語（901▸1500）

おもに中学3年生で学習する英単語と，公立高校入試でよく見られる英単語です。公立高校入試の対策として，このLEVEL 3 まではすべて覚えてしまいましょう。

関連情報には，単語の重要な使い方や表現に加えて，公立高校入試を精査した情報や表現を示しました。関連情報を押さえておくだけでも入試で差がつくでしょう。

例文の文法や文構造は，中学3年生までの内容で構成されています。公立高校入試で実際に見られる単語の使われ方や，長文読解の文脈・場面を意識した，入試対策として実戦的な例文です。LEVEL 2 より文の語数は少し多めですが，すでに学んだ見出し語が繰り返し多く使われているので，復習もかねて自信をもって取り組みましょう。

901 ☑	**chance** 4 [tʃǽns] チぁンス	名 機会，チャンス	● have a chance to ～「～する機会がある」
902 ☑	**member** 5 [mémbər] メンバ	名 一員，メンバー	● a member of ～「～の一員」
903 ☑	**activity** 3 [æktívəti] あクティヴィティ	名 活動	● club [classroom] activities「クラブ[学級]活動」 動 act(466)
904 ☑	**plan** 4 [plǽn] プらぁン	名 計画，予定 動 を計画する	● plan for ～「～の予定」 ● *be* planning to ～「～する計画をしている」
905 ☑	**program** 3 [próugræm] プロウグラぁム	名 ①番組 ②計画，プログラム	●《英》programme ● space program「宇宙計画」
906 ☑	**earth** 4 [ə́:rθ] ア～す	名 ①地球 ②地面	● ふつう the をつける。①は Earth ともつづる。 ● on (the) earth [Earth]「地球上に[の]」
907 ☑	**sun** 5 [sʌ́n] サン 同 son	名 ①太陽 ②日光	● ふつう the をつける。①は Sun ともつづる。 ● in the sun「日差しの中で」 形 sunny(365)
908 ☑	**moon** 5 [mú:n] ムーン	名 月	● ふつう the をつける。Moon ともつづる。 ● full moon「満月」
909 ☑	**planet** 3 [plǽnit] プらぁネット	名 ①惑星 ②地球	
910 ☑	**energy** 3 [énərdʒi] エナヂィ 発	名 ①エネルギー ②活力	● save energy「エネルギーを節約する」
911 ☑	**worker** 4 [wə́:rkər] ワ～カ	名 労働者，働く人	● work(108)
912 ☑	**lesson** 5 [lésn] れスン	名 ①授業 ②(教科書などの)課	● take a lesson「レッスンを受ける」 =① class(224)

I didn't have a **chance** to introduce myself to him.	私は彼に自己紹介をする**機会**がなかった。
She became a **member** of that volunteer group.	彼女はそのボランティア団体の**一員**となった。
We don't have club **activities** after school today.	私たちは今日は放課後にクラブ**活動**がない。
What are your **plans** for tomorrow?	あなたの明日の**予定**はどうなっていますか。
I like to watch TV **programs** about animals.	私は動物のテレビ**番組**を見るのが好きだ。
How did life on **Earth** begin?	**地球**上の生命はどのようにして始まったのだろうか。
The earth moves around the **sun**.	地球は**太陽**のまわりを移動している。
Humans first walked on the **moon** over 50 years ago.	人類は 50 年以上前に初めて**月**面を歩いた。
Do you know which is the smallest of all the **planets**?	すべての**惑星**でいちばん小さいものはどれかわかりますか。
We use a lot of **energy** and water to produce food.	食料を生産するにはたくさんの**エネルギー**と水を使う。
We need to communicate more with foreign **workers**.	私たちは外国人**労働者**ともっと意思疎通を図る必要がある。
I have a dance **lesson** today.	私は今日ダンスの**レッスン**がある。

913 ☑	**bottle** 3 [bátl] バトゥる	名 ボトル，びん	● plastic bottle「ペットボトル」 ● a bottle of ～「1びんの～」
914 ☑	**customer** 3 [kʌ́stəmər] カスタマ	名 客，顧客	● 商店や企業などの客のこと。「招待客，ホテルの客」は guest(831)。
915 ☑	**map** 5 [mǽp] マぁップ	名 地図	● draw a map「地図を描く」
916 ☑	**graph** 4 [grǽf] グラぁふ	名 グラフ，図表	● The graph shows (that) ～.「グラフは～を示している」
917 ☑	**meeting** 3 [míːtiŋ] ミーティング	名 会合，会議	● have a meeting「会議をする，会合を持つ」 動 meet(182)
918 ☑	**race** 4 [réis] レイス	名 ①競争，レース ②人種	● win [lose] a race「レースに勝つ[負ける]」
919 ☑	**host** 3 [hóust] ホウスト 発	名 (招待客をもてなす)主人(役)	● host family「ホストファミリー」
920 ☑	**plant** 4 [plǽnt] プらぁント	名 ①植物 ②工場，発電所 動 を植える	● power plant「発電所」
921 ☑	**amount** 3 [əmáunt] アマウント	名 量，額	● the amount of ～「～の量」 ● a large amount of ～「大量の～」
922 ☑	**project** 3 [prádʒekt] プラヂェクト ア	名 計画，企画，事業	
923 ☑	**skill** 3 [skíl] スキる	名 技能，技術	● computer skills「コンピューターのスキル」
924 ☑	**technology** 3 [teknálədʒi] テクナらヂィ	名 科学技術，テクノロジー	

Please put empty **bottles** in this box.	空きびんはこの箱に入れてください。
The **customers**' smiles make the workers happy.	客の笑顔は働く人を幸せにしてくれる。
Could you tell me where I am on this **map**?	この地図で私がどこにいるのか教えていただけますか。
Look at the next **graph**.	次のグラフを見てください。
We have a club **meeting** after every practice.	私たちは練習後に毎回，クラブのミーティングをしている。
We have a marathon **race** in our city every November.	私たちの市では毎年 11 月にマラソンレースがある。
I learned a lot from my **host** family.	私はホストファミリーから多くのことを学んだ。
He grows various **plants** in his garden.	彼は庭でさまざまな植物を育てている。
She only buys the **amount** of food she needs.	彼女は必要とする食料の量しか買わない。
It was difficult for me to start the **project** alone.	そのプロジェクトを 1 人で始めるのは私には困難だった。
I want to learn useful **skills** in the future.	私は将来，役に立つ技術を身につけたい。
This **technology** was developed for the space program.	この科学技術は宇宙計画のために開発された。

925 ☑	**tool** 3 [túːl] トゥーる	名 道具，工具，手段	
926 ☑	**advice** 3 [ədváis] アドヴァイス ア	名 助言，アドバイス	• 不可算名詞。 • advice on [about] ～「～についての助言」
927 ☑	**communication** 3 [kəmjùːnikéiʃn] コミューニケイシャン	名 伝達，コミュニケーション	動 communicate(681)
928 ☑	**stone** 4 [stóun] ストウン	名 ①石 ②石材	• ②不可算名詞。
929 ☑	**article** 2 [ɑ́ːrtikl] アーティクる	名 記事	• article on [about] ～「～に関する記事」
930 ☑	**date** 4 [déit] デイト	名 ①日，日付 ②デート	• date and time「日時」
931 ☑	**dictionary** 5 [díkʃənèri] ディクショネリ	名 辞書	• English-Japanese dictionary「英和辞典」
932 ☑	**disaster** 3 [dizǽstər] ディザぁスタ	名 災害，大惨事	• natural disaster「自然災害」
933 ☑	**emergency** 準2 [imə́ːrdʒənsi] イマ～ヂェンスィ	名 緊急[非常]事態	• in an emergency「緊急時に」 • emergency drill「防災訓練」
934 ☑	**effort** 3 [éfərt] エふォト	名 努力，骨折り	• make an effort「努力する」
935 ☑	**leader** 4 [líːdər] リーダ	名 指導者，リーダー	動 lead「を導く」(1400)
936 ☑	**period** 3 [píəriəd] ピ(ア)リオド	名 ①(授業の)時限 ②時代　③期間	• in the Edo period「江戸時代に[の]」

There are many cooking **tools** in my house.	私の家にはたくさんの調理道具がある。
I followed his **advice** about my health.	私は自分の健康について彼の助言に従った。
We've used various **communication** tools in our long history.	私たちは長い歴史においてさまざまなコミュニケーション手段を用いてきた。
The mountain roads were full of rocks and **stones**.	山道は岩や石だらけだった。
I read a newspaper **article** about the war.	私はその戦争に関する新聞記事を読んだ。
She checked the **date** and time on the website.	彼女はその日時をウェブサイトで確認した。
I always use a **dictionary** when I study a foreign language.	私は外国語を勉強するときはいつも辞書を使う。
It is necessary for us to prepare for natural **disasters**.	私たちは自然災害に備える必要がある。
We talked about how to protect ourselves in an **emergency**.	私たちは緊急時に身を守る方法について話し合った。
Everyone knows about your **efforts**.	だれもがあなたの努力について知っているよ。
They will choose a new **leader** from the members today.	彼らは今日，メンバーから新しいリーダーを選ぶ。
I was already hungry in the third **period**.	私は3時間目にはすでにおなかがすいていた。

937	**prefecture** 3 [príːfektʃər] プリーふェクチャ	名 県，府	● Gifu Prefecture「岐阜県」（「～県」のときは大文字）
938	**presentation** 2 [prèzntéiʃn] プレズンテイシャン	名 発表，プレゼンテーション	● give a presentation on [about] ～「～のプレゼンテーションをする」
939	**tournament** 3 [túərnəmənt] トゥアナメント	名 トーナメント，勝ち抜き戦	
940	**costume** [kástjuːm] カステューム	名 衣装，仮装	● wear a costume「衣装を着る」
941	**expression** 3 [ikspréʃn] イクスプレシャン	名 ①表現 ②表情	動 express「を表現する」（1047）
942	**foreigner** 4 [fɔ́ːrinər] ふォーリナ	名 外国人	● 相手に対して使うのは失礼にあたる場合もあり，別の表現で代用されることも多い。
943	**noon** 5 [núːn] ヌーン	名 正午	● at noon「正午に」
944	**yen** 5 [jén] イェン	名（貨幣単位）円	● 単複同形。
945	**patient** 3 [péiʃnt] ペイシェント	名 患者 形 忍耐強い 変 more ～ — most ～	
946	**ice** 5 [áis] アイス	名 氷	● 不可算名詞。 ● ice cream「アイスクリーム」
947	**research** 3 [risə́ːrtʃ] リサ～チ	名 研究，調査 動 を研究する	● do research (on ～)「（～の）研究［調査］をする」
948	**conversation** 5 [kànvərséiʃn] カンヴァセイシャン	名 会話	● join a conversation「会話に加わる」

He has lived in four **prefectures**.	彼は4つの県に住んだことがある。
I gave a **presentation** on cultural differences.	私は文化の違いについてプレゼンテーションをした。
She won first prize in the tennis **tournament**.	彼女はテニストーナメントで1等賞をとった。
She is interested in traditional Japanese **costumes**.	彼女は日本の伝統衣装に興味がある。
New words and **expressions** are often created by young people.	新しい言葉や表現は若者たちによって作られることが多い。
This graph shows the number of **foreigners** living in Japan.	このグラフは日本に住む外国人の数を示している。
I'll come to your school at **noon** tomorrow.	明日の正午にあなたの学校に行きます。
I had 1,000 **yen** but didn't buy anything.	私は1,000円持っていたが何も買わなかった。
The nurses at this hospital are kind to every **patient**.	この病院の看護師たちはどの患者にも親切だ。
Please put some **ice** in my juice.	ジュースに氷を入れてください。
He does **research** on earthquakes.	彼は地震に関する研究をしている。
We enjoyed our **conversation** about sports and music.	私たちはスポーツや音楽についての会話を楽しんだ。

949 ☑	**relationship** 3 [riléiʃnʃip] リれイシャンシップ	名 関係，間柄	● relationship with ～「～との関係」
950 ☑	**role** 3 [róul] ロウる	名 ①役割 ②役	● play a role in ～「～において役割を果たす」 ● play the role of ～「～の役を演じる」
951 ☑	**astronaut** 3 [ǽstrənɔ̀:t] あストゥロノート ア	名 宇宙飛行士	
952 ☑	**distance** 3 [dístəns] ディスタンス	名 ①距離，道のり ②遠距離	● fly a long distance「長距離を飛ぶ」 ● in the distance「遠くに」
953 ☑	**ceremony** 4 [sérəmòuni] セレモウニ	名 式，式典，儀式	● tea ceremony「茶道」
954 ☑	**chart** [tʃá:rt] チャート	名 図表	● pie chart「円グラフ」 ● The chart shows (that) ～.「図は～を示している」
955 ☑	**cloth** 3 [klɔ́:θ] クろーす 発	名 ①布，生地 ②布切れ	● ①素材の意味では不可算名詞。数えるときは a piece of ～。
956 ☑	**community** 3 [kəmjú:nəti] コミューニティ	名 地域社会[住民]	● community center「コミュニティーセンター」
957 ☑	**convenience** [kənví:njəns] コンヴィーニャンス	名 便利(さ)	● convenience store「コンビニエンスストア」 形 convenient「便利な」(1147)
958 ☑	**solve** 3 [sálv] サるヴ	動 ①を解決する ②を解く	名 solution(750)
959 ☑	**borrow** 3 [bárou] バロウ	動 を借りる	● borrow ～ from ...「～を…から借りる」 ⇔ lend「を貸す」(1226)
960 ☑	**collect** 3 [kəlékt] コれクト	動 を集める	名 collection「収集(品)」(1786)

They made good **relationships** with their customers.	彼らは顧客とのよい関係を築いた。
He played an important **role** in this project.	彼はこのプロジェクトで重要な役割を果たした。
Astronauts need good communication skills.	宇宙飛行士にはすぐれたコミュニケーション能力が必要だ。
The **distance** from the earth to the moon is about 380,000 km.	地球から月までの距離は約 38 万キロだ。
We are going to sing at the **ceremony**.	私たちは式典で歌う予定だ。
You can find an important information from this **chart**.	この図表から重要な情報がわかります。
She bought some pieces of **cloth** to make a costume.	彼女は衣装を作るために何枚か布を買った。
He works for our **community**.	彼は私たちの地域社会のために働いている。
I often buy ice cream at a **convenience** store.	私はコンビニではアイスをよく買う。
What can we do to **solve** that problem?	その問題を解決するために私たちに何ができるだろうか。
I **borrowed** an umbrella from my teacher yesterday.	私は昨日先生から傘を借りた。
Empty bottles and cans are **collected** every Monday.	空きびんと空き缶は毎週月曜日に回収される。

961 ☑	**rain** 5 [réin] レイン	動 雨が降る 名 雨	● heavy rain「大雨」 形 rainy(333)
962 ☑	**snow** 5 [snóu] スノウ	動 雪が降る 名 雪	● play in the snow「雪の中で遊ぶ」 形 snowy(498)
963 ☑	**throw** 4 [θróu] すロウ	動 を投げる 変 threw — thrown	● throw ～ to ...「～を…へ投げる」 ● throw away ～「～を捨てる」
964 ☑	**increase** 4 [動 inkríːs / 名 ínkriːs] インクリース / インクリース ア	動 増える，を増やす 名 増加	⇔ decrease(965)
965 ☑	**decrease** 準2 [動 dikríːs / 名 díːkriːs] ディクリース / ディクリース ア	動 減る，を減らす 名 減少	⇔ increase(964)
966 ☑	**reduce** 3 [ridjúːs] リデュース	動 を減らす	
967 ☑	**support** 3 [səpɔ́ːrt] サポート	動 ①を支援する ②を支持する 名 支援	● support each other「互いに支え合う」
968 ☑	**respect** 3 [rispékt] リスペクト	動 を尊敬[尊重]する 名 尊重，敬意	● respect ～ as ...「～を…として尊敬する」
969 ☑	**add** 3 [ǽd] あッド	動 ①(を)加える ②つけ加えて言う	● add ～ to ...「～を…に加える」 ● add to ～「～を増す」
970 ☑	**recycle** 3 [riːsáikl] リーサイクる	動 を再生利用する，リサイクルする	● recycling「リサイクル」
971 ☑	**close** 5 [動 klóuz / 形 klóus] クろウズ / クろウス 発	動 を閉じる，閉まる 形 ①近い ②親しい	● *be* close to ～「～に近い」 ● closed [klóuzd]「閉じた，閉店した」 ⇔ open(204)
972 ☑	**push** 3 [púʃ] プッシ	動 (を)押す	⇔ pull「を引く」(1536)

I hope it will stop **raining** this afternoon.	今日の午後には雨が降りやむといいのですが。
I didn't go out because it was **snowing**.	雪が降っていたので，私は外に出なかった。
He **threw** the ball to the fans in the stadium.	球場で彼はファンたちにボールを投げた。
The number of babies in this town is **increasing**.	この町の赤ちゃんの数は増えている。
The amount of water in this lake has **decreased** this week.	今週この湖の水量は減少した。
We need to **reduce** the amount of trash.	私たちはごみの量を減らす必要がある。
The volunteer group **supports** poor children.	そのボランティア団体は貧しい子どもたちを支援している。
The doctor is **respected** by his patients.	その医師は患者たちから尊敬されている。
He **added** a message to his card.	彼はカードにメッセージをつけ加えた。
Our city collects and **recycles** computers.	私たちの市ではコンピューターを回収して再生利用している。
Do you know what time the store **closes**?	その店が何時に閉まるか知っていますか。
That door is heavy, so **push** hard.	そのドアは重いので，強く押してください。

No.	単語	意味	補足
973 ☑	**third** 5 [θə́ːrd] さ～ド	形 〈the +〉３番目の 副 第３に 名 〈the +〉３番目，３日，３分の１	● two thirds「３分の２」 ● on March third「３月３日に」 ● first(294)，second(481)
974 ☑	**billion** 3 [bíljən] ビリョン	形 10億の 名 10億	● hundred(278)，thousand(482)，million(483)
975 ☑	**enough** 4 [inʌ́f] イナふ 発	形 十分な 副 十分に	● enough ... to ～「～するのに十分な…」
976 ☑	**worried** [wə́ːrid] ワ～リド	形 心配そうな	● *be* worried about ～「～を心配している」 動 worry(195)
977 ☑	**international** 3 [ìntərnǽʃənl] インタナぁショヌる	形 国際的な 変 more ～ — most ～	● international student「留学生」
978 ☑	**global** 3 [glóubl] グろウブる	形 世界的な，地球上の	● global warming「地球温暖化」
979 ☑	**overseas** 3 [òuvərsíːz] オウヴァスィーズ	形 海外の 副 海外へ[で，に]	● abroad(373)
980 ☑	**living** 4 [líviŋ] りヴィング	形 ①生きている ②生活上の	● living thing「生き物，生物」 ● living environment「生活環境」
981 ☑	**original** 3 [ərídʒənl] オリジヌる	形 ①独創的な，独自の ②元の ③最初の 名 原物，原作	● 比較変化は①のみ。more，most をつける。 ● original story「原作」 名 origin「起源」(1701)
982 ☑	**elderly** 3 [éldərli] エるダリ	形 年配の，初老の 変 more ～ — most ～	● old(252)
983 ☑	**lost** [lɔ́ːst] ろースト	形 ①道に迷った ②なくした	● get lost「道に迷う」
984 ☑	**whole** 3 [hóul] ホウる 同 hole	形 全体の，全～	● the whole world「全世界(の人々)」

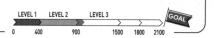

The store is on the **third** floor of the building.	その店はビルの3階にあります。
How did the earth start about 4.6 **billion** years ago?	地球は約46億年前にどのように始まったのだろう。
I didn't have **enough** time to eat yesterday.	私は昨日は食事をとる十分な時間がなかった。
He is **worried** about the presentation tomorrow.	彼は明日の発表のことを心配している。
He played in an **international** tennis tournament in France.	彼はフランスの国際テニストーナメントでプレーした。
Planting trees might be a good way to stop **global** warming.	植樹は地球温暖化を止めるのによい方法かもしれない。
Those clothes are made in **overseas** countries.	それらの服は海外の国々で作られている。
Are there any **living** things on other planets?	ほかの惑星に生物はいるのだろうか。
The **original** product took many years to develop.	その独創的な製品は開発するのに何年もかかった。
I heard many stories from the **elderly** people at the facility.	私は施設のお年寄りの方々からいろいろなお話をうかがった。
I got **lost** at the international airport.	私はその国際空港で道に迷ってしまった。
I was sick in bed for a **whole** week.	私は病気で丸1週間寝込んでしまった。

985	**simple** 4 [símpl] スィンプる	形 簡単な，平易な，単純な	● in a simple way「簡単な方法で」
986	**feeling** 3 [fí:liŋ] ふィーリング	名 感情，気持ち	● この意味では複数形で使う。 動 feel(177)
987	**film** 3 [fílm] ふィるム	名 ①映画 ②(写真の)フィルム	● short film「短編映画」 = movie(24)
988	**hall** 4 [hɔ́:l] ホーる	名 ①会館，ホール ②玄関	● city hall「市役所」 ● community hall「公民館」 ● dining hall「(大)食堂」
989	**mall** [mɔ́:l] モーる	名 ショッピングモール	= shopping mall
990	**entrance** 4 [éntrəns] エントゥランス	名 ①入口，玄関 ②入場，入学	● at the entrance「入口で」 ● exit [égzit]「出口」
991	**menu** 4 [ménju:] メニュー	名 メニュー	● on the menu「メニューに(のって)」
992	**hamburger** 5 [hǽmbə̀:rgər] ハぁンバ～ガ	名 ハンバーガー，ハンバーグ	
993	**taste** 3 [téist] テイスト	名 味 動 ①の味がする ②を味わう	● taste good「おいしい」
994	**leaflet** [lí:flit] りーふれット	名 ちらし，(宣伝用)小冊子	● leaflet on [about] ～「～に関するちらし」
995	**pictogram** [píktəgræ̀m] ピクタトグラぁム	名 ピクトグラム，絵文字	● トイレの男女のマークなど，案内や指示を単純化して表した絵記号。
996	**test** 5 [tést] テスト	名 ①試験 ②検査 動 を検査する	● listening [written] test「聞き取り[筆記]試験」 ● study for the test「テスト勉強をする」

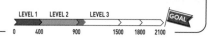

I explained it to the international student in **simple** Japanese.	私はそれを留学生にやさしい日本語で説明した。
She wants her parents to understand her **feelings**.	彼女は両親に自分の感情を理解してほしいと思っている。
He recommended his favorite comedy **films** to me.	彼は大好きなコメディー映画を私に勧めてくれた。
The new concert **hall** is a symbol of our city.	新しいコンサートホールは私たちの市のシンボルだ。
The **mall** is very crowded on weekends.	そのショッピングモールは週末はとても混んでいる。
I'll meet you at the **entrance** of the city hall.	市役所の入口で会いましょう。
There were many kinds of salads on the **menu**.	メニューにはたくさんの種類のサラダがあった。
I'll have two **hamburgers** and an orange juice, please.	ハンバーガーを2つとオレンジジュースを1つください。
He does not like the **taste** of green tea.	彼は緑茶の味が好きではない。
I received a **leaflet** about the summer festival.	私は夏祭りのちらしをもらった。
Pictograms are helpful to foreign tourists who don't understand the local language.	ピクトグラムは現地の言葉がわからない外国人観光客には助けとなる。
I'm going to study for the math **test** tonight.	私は今夜は数学のテスト勉強をするつもりだ。

997 ☑	**meal** 3 [míːl] ミーる	名 食事	● eat between meals「間食する」
998 ☑	**camp** 4 [kǽmp] キャンプ	名 キャンプ，合宿 動 キャンプする	● go camping「キャンプに行く」
999 ☑	**guide** 3 [gáid] ガイド	名 ①案内人，ガイド ②案内書 動 を案内する	● tour guide「観光ガイド」
1000 ☑	**mind** 4 [máind] マインド	名 ①心，精神 ②意見，考え 動 をいやだと思う	● change *one*'s mind「気が変わる」 ● body「体」(640)
1001 ☑	**list** 4 [líst] リスト	名 一覧表，リスト 動 をリスト[一覧表]にする	● make a list「リストを作る」 ● on the list「リストに(のって)」
1002 ☑	**view** 3 [vjúː] ヴュー	名 ①眺め ②(特定の)見方	● point of view「ものの見方」 ＝② opinion (665)
1003 ☑	**adult** 4 [ədʌ́lt] アダるト	名 成人，大人 形 成人の，大人の	● child「子ども」(642)
1004 ☑	**son** 5 [sʌ́n] サン 同 sun	名 息子	● daughter [dɔ́ːtər]「娘」
1005 ☑	**attention** 3 [əténʃn] アテンシャン	名 注意，注目	● pay attention to ～「～に注意を向ける」
1006 ☑	**luck** 4 [lʌ́k] らック	名 幸運，運	● Good luck!「幸運を！，がんばって！」 形 lucky (840)
1007 ☑	**system** 3 [sístəm] スィステム	名 ①体系，装置 ②制度	
1008 ☑	**business** 3 [bíznəs] ビズネス 発	名 ①仕事 ②商売，事業	● ①②とも不可算名詞。 ● on business「仕事で，商用で」

In some countries, lunch is the main **meal** of the day.	一部の国では，昼食が１日のうちの主要な食事だ。
What activities are you planning to do at summer **camp**?	サマーキャンプではどんな活動をする計画ですか。
A local **guide** will show you around the city.	現地のガイドが市内をご案内します。
Healthy food makes your **mind** and body stronger.	健康によい食べ物は心と体をより強くしてくれる。
I made a **list** of things to do.	私はやることのリストを作った。
The **view** from the tower was amazing.	塔からの眺めはすばらしかった。
There are many things I want to do when I become an **adult**.	私は大人になったらやりたいことがたくさんある。
He is worried about his **son** living overseas.	彼は海外で暮らしている息子のことを心配している。
This design will get customers' **attention**.	このデザインはお客さまの注目を引くでしょう。
If you have good **luck**, you'll get a great view.	運がよければ，すばらしい景色を見られるでしょう。
This train has a special safety **system** for emergencies.	この列車は緊急時のための特別な安全システムを備えている。
She came to Japan on **business**.	彼女は仕事で来日した。

1009 ☑	**coin** 5 [kɔ́in] コイン	名 コイン，硬貨	• bill「紙幣」(1794)
1010 ☑	**education** 3 [èdʒəkéiʃn] エヂュケイシャン	名 教育	• get [receive] an education「教育を受ける」
1011 ☑	**sentence** 3 [séntəns] センテンス	名 文	
1012 ☑	**ground** 4 [gráund] グラウンド	名 ①地面 ②運動場	• on the ground「地面に，地表に」
1013 ☑	**shape** 3 [ʃéip] シェイプ	名 形，形状 動 を形作る	• in the shape of ～「～の形をした」
1014 ☑	**elevator** 4 [éləvèitər] エれヴェイタ ア	名 エレベーター	•《英》lift • take an elevator「エレベーターに乗る」
1015 ☑	**electricity** 3 [ilèktrísəti] イれクトゥリスィティ ア	名 電気，電力	• produce electricity「発電する」 形 electric「電気の」(1324)
1016 ☑	**factory** 4 [fǽktəri] ふぁクトリ	名 工場	
1017 ☑	**machine** 3 [məʃíːn] マシーン	名 機械	• run a machine「機械を動かす」
1018 ☑	**operation** 3 [àpəréiʃn] アペレイシャン	名 ①手術 ②操作	• have [do] an operation「手術を受ける[をする]」 • operation on [for] ～「～(部位[病名])の手術」
1019 ☑	**plane** 4 [pléin] プれイン	名 飛行機	• by plane「飛行機で」
1020 ☑	**pollution** 3 [pəlúːʃn] ポるーシャン	名 汚染	• air [water] pollution「大気[水質]汚染」

The new **coin**'s design has the king's face.	新しい硬貨のデザインには国王の顔が含まれている。
Many children in the world can't get any **education**.	世界中の多くの子どもたちはまったく教育を受けられない。
I couldn't guess the meaning of that expression in the **sentence**.	私は文中のその表現の意味を推測できなかった。
We sat on the **ground** and rested.	私たちは地面に座って休んだ。
I made cookies in the **shape** of stars.	私は星の形をしたクッキーを作った。
Take the **elevator** to the third floor.	3階までエレベーターに乗ってください。
Wind power is a cleaner way to produce **electricity**.	風力は電気を起こすよりクリーンな方法だ。
These metal products are made in a small **factory** in our town.	これらの金属製品は私たちの町の小さな工場で作られている。
The **machines** in that factory work 24 hours a day.	その工場の機械は24時間稼働している。
The player had an **operation** on his knee yesterday.	その選手は昨日ひざの手術を受けた。
My father doesn't like to travel by **plane**.	父は飛行機で移動するのが好きではない。
Reducing trash helps to stop air **pollution**.	ごみの減量は大気汚染を食い止めるのに役立つ。

1021	**disease** 3 [dizí:z] ディズィーズ 発	名 病気	● have [get, catch] a disease「病気にかかっている［かかる］」
1022	**friendship** 3 [frén*d*ʃip] ふレン(ド)シップ	名 友情，友好関係	● friendship with [between] ～「～との友情」
1023	**importance** 3 [impɔ́:*r*tns] インポータンス	名 重要性，重大さ	形 important(339)
1024	**courage** 3 [kə́:ridʒ] カ～リッヂ	名 勇気	● with courage「勇気を持って」
1025	**market** 3 [mɑ́:*r*kit] マーケット	名 市場(いちば)，市(いち)	● at the market「市場で」 ● morning market「朝市」
1026	**loss** [lɔ́:s] ろース	名 なくなること，喪失	動 lose(591)
1027	**band** 4 [bǽnd] バぁンド	名 ①バンド，楽団 ②帯，ひも	● brass band「吹奏楽団」
1028	**instrument** 4 [ínstrəmənt] インストゥルメント	名 ①楽器 ②道具	● play an instrument「楽器を演奏する」 ＝① musical instrument
1029	**tradition** 3 [trədíʃn] トゥラディシャン	名 伝統	形 traditional(269)
1030	**cafeteria** 4 [kæ̀fətíriə] キぁふェティリア	名 カフェテリア	● セルフサービス式の食堂のこと。
1031	**plate** 3 [pléit] プれイト	名 皿	● 浅い皿や取り皿をさす。dish(146)は盛り皿をふつうさす。
1032	**medicine** 3 [médəsn] メディスン	名 ①薬 ②医学	● take medicine「薬を飲む」 ● study medicine「医学を勉強する」

She had a serious heart **disease**.	彼女は重い心臓病にかかっていた。
He built a close **friendship** with the leader of the team.	彼はそのチームのリーダーと親密な友情を築いた。
Our teacher taught us about the **importance** of education.	先生は私たちに教育の重要性について教えてくれた。
He spoke to her with all his **courage**.	彼は勇気を振り絞って彼女に話しかけた。
My mother bought fresh vegetables at the **market**.	母は市場で新鮮な野菜を買った。
Did you report the **loss** of your smartphone?	あなたはスマートフォンの紛失を届け出ましたか。
She plays the flute in the school brass **band**.	彼女は学校の吹奏楽団でフルートを演奏している。
I can't play any **instruments**, but I'm good at singing.	私は楽器を演奏することはできないけど，歌うのは得意だ。
I always feel Japanese **tradition** when I visit this garden.	私はこの庭園を訪れると，いつも日本の伝統を感じる。
We eat lunch in our school **cafeteria** every day.	私たちは毎日学校のカフェテリアで昼食を食べる。
I put the food on a **plate** and passed it to him.	私は食べ物を皿に盛って，それを彼に渡した。
I have to take this **medicine** three times a day after meals.	私は1日3回食後にこの薬を飲まなければならない。

1033	**tablet** [tǽblit] タぁブれット	名 ①タブレット(型コンピューター) ②錠剤	● take two tablets「薬を2錠飲む」 =① tablet computer
1034	**choice** 2 [tʃɔ́is] チョイス	名 ①選択，選ぶこと ②選択肢	動 choose(179)
1035	**owner** 3 [óunər] オウナ	名 所有者，持ち主	● shop owner「店主」 ● own(598)
1036	**villager** [vílidʒər] ヴィれヂャ	名 村人	● village(422)
1037	**desert** 3 [dézərt] デザト ア	名 砂漠	● dessert(408)と混同しないこと。
1038	**hill** 3 [híl] ヒる	名 丘	
1039	**device** 2 [diváis] ディヴァイス	名 装置，機器	
1040	**fee** 準2 [fíː] ふィー	名 料金，報酬，謝礼	● entrance fee「入場料」
1041	**mask** [mǽsk] マぁスク	名 マスク，仮面，覆面	● 感染予防マスクは face mask ともいう。 ● wear a mask「マスクを着用する」
1042	**bakery** 4 [béikəri] ベイカリ	名 パン屋	
1043	**candle** 3 [kǽndl] キぁンドゥる	名 ろうそく	● light a candle「ろうそくに火をつける」
1044	**career** [kəríər] カリア 発	名 ①職業 ②経歴	

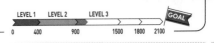

She did her English homework on a **tablet**.	彼女はタブレットで英語の宿題をした。
I think it was the best **choice**.	それは最善の選択だったと思う。
She is the **owner** of these dogs.	彼女がこれらのイヌの飼い主だ。
He was happy to communicate with the **villagers** there.	彼はそこの村人たちとコミュニケーションをとり喜んでいた。
They are working to change **deserts** into green fields.	彼らは砂漠を緑地に変える取り組みをしている。
I climbed the **hill** and reached the castle.	私は丘を登り，その城に到着した。
Those old **devices** are recycled at the plant.	それらの古い機器は工場でリサイクルされる。
The entrance **fee** to that zoo is 500 yen for adults.	その動物園の入場料は大人 500 円です。
I wore a **mask** because I had a cold.	私はかぜをひいたのでマスクをしていた。
The **bakery** sells many kinds of sandwiches.	そのパン屋ではたくさんの種類のサンドイッチを売っている。
She put five **candles** on her son's birthday cake.	彼女は息子のバースデーケーキに 5 本のろうそくを立てた。
He began his **career** as a police officer.	彼は警察官としての仕事を始めた。

1045	**fossil** 3 [fá:sl] ふァスる	名 化石	
1046	**imagine** 3 [imǽdʒin] イマぁヂン	動 を想像する	名 imagination「想像(力)」(1920)
1047	**express** 3 [iksprés] イクスプレス	動 を表現する，述べる	• express *oneself*「自分(の考えなど)を表現する」 名 expression(941)
1048	**celebrate** 3 [séləbrèit] セれブレイト	動 (を)祝う	
1049	**preserve** 3 [prizə́:rv] プリザ～ヴ	動 を保存する，保護する	
1050	**serve** 3 [sə́:rv] サ～ヴ	動 ①(飲食物)を出す ②に仕える	• serve ～ ... ≒ serve ... to ～「～に…を出す」 名 service「サービス(業務)」(1117)
1051	**accept** 3 [əksépt] アクセプト	動 を受け入れる	
1052	**depend** 3 [dipénd] ディペンド	動 頼る	• 進行形にしない。 • depend on ～「～に頼る，～次第だ」
1053	**graduate** 3 [grǽdʒuèit] グラぁヂュエイト 発	動 卒業する	• graduate from ～「～を卒業する」 名 graduation「卒業」(1528)
1054	**repair** 3 [ripéər] リペア	動 を修理する	= fix(1544)
1055	**attract** 準2 [ətrǽkt] アトゥラぁクト	動 を引きつける，魅了する	• attract ～ to ...「～を…に引きつける[集める]」 • attract attention「注意を引く」
1056	**repeat** 3 [ripí:t] リピート	動 (を)繰り返す，繰り返して言う	

Fossils of elephants were found in several prefectures in Japan.	ゾウの**化石**が日本のいくつかの県で発見された。
I can't **imagine** such a boring life.	私はそんな退屈な生活**を想像することができない**。
I could not **express** my feelings well in English.	私は自分の気持ち**を**英語でうまく**表現する**ことができなかった。
My family **celebrated** the New Year with my grandparents.	私の家族は祖父母と新年**を祝った**。
We must **preserve** the cultural heritage of our country.	私たちは自国の文化遺産**を保存し**なければならない。
The company **serves** lunch to its workers.	その会社は従業員**に**昼食**を出している**。
The local people were happy to **accept** him.	地元の人たちは喜んで彼のこと**を受け入れた**。
Your future **depends** on your effort.	きみの未来はきみの努力**次第だ**。
He will soon **graduate** from college in Canada.	彼はもうすぐカナダの大学**を卒業する**。
My father was **repairing** a wall in our house.	父は家の壁**を修理していた**。
The beautiful beaches **attract** a lot of tourists to our town.	美しい浜辺が私たちの町**に**多くの観光客**を引きつけている**。
We should not **repeat** the same mistakes.	私たちは同じ間違い**を繰り返す**べきではない。

1057	**bake** 3 [béik] ベイク	動 (パンなど)を焼く	●オーブンなどで焼くことをさす。 ● bakery(1042)
1058	**import** 準2 [impɔ́ːrt] インポート ア	動 (を)輸入する	⇔ export [ikspɔ́ːrt]「(を)輸出する」
1059	**rescue** 準2 [réskjuː] レスキュー	動 を救助する 名 救助	● rescue ～ from ...「～を…から救う」
1060	**hit** 3 [hít] ヒット	動 ①をぶつける ②を襲う ③(ボール)を打つ 変 hit — hit	● an earthquake hits ～「地震が～を襲う」
1061	**average** 3 [ǽvəridʒ] あヴェレッヂ	形 平均の 名 平均	● on average「平均して」
1062	**following** 3 [fálouiŋ] ふァろウイング	形 〈the +〉次に続く	動 follow(187)
1063	**proud** 3 [práud] プラウド	形 誇りを持った	● *be* proud of ～「～を誇りに思う」
1064	**environmental** 3 [invàirənméntl] インヴァイロンメントゥる	形 環境の	名 environment(634)
1065	**social** 3 [sóuʃl] ソウシャる	形 社会の	● social studies「社会科」 名 society(657)
1066	**western** 3 [wéstərn] ウェスタン	形 ①(Western で)西洋の ②西の	● eastern「東洋の(Eastern), 東の(826)」
1067	**impressed** [imprést] インプレスト	形 感動して 変 more ～ — most ～	● *be* impressed with [by] ～「～に感動する」 動 impress「に感銘を与える」(1957)
1068	**shocked** [ʃákt] シャックト	形 衝撃[ショック]を受けて 変 more ～ — most ～	● *be* shocked to ～「～して衝撃を受ける」 動 shock「に衝撃を与える」(1584)

Bake the bread for fifteen minutes.	パンを15分間焼いてください。
Japan **imports** most of its bananas from foreign countries.	日本はバナナのほとんどを外国から輸入している。
Three people were **rescued** from the burning building.	3人が燃えている建物から救助された。
I **hit** my head on the door.	私はドアに頭をぶつけてしまった。
This chart shows the **average** number of hours students study.	この図表は学生の平均学習時間数を示している。
Read the **following** sentences and answer the questions.	次の文章を読んで質問に答えなさい。
I am **proud** of my team.	私は自分のチームを誇りに思っている。
Global warming is one of the major **environmental** problems.	地球温暖化は主要な環境問題の1つだ。
People around the world have experienced great **social** change.	世界中の人々が大きな社会変化を経験した。
Japan has introduced various **Western** cultures.	日本はさまざまな西洋文化をとり入れてきた。
We were all **impressed** with her courage.	私たちはみな彼女の勇気に感動した。
I was **shocked** to see the photo.	私はその写真を見てショックを受けた。

1069 ☑	**excellent** [éksələnt] エクセレント	形 非常にすぐれた	
1070 ☑	**common** 3 [kámən] カモン	形 ①ありふれた，ふつうの ②共通の 変 more ～ — most ～	● common language「共通言語」
1071 ☑	**generation** 3 [dʒènəréiʃn] ヂェネレイシャン	名 世代	● from generation to generation「世代を超えて」
1072 ☑	**organization** 準2 [ɔ́:rgənəzéiʃn] オーガニゼイシャン	名 組織，団体	
1073 ☑	**schedule** 3 [skédʒu:l] スケヂューる	名 予定(表)，スケジュール	● class schedule「(授業の)時間割」
1074 ☑	**seat** 4 [sí:t] スィート	名 座席，席	● take [have] a seat「座る」
1075 ☑	**tunnel** 3 [tʌ́nl] タヌル 発	名 トンネル	
1076 ☑	**flag** [flǽg] ふらぁッグ	名 旗	● the national flag of Japan「日本の国旗」
1077 ☑	**homeroom** 3 [hóumrù:m] ホウムルーム	名 ホームルーム	● *one*'s homeroom teacher「担任教師」
1078 ☑	**memory** 3 [méməri] メモリ	名 ①思い出 ②記憶(力)	● have a good memory「記憶力がよい」
1079 ☑	**opening** [óupniŋ] オウプニング	名 ①開始，開くこと，開店 ②冒頭部分	● opening hours「営業時間」
1080 ☑	**pause** [pɔ́:z] ポーズ	名 小休止，間(ま)	

She will be an **excellent** piano player.	彼女は非常にすぐれたピアノ演奏家になることだろう。
What are some **common** names in America?	アメリカでよくある名前は何ですか。
They are trying to preserve their traditions for future **generations**.	彼らは自分たちの伝統を未来の世代に残そうと努力している。
He works for an **organization** that helps children.	彼は子どもたちを支援する団体で働いている。
Let's check the **schedule** for this week.	今週の予定を確認しよう。
Excuse me, I think this is my **seat**.	すみません，ここは私の席だと思います。
The train is going through a **tunnel**.	電車はトンネルを通過中だ。
This is the national **flag** of our country.	これが私たちの国の国旗です。
She talked about it with her **homeroom** teacher after school.	彼女はそのことについて放課後に担任の先生と話した。
This experience will be a good **memory** for us.	この経験は私たちにとってよい思い出となるでしょう。
The **opening** of that new mall is coming soon.	その新しいモールの開業はもうすぐだ。
Some **pauses** during a speech help the listeners to understand.	スピーチの間の間は，聞き手の理解を助けます。

1081	**slide** 準2 [sláid] スらイド	名 (映写機の)スライド	
1082	**nest** 3 [nést] ネスト	名 巣	● build [make] a nest「巣を作る」
1083	**soap** [sóup] ソウプ	名 せっけん	● 不可算名詞。 ● a cake of soap「せっけん1個」
1084	**monument** [mánjəmənt] マニュメント	名 記念碑，記念像	● monument to ～「～の記念碑」 ● stone monument「石碑」
1085	**escalator** [éskəlèitər] エスカれイタ ア	名 エスカレーター	● by escalator「エスカレーターで」
1086	**evacuation** [ivækjuéiʃn] イヴァキュエイシャン	名 避難，退避	● evacuation drill [site]「避難訓練[場所]」
1087	**exhibition** 3 [èksibíʃn] エクスィビシャン 発	名 展覧会，展示	● hold an exhibition「展覧会を開催する」
1088	**homestay** 4 [hóumstèi] ホウムステイ	名 ホームステイ	● do a homestay「ホームステイをする」
1089	**nursery** [nə́:rsəri] ナ～サリ	名 保育園，託児所	● nursery (school) teacher「保育士」 = nursery school
1090	**assistance** [əsístəns] アスィスタンス	名 援助，助力	● assistance dog「補助犬」
1091	**ton** [tʌ́n] タン 発	名 (重量の単位)トン	
1092	**kilometer** 4 [kilámitər] キらミタ ア	名 キロメートル	●《英》kilometre

This **slide** shows the things Japan imports from China.	この**スライド**は日本が中国から輸入しているものを示している。
Some birds build their **nests** inside houses.	屋内に**巣**を作る鳥もいる。
When I get home, I wash my hands with **soap** and water.	私は帰宅すると，**せっけん**と水で手を洗う。
That **monument** was built ten years ago.	あの**記念碑**は10年前に建てられた。
For your safety, do not walk on the **escalator**.	安全のために，**エスカレーター**を歩かないでください。
Do you know the **evacuation** site near your house?	あなたは自宅近くの**避難**場所を知っていますか。
There were several famous works at the **exhibition**.	その**展覧会**には有名な作品がいくつかあった。
I want to experience a lot during my **homestay**.	私は**ホームステイ**の間にたくさんのことを経験しようと思う。
The mother took her son to **nursery** school.	母親は息子を**保育**園に連れていった。
The child didn't need **assistance** to use the tablet.	その子どもはタブレットを使うのに**手助け**がいらなかった。
They collected about two **tons** of trash.	彼らは2**トン**のごみを集めた。
They walked 100 **kilometers** through the desert on their trip.	彼らは旅行で砂漠を100**キロ**歩いた。

1093	**interview** 3 [íntərvjùː] インタヴュー	名 面接，インタビュー 動 にインタビューする	• have an interview for ～「～の面接がある」 • interview with ～「～へのインタビュー」
1094	**heat** [híːt] ヒート	名 ①熱　②暑さ 動 を熱する，温める	• heating system「暖房装置」
1095	**influence** 3 [ínfluəns] インふるエンス	名 影響(力) 動 に影響を及ぼす	• have an influence on ～「～に影響を及ぼす」
1096	**page** 5 [péidʒ] ペイヂ	名 ページ	• on page ～「～ページに(ある)」
1097	**wave** 3 [wéiv] ウェイヴ	名 波 動 (手など)を振る，手を振る	• ride the waves「波乗りをする」 • wave a flag「旗を振る」
1098	**stage** 3 [stéidʒ] ステイヂ	名 ①舞台，ステージ　②段階	• at ～ stage「～の段階において」
1099	**top** 4 [táp] タップ	名 ①頂上，てっぺん　②最高位 形 いちばん上[上位]の	• the top three countries「上位３か国」 ⇔ bottom「底」(1214)
1100	**French** 3 [fréntʃ] ふレンチ	名 フランス語[人] 形 フランスの，フランス語[人]の	• French fries「フライドポテト」 • France「フランス」
1101	**total** 3 [tóutl] トウトゥる	名 合計 形 総計の	• in total「合計で」 • total fee「合計料金」
1102	**interpreter** [intə́ːrpritər] インタ～プリタ	名 通訳者	
1103	**translator** [trǽnsleitər] トゥラぁンスれいタ	名 翻訳家	
1104	**population** 3 [pɑ̀pjəléiʃn] パピュれイシャン	名 人口	

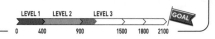

I have an **interview** for volunteer work next week.	私は来週ボランティア活動の面接がある。
I like the summer **heat** better than the winter cold.	私は冬の寒さよりも夏の暑さのほうが好きだ。
People's actions often have a bad **influence** on nature.	人々の行動は自然に悪い影響を及ぼすことが多い。
Look at the graph on **page** 15.	15 ページのグラフを見てください。
The **waves** were high after the bad weather.	悪天候のあとは波が高かった。
I was very nervous on the **stage**.	私は舞台の上でとても緊張していた。
We took pictures at the **top** of the mountain.	私たちは山の頂上で写真を撮った。
French is spoken in many African countries.	フランス語はアフリカの多くの国で話されている。
Will that be all? That'll be five dollars in **total**.	以上でよろしいでしょうか。合計で 5 ドルになります。
She helped the foreign visitor as an **interpreter**.	彼女は通訳者としてその外国からの訪問者を手助けした。
He became a **translator** after he graduated from college.	彼は大学を卒業したあと翻訳家になった。
The world's **population** is over eight billion.	世界の人口は 80 億人を超えている。

1105	**traffic** 4 [trǽfik] トゥラぁふィック	名 交通(量)	● heavy [a lot of] traffic「多い交通量」 ● traffic light「交通信号」
1106	**accident** 3 [ǽksidənt] あクスィデント	名 事故	● have an accident「事故にあう」
1107	**road** 5 [róud] ロウド	名 道路	
1108	**railroad** [réilròud] レイるロウド	名 鉄道(会社)	●《英》railway(1387)
1109	**flight** 3 [fláit] ふらイト	名 ①(飛行機の)便 ②飛行機旅行 ③飛ぶこと	● flight to [from] ～「～へ の[からの]航空便」
1110	**brain** 3 [bréin] ブレイン	名 ①脳 ②頭脳	
1111	**climate** 3 [kláimit] クらイメット	名 気候	● climate change「気候変動」
1112	**condition** 3 [kəndíʃn] コンディシャン	名 ①状態 ②(複数形で)状況，環境	● in ～ condition「～の状態で」 ● living conditions「生活環境」
1113	**experiment** 3 [ikspérimənt] イクスペリメント	名 実験	● do an experiment「実験をする」
1114	**difficulty** 3 [dífikəlti] ディふィカるティ	名 難しさ，困難	● have difficulties「苦労する，困る」 形 difficult(341)
1115	**level** 3 [lévl] れヴる	名 ①程度，水準，レベル ②階	
1116	**radio** 5 [réidiòu] レイディオウ 発	名 ラジオ	● listen to the radio「ラジオを聞く」 ● on the radio「ラジオで」

There was a lot of **traffic** on the main street this morning.	今朝その大通りの**交通量**は多かった。
He had a car **accident** in front of the school.	彼は学校の前で**自動車事故**にあった。
She is waving from the other side of the **road**.	彼女が**道路**の反対側から手を振っている。
Long **railroads** were once built in the mountains to carry wood.	木材を運ぶために長い**鉄道**がかつて山中に建設された。
There are many **flights** to Okinawa every day.	沖縄への**航空便**は毎日たくさんある。
I heard that dark chocolate is good for the **brain**.	ダークチョコレートは**脳**によいと聞きました。
My city has a cold and dry **climate** in winter.	私の町は冬は寒くて乾燥した**気候**です。
The jacket he bought 10 years ago is still in good **condition**.	彼が 10 年前に買ったジャケットはまだ**状態**がよい。
Astronauts are doing various **experiments** in space.	宇宙飛行士は宇宙でさまざまな**実験**を行っている。
When I had **difficulties**, my family helped me.	私が**困ったこと**になったとき，家族が助けてくれた。
They have a high **level** of language skills.	彼らには高い**レベル**の語学力がある。
I heard the news on a **radio** program.	私はそのニュースを**ラジオ**の番組で聞いた。

1117 ☑	**service** 4 [sə́ːrvis] サ〜ヴィス	名 サービス(業務)	動 serve(1050)
1118 ☑	**wing** 3 [wíŋ] ウィング	名 翼，羽	
1119 ☑	**matter** 4 [mǽtər] マぁタ	名 ①事柄，問題 ②困難，やっかいごと	● What's the matter?「どうしたの？」
1120 ☑	**value** 3 [vǽljuː] ヴぁりュー	名 価値	形 valuable「貴重な」(1330)
1121 ☑	**danger** 3 [déindʒər] デインヂャ	名 危険(性)	● in danger (of 〜)「(〜の)危険があって」 形 dangerous(842)
1122 ☑	**delivery** [dilívəri] デリヴァリ	名 配達	● delivery service「配送サービス」 動 deliver(782)
1123 ☑	**picnic** [píknik] ピクニック	名 ピクニック	● have [go on] a picnic「ピクニックをする[に行く]」
1124 ☑	**captain** 3 [kǽptən] キぁプテン	名 ①主将，キャプテン ②船長	
1125 ☑	**audience** 3 [ɔ́ːdiəns] オーディエンス	名 聴衆，観客	● 聴衆[観客]全体をさす。 ● a large audience「大勢の聴衆[観客]」
1126 ☑	**president** 3 [prézidənt] プレズィデント	名 ①大統領 ②社長，会長	● ① President とも表す。
1127 ☑	**damage** 3 [dǽmidʒ] ダぁメッヂ	名 被害，損害 動 に損害を与える	● do damage to 〜「〜に被害を与える」
1128 ☑	**roof** 3 [rúːf] ルーふ	名 屋根	● on the roof「屋根(の上)に」

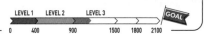

The restaurant is famous for its high level of **service**.	そのレストランは**サービス**のレベルが高いことで有名だ。
I wish I had **wings** and could fly.	**翼**があって飛べたらいいのに。
This is an important **matter** for all of us.	これは私たち全員にとって重要な**問題**だ。
She realizes the **value** of health.	彼女は健康の**価値**を実感している。
There is a **danger** of traffic accidents in this bad weather.	この悪天候では交通事故の**危険性**がある。
My family often uses a supermarket **delivery** service.	私の家族はスーパーの**配送**サービスをよく利用している。
We had a **picnic** under the cherry trees in the park.	私たちは公園の桜の木の下で**ピクニック**をした。
The **captain** of our team is respected by all the members.	うちのチームの**キャプテン**はメンバー全員から尊敬されている。
The **audience** was attracted by the excellent performance.	**聴衆**はそのすばらしい演奏に魅了された。
The **presidents** of the two countries talked on the phone.	両国の**大統領**は電話で話した。
The earthquake didn't do any serious **damage** to the town.	地震はその町に深刻な**被害**はもたらさなかった。
There was a lot of snow on the **roof**.	**屋根**には雪がたくさん積もっていた。

1129	**bean** [bíːn] ビーン	3	名 豆	
1130	**cancer** [kǽnsər] キャンサ	3	名 がん	• have cancer「がんにかかっている」
1131	**notice** [nóutis] ノウティス	3	動 に気がつく 名 掲示，告知	• 進行形にしない。 • notice (that) ～「～だと気づく」
1132	**belong** [bilɔ́ːŋ] ビローング	3	動 〈+ to〉に所属する	• 進行形にしない。
1133	**cause** [kɔ́ːz] コーズ	3	動 の原因となる，を引き起こす 名 原因	• cause ～ for [to] ...「…に～をもたらす」
1134	**drive** [dráiv] ドゥライヴ	5	動 を運転する，車で行く 名 ドライブ 変 drove — driven	• drive to ～「車で～に行く」 • go for a drive「ドライブに行く」
1135	**connect** [kənékt] コネクト	3	動 をつなぐ，接続する，つながる	• connect ～ with [to] ...「～を…とつなぐ」
1136	**discuss** [diskʌ́s] ディスカス	準2	動 について話し合う	• 直後に about などをつけないことに注意。 名 discussion「話し合い」(1256)
1137	**destroy** [distrɔ́i] ディストゥロイ	3	動 を破壊する	
1138	**compare** [kəmpéər] コンペア	3	動 を比べる，比較する	• compare ～ with ...「～を…と比べる」
1139	**raise** [réiz] レイズ 発	4	動 ①を上げる ②を育てる	• raise animals「動物を飼育する」 • rise「上がる」(781)
1140	**cover** [kʌ́vər] カヴァ	3	動 をおおう 名 カバー，表紙	• *be* covered with [by] ～「～でおおわれている」

He always buys his coffee **beans** at the same store.	彼はコーヒー豆をいつも同じ店で買う。
The patient will have an operation for **cancer** today.	その患者は今日がんの手術を受ける。
I didn't **notice** anything special about him.	私は彼に関して特に何も気づかなかった。
He **belongs** to a local swimming club.	彼は地域の水泳クラブに所属している。
The heavy rain **caused** great damage to the farms.	大雨は農場に大変な被害をもたらした。
My 80-year-old grandfather still **drives** a car.	80 歳の祖父は今も車を運転している。
My brother **connected** his new computer to the Internet.	兄は新しいコンピューターをインターネットにつないだ。
We **discussed** a serious matter with them.	私たちは彼らとその深刻な問題について話し合った。
I learned about how human activities are **destroying** nature.	私は人間の活動がいかに自然を破壊しているかについて学んだ。
I **compared** prices at the two stores.	私は 2 つの店の価格を比較した。
He **raised** his hand to ask the teacher a question.	彼は先生に質問するのに手を挙げた。
Snow **covered** the whole town.	雪が町中をおおった。

1141	**wonder** 3 [wʌ́ndər] ワンダ	動 ①だろうかと思う ②を不思議に思う 名 驚き，不思議	● I wonder ～.「～かと思う」
1142	**allow** 3 [əláu] アラウ 発	動 を許可する	● allow ... to ～「…が～することを許可する」
1143	**seem** 3 [síːm] スィーム	動 のように思われる	● seem to ～「～であるようだ，～らしい」
1144	**boil** [bɔ́il] ボイる	動 ①をゆでる，煮る ②を沸かす，沸く	● boiling water「沸騰しているお湯」 ● boiled potato「ゆで(られ)たジャガイモ」
1145	**smell** 3 [smél] スメる	動 のにおいがする 名 におい 変《英》smelt ― smelt	●《米》は規則変化。 ● smell of [like] ～「～の[のような]においがする」
1146	**possible** 3 [pásəbl] パスィブる	形 ①可能な ②ありうる	● if (it is) possible「可能なら，できれば」 ● as soon as possible「できるだけ早く」
1147	**convenient** 3 [kənvíːnjənt] コンヴィーニャント	形 便利な，都合のよい 変 more ～ ― most ～	名 convenience (957)
1148	**worse** 3 [wə́ːrs] ワ～ス	形 より悪い	● bad (702) の比較級。 ● get worse「悪くなる」
1149	**usual** 4 [júːʒuəl] ユージュアる	形 いつもの，ふだんの 変 more ～ ― most ～	● as [than] usual「いつもどおり[いつもより]」
1150	**low** 5 [lóu] ろウ	形 ①低い ②安い	● at low prices「低価格で」 ⇔ high (361)
1151	**disappointed** [dìsəpɔ́intid] ディスアポインティド	形 失望して，がっかりして 変 more ～ ― most ～	● *be* disappointed (that) ～「～ということにがっかりする」

I **wonder** what happened to him.	彼に何があったのだろうか。
Eating and drinking are not **allowed** in the museum.	美術館内では飲食は許可されていない。
When I met her, she **seemed** happy.	私が彼女に会ったとき，彼女はうれしそうだった。
I **boiled** the noodles and vegetables together.	私はめんと野菜をいっしょにゆでた。
It **smells** good. It **smells** like fruit.	それはいいにおいがする。果物のようなにおいがするね。
Is it **possible** to get there on foot?	そこに徒歩で行くことは可能でしょうか。
The website is **convenient** for foreign tourists.	そのウェブサイトは外国人観光客にとって便利だ。
The situation is getting **worse**.	状況は悪くなってきている。
Traffic is heavier than **usual** today.	今日はいつもより交通量が多い。
The temperature is very **low** in the desert at night.	砂漠では夜は気温がとても低い。
They were **disappointed** that they could not see Mt. Fuji.	彼らは富士山が見えないことにがっかりした。

1152	**impossible** 3 [impάsəbl] インパスィブる	形 不可能な	⇔ possible(1146)
1153	**final** 3 [fáinl] ふァイヌる	形 最後の，最終的な 名 決勝戦	
1154	**public** 4 [pʌ́blik] パブリック	形 公共の，公の 名 一般(大衆)	● public library「公立図書館」
1155	**eco-friendly** [ìːkoufréndli] イーコウふレンドり	形 環境にやさしい 変 more ～ ― most ～	● eco- は「環境(保護)の」。
1156	**decision** 準2 [disíʒn] ディスィジャン	名 決定，決心	● make a decision「決定[決心]する」 動 decide(461)
1157	**adventure** [ədvéntʃər] アドヴェンチャ	名 冒険	
1158	**treasure** 3 [tréʒər] トゥレジャ	名 ①宝物，財宝 ②(歴史的・芸術的)重要品	● ①は不可算名詞，②は可算名詞。 ● national treasures「国宝」
1159	**medal** 3 [médl] メドゥる	名 メダル	● win a medal「メダルを獲得する」
1160	**phrase** 2 [fréiz] ふレイズ	名 ①言い回し，(決まった)表現 ②句	
1161	**direction** 3 [dirékʃn] ディレクシャン	名 ①方向，方向性 ②(複数形で)指示，道順	● in the direction of ～「～の方向に」
1162	**director** [diréktər] ディレクタ	名 ①監督 ②取締役，所長	
1163	**gesture** 3 [dʒéstʃər] ヂェスチャ	名 身振り，ジェスチャー	● by gesture(s)「ジェスチャーで」
1164	**user** [júːzər] ユーザ	名 使用者，利用者	● use(70)

That plan seemed **impossible** at the time.	その計画はそのときは**不可能に**思えた。
Today is the **final** practice of this year.	今日が今年**最後の**練習だ。
Do not leave trash in **public** places.	**公共の**場所にごみを放置してはいけない。
Eco-friendly products are used around the world.	**環境にやさしい**製品が世界中で使われている。
We accepted their final **decision**.	私たちは彼らの最終**決定**を受け入れた。
I have a lot of **adventure** novels.	私は**冒険**小説をたくさん持っている。
You can see many national **treasures** at the exhibition.	その展覧会では数々の国**宝**を見ることができる。
She won ten **medals** in total.	彼女は合計 10 個の**メダル**を獲得した。
I learned some English **phrases** from the drama.	私はドラマでいくつか英語の**言い回し**を覚えた。
He walked in the **direction** of the entrance.	彼は入口の**方向**に歩いていった。
He is the **director** and actor in that film.	彼はその映画の**監督**であり俳優でもある。
Do you understand what that **gesture** means?	あなたはあの**身振り**が何を意味するかわかりますか。
The number of smartphone **users** is increasing.	スマートフォンの**利用者**数は増加している。

1165	**charity** 準2 [tʃǽrəti] チぁリティ	名 ①慈善(行為) ②慈善団体	● charity event [concert]「チャリティーイベント[コンサート]」
1166	**joy** 4 [dʒɔ́i] ヂョイ	名 喜び	● with [for] joy「喜んで，うれしくて」
1167	**reality** [riǽləti] リあリティ	名 現実(のこと)	形 real(841)
1168	**recipe** [résəpi] レセピ 発	名 レシピ	● recipe for ～「～のレシピ」
1169	**sofa** [sóufə] ソウふァ 発	名 ソファ	
1170	**stamp** 5 [stǽmp] スタぁンプ	名 切手	
1171	**stomach** 3 [stʌ́mək] スタマック 発	名 ①胃 ②腹部	● on a full [an empty] stomach「満腹[空腹]時に」
1172	**stomachache** [stʌ́məkèik] スタマックエイク	名 胃痛，腹痛	● have a stomachache「胃が痛い，腹痛がする」
1173	**headache** [hédèik] ヘッドエイク	名 頭痛	● have a headache「頭が痛い，頭痛がする」
1174	**survey** 3 [sə́ːrvei] サ～ヴェイ ア	名 調査	● do [carry out] a survey「調査を実施する」
1175	**traveler** 4 [trǽvələr] トゥラぁヴェら	名 旅行者	●《英》traveller ● tourist(239)，visitor(731)
1176	**typhoon** [taifúːn] タイふーン ア	名 台風	

Various items were sold at the **charity** event.	さまざまなものがチャリティーイベントで販売されていた。
I shared my **joy** with my family.	私は家族と喜びを分かち合った。
His dream became a **reality**.	彼の夢は現実のものとなった。
Can you give me the **recipe** for this dish?	この料理のレシピを教えてもらえますか。
He often sleeps on the **sofa**.	彼はよくソファで眠る。
I went to a convenience store to buy **stamps**.	私はコンビニへ切手を買いに行った。
My father has a weak **stomach** and doesn't eat much.	父は胃が弱くて食も細い。
Take these tablets when you have a **stomachache**.	胃痛がするときはこの錠剤を飲んでください。
I've had a **headache** since this morning.	私は今朝から頭痛がする。
The results of the **survey** were reported to the company.	調査結果はその会社に報告された。
Such an experience may be interesting to foreign **travelers**.	そのような体験は外国人旅行者にはおもしろいかもしれない。
A large **typhoon** hit the island.	大型の台風がその島を襲った。

1177	**drone** [dróun] ドゥロウン	名 ドローン	• fly a drone「ドローンを飛ばす」
1178	**shower** 4 [ʃáuər] シャウア	名 ①シャワー ②にわか雨	• take a shower「シャワーを浴びる」
1179	**diary** 4 [dáiəri] ダイアリ	名 日記帳，日記	• keep a diary「日記をつける」
1180	**album** 5 [ǽlbəm] あるバム	名 アルバム	• 写真を収めるものと，楽曲を集めたもののいずれもさす。
1181	**display** 3 [displéi] ディスプれイ	名 ①展示(品) ②(コンピューターなどの)ディスプレイ 動 を展示する	• fireworks display「花火大会」
1182	**battery** [bǽtəri] バぁテリ	名 電池，バッテリー	• dead [low] battery「切れている[残量の少ない]電池」
1183	**doll** 5 [dɑ́l] ダる	名 人形	
1184	**curtain** [kə́:rtn] カ～トゥン	名 ①カーテン ②(劇場の)幕	• open [close] the curtain(s)「カーテンを開ける[閉める]」
1185	**handkerchief** [hǽŋkərtʃif] ハぁンカチふ 発	名 ハンカチ	• fold a handkerchief「ハンカチをたたむ」
1186	**stationery** [stéiʃənèri] スティショネリ	名 文房具	• 不可算名詞。
1187	**announcement** [ənáunsmənt] アナウンスメント	名 発表，知らせ，アナウンス	動 announce「を発表する」(1893)
1188	**relay** [rí:lei] リーれイ ア	名 リレー競技	• in the relay「リレーで」

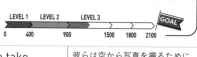

They used a **drone** to take pictures from the sky.	彼らは空から写真を撮るためにドローンを使った。
I took a **shower** after the game.	私は試合のあとにシャワーを浴びた。
She began to keep a **diary** in English.	彼女は英語で日記をつけ始めた。
My mother showed me her old photo **albums**.	母は彼女の昔のフォトアルバムを見せてくれた。
There is a **display** case which is full of medals in our school.	私たちの学校にはメダルでいっぱいの展示ケースがある。
The **battery** in my smartphone seems to be dead.	私のスマホのバッテリーは切れているようだ。
She bought a Japanese **doll** as a souvenir.	彼女はおみやげに日本人形を買った。
Shall I open the **curtains**?	カーテンを開けましょうか。
She took a **handkerchief** out from her bag.	彼女はバッグからハンカチを取り出した。
Some of my classmates collect cute **stationery**.	クラスメートの何人かはかわいい文房具を集めている。
He couldn't understand the **announcements** on the train.	彼は電車内でのアナウンスがわからなかった。
I was chosen as a member of the **relay** team.	私はリレーチームのメンバーに選ばれた。

1189	**blossom** 3 [blásəm] ブらサム	名 (果樹の)花	● cherry blossom(s)「桜の花」 ● flower(131)
1190	**fiction** [fíkʃn] ふィクシャン	名 ①作り話 ②フィクション，小説	● 不可算名詞。 ● science fiction「空想科学小説(SF)」
1191	**effect** 3 [ifékt] イふェクト	名 ①効果，影響 ②結果	● have an effect on ～「～に効果[影響]がある」 ● cause and effect「原因と結果」
1192	**invention** 3 [invénʃn] インヴェンシャン	名 発明(品)	動 invent(698)
1193	**oil** 3 [ɔ́il] オイる	名 ①石油 ②(食用)油	● salad oil「サラダ油」
1194	**material** 3 [mətíriəl] マティリアる	名 物質，材料，素材	
1195	**sugar** 4 [ʃúgər] シュガ	名 砂糖	● take sugar「(飲み物に)砂糖を入れる」
1196	**straw** [strɔ́:] ストゥロー	名 ①ストロー ②麦わら	● drink ～ through a straw「ストローで～を飲む」
1197	**addition** 2 [ədíʃn] アディシャン	名 追加	● in addition (to ～)「(～に)加えて」 動 add(969)
1198	**pair** 3 [péər] ペア	名 ①1対，1組 ②2人1組	● a pair of ～「1対の～」 ● in pairs「2人1組で」
1199	**poem** [póuəm] ポウエム	名 詩	
1200	**quality** [kwáləti] クワりティ	名 ①質，品質 ②(人の)資質	● high [good] quality「高い[よい]品質」 ● quantity「量」(1992)

Many people come to see the cherry **blossoms** in this park.	多くの人がこの公園の桜の花を見に来る。
His story is **fiction**; not real.	彼の話は作り話です，現実ではありません。
Drinking too much coffee will have a bad **effect** on your stomach.	コーヒーの飲みすぎは胃に悪い影響がありますよ。
The computer is a wonderful **invention**.	コンピューターはすばらしい発明品だ。
Oil is produced in Japan, but very little.	石油は日本で産出されるが，とても少ない。
The products displayed here are made from natural **materials**.	ここに展示されている製品は天然素材で作られている。
Do you take **sugar** in your tea?	紅茶に砂糖を入れますか。
This cafeteria has stopped using plastic **straws**.	このカフェテリアはプラスチック製ストローを使うのをやめた。
Prices are low at that store. In **addition**, the service is excellent.	その店は価格が安い。加えて，サービスがすばらしい。
I bought two **pairs** of shoes.	私は靴を２足買った。
Haiku is a kind of short Japanese **poem**.	俳句は一種の日本の短い詩のことだ。
They improved the **quality** of the materials in their products.	彼らは自分たちの製品に使用する素材の品質を向上させた。

1201	**weight** 3 [wéit] ウェイト 発	名 ①重さ，体重 ②重いもの	● by weight「重さで，量り売りで」
1202	**success** 3 [səksés] サクセス ア	名 成功	● a great [big] success「大成功」 動 succeed「成功する」(1398)
1203	**surprise** 3 [sərpráiz] サプライズ	名 ①驚き ②驚くべきこと 動 を驚かす	● in [with] surprise「驚いて」 形 surprised (351)
1204	**attitude** [ǽtitjù:d] あティテュード	名 態度	● attitude to [toward] ～「～に対する態度」
1205	**bacteria** [bæktíriə] バぁクティリア ア	名 バクテリア，細菌	● bacterium の複数形。
1206	**insect** 3 [ínsekt] インセクト ア	名 昆虫	
1207	**garage** [gərá:ʒ] ガラージ 発	名 車庫，ガレージ	
1208	**meter** 5 [mí:tər] ミータ 発	名 メートル	●《英》metre ● kilometer (1092)
1209	**section** [sékʃn] セクシャン	名 部分，区域，部門	● fruit section「果物売り場」
1210	**address** 3 [ədrés] あドゥレス	名 住所，アドレス	
1211	**airplane** 4 [éərplèin] エアプれイン	名 飛行機	● by airplane「飛行機で」 = plane (1019)
1212	**architect** [á:rkitèkt] アーキテクト	名 建築家	● architecture [á:rkitèktʃər]「建築」

The roof could not hold the **weight** of the snow.	屋根は雪の重さに耐えられなかった。
What was the key to your **success**?	あなたの成功のかぎは何でしたか。
The results of the experiment were a big **surprise**.	その実験結果は大きな驚きだった。
He changed his **attitude** toward his teacher.	彼は先生に対する態度を改めた。
These foods must be heated to kill **bacteria**.	これらの食品は細菌を殺すのに加熱しなければいけない。
That boy is trying to catch **insects**.	あの少年は昆虫を捕まえようとしている。
My father was cleaning the car in the **garage**.	父は車庫で車を掃除していた。
That building is 300 **meters** high.	そのビルは高さ 300 メートルだ。
The stationery **section** is on the fifth floor.	文房具売り場は 5 階にある。
Could you give me your e-mail **address**?	あなたのメールアドレスを教えていただけますか。
The family will travel from Hakata to Tokyo by **airplane**.	その一家は博多から東京へと飛行機で旅行する。
Those churches were designed by a famous **architect**.	それらの教会は有名な建築家によって設計された。

No.	単語	意味	補足
1213	**border** [bɔ́ːrdər] ボーダ	名 国境，境界	● border between ～「～の間の境界［国境］」
1214	**bottom** (3) [bɑ́təm] バタム	名 底，最下部	● at the bottom of ～「～のいちばん下に［で］」 ⇔ top(1099)
1215	**cent** [sént] セント	名 セント	● アメリカなどの通貨単位。100 cents ＝ 1 dollar(426)
1216	**complete** (2) [kəmplíːt] コンプリート	動 ①を完成させる，仕上げる ②に記入する	
1217	**judge** [dʒʌ́dʒ] ヂャッヂ	動 を判断する，審査する 名 審査員，審判	
1218	**exchange** (3) [ikstʃéindʒ] イクスチェインヂ	動 ①を交換する ②を両替する 名 ①交換 ②交流	● exchange ～ with ...「～を…と交換する」 ● exchange student「交換留学生」
1219	**bloom** [blúːm] ブるーム	動 (花が)咲く，開花する 名 開花	● in full bloom「満開で」
1220	**hide** (3) [háid] ハイド	動 を隠す，隠れる 変 hid ― hidden	● hide *oneself*「隠れる，身を隠す」
1221	**affect** (3) [əfékt] アふェクト	動 に影響を与える	● 名 effect(1191)との使い分けに注意。
1222	**promise** (3) [prɑ́mis] プラミス	動 (を)約束する 名 約束	● promise to ～「～することを約束する」 ● keep *one*'s [a] promise「約束を守る」
1223	**search** (準2) [sə́ːrtʃ] サ～チ	動 ①(場所など)をさがす，調べる ②(ものなどを)さがす 名 ①検索 ②捜索	● search for ～「～をさがす，調べる」
1224	**disappear** (3) [dìsəpíər] ディスアピア	動 姿を消す，見えなくなる，消える	⇔ appear(779)

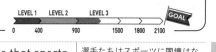

The athletes believe that sports have no **borders**.	選手たちはスポーツに国境はないと信じている。
I'll wait for you at the **bottom** of those stairs.	あの階段のいちばん下で待っていますね。
The store sold ice cream for 75 **cents**.	その店ではアイスクリームが75セントで売られていた。
Choose the best phrase to **complete** each sentence.	各文を完成させるのに最も適したフレーズを選びなさい。
You should not **judge** a book before you read it.	読む前に本を判断しないほうがいいよ。
We **exchanged** ideas with many students on the Internet.	私たちはインターネットで多くの学生たちと意見を交換した。
The cherry blossoms have already begun to **bloom**.	早くも桜が咲き始めた。
I **hid** the letter in my closet.	私はその手紙を押し入れに隠した。
The disease spread around the world and **affected** our lives.	その病気は世界中に広まり，私たちの生活に影響を与えた。
She **promised** to complete the work by noon tomorrow.	彼女は明日の正午までにその仕事を完了させると約束した。
I **searched** the Internet and found the information.	私はインターネットを検索して，その情報を見つけた。
I wonder why he suddenly **disappeared** yesterday.	なぜ彼は昨日突然いなくなったのだろう。

1225	**cost** 3 [kɔ́:st] コースト 発	動 (費用)がかかる 名 値段，費用 変 cost ― cost	● cost ～ ...「～に…(金額・費用)がかかる」 ● it costs ... to ～「～するのに…かかる」
1226	**lend** 3 [lénd] れンド	動 を貸す 変 lent ― lent	● lend ～ ... ≒ lend ... to ～「～に…を貸す」 ⇔ borrow(959)
1227	**remove** 3 [rimú:v] リムーヴ	動 を取り除く	● remove ～ from ...「～を…から取り除く」
1228	**bury** [béri] べリ 発 同 berry	動 を埋める，埋葬する	
1229	**include** 3 [inklú:d] インクるード	動 を含める，含む	前 including「～を含めて」(1497)
1230	**trust** 3 [trʌ́st] トゥラスト	動 を信頼する 名 信頼	
1231	**Olympic** 3 [əlímpik] オリンピック	形 オリンピックの 名 (the ～s で)オリンピック大会	● the Tokyo Olympics「東京オリンピック(大会)」 ● Paralympics [pærəlímpiks]「パラリンピック」
1232	**pop** 3 [pɑ́:p] パップ	形 ①大衆向けの ②ポピュラー音楽の	● pop culture「大衆文化」
1233	**confusing** [kənfjú:ziŋ] コンふューズィング	形 混乱させる(ような)	● confusing to [for] ～「～にとってまぎらわしい」 ● confused「混乱して」(1476)
1234	**raw** [rɔ́:] ロー	形 生の，加工されていない	● raw material「原料」
1235	**renewable** [rinjú:əbl] リニューアブる	形 再生可能な	
1236	**sticky** [stíki] スティキ	形 べとべとする	● sticky rice「もち米」 ● sticky note「ふせん」

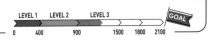

The service **costs** 980 yen a month.	そのサービスは月額 980 円かかる。
Shall I **lend** you a handkerchief?	ハンカチをお貸ししましょうか。
She **removed** all the posters from the wall.	彼女は壁からすべてのポスターをはがした。
A large amount of garbage that can't be burned is **buried** here.	大量の燃やせないごみがここに埋められている。
Delivery cost is **included** in the price.	配送費用は価格に含まれています。
Everyone **trusts** him.	だれもが彼を信頼している。
The **Olympic** Games have been held four times in Japan.	オリンピック大会は日本で 4 回開催された。
My host family is very interested in Japanese **pop** culture.	私のホストファミリーは日本の大衆文化にとても興味がある。
This map is **confusing** to me.	この地図は私にはわかりにくい。
They have never eaten **raw** fish before.	彼らはこれまで生魚を食べたことがない。
Renewable energy includes wind and water power.	再生可能エネルギーには風力と水力が含まれる。
The kitchen floor is a little **sticky**.	台所の床が少しべとべとしている。

1237	**exact** [igzǽkt] イグザぁクト	形 正確な	副 exactly(877)
1238	**industrial** [indʌ́striəl] インダストゥリアる	形 産業の，工業の	名 industry「産業」(2062)
1239	**medical** 3 [médikl] メディクる	形 医学の，医療の	• medical care「医療」 名 medicine(1032)
1240	**pretty** 5 [príti] プリティ	形 ①かわいい ②すてきな，きれいな 副 かなり	• pretty name「すてきな名前」 • pretty good「かなりよい」
1241	**home** 5 [hóum] ホウム	副 家に[へ] 名 ①家，家庭 ②故郷	• go home「帰宅する」 • stay home「家にいる」 • at home「在宅して」
1242	**easily** 4 [íːzili] イーズィり	副 簡単に，たやすく 変 more ～ ― most ～	形 easy(342)
1243	**yet** 4 [jét] イェット	副 ①(否定文で)まだ ②(疑問文で)もう	• already(801)
1244	**once** 4 [wʌ́ns] ワンス	副 ①1度 ②かつて	• once again「もう1度」 • at once「すぐに」
1245	**especially** 4 [ispéʃəli] イスペシャり	副 特に，とりわけ	• ふつうは強調する語(句)の前に置く。
1246	**anywhere** 3 [énihwèər] エニ(ホ)ウェア	副 ①(肯定文で)どこ(に)でも ②(否定文で)どこにも ③(疑問文で)どこかへ[に]	• somewhere「どこかへ」(1771)
1247	**everywhere** 3 [évrihwèər] エヴリ(ホ)ウェア	副 いたるところに[で]，どこでも	
1248	**image** 3 [ímidʒ] イメッヂ	名 ①イメージ，印象 ②画像	

I don't know the **exact** distance, but it's about three kilometers.	正確な距離はわからないけど，3キロぐらいです。
The city has developed as a major **industrial** area in the country.	その都市は国内の主要な工業地帯として発展してきた。
She decided to go to **medical** college.	彼女は医科大学に進むことにした。
His sister has a very **pretty** face.	彼の妹さんはとてもかわいらしい顔をしている。
I'll stay **home** all day tomorrow.	私は明日は1日中家にいることにします。
I can't remember all these words **easily**.	私はこれらすべての単語を簡単には覚えられない。
One of our members has not arrived **yet**.	メンバーの1人がまだ到着していない。
A charity concert is held **once** a year.	チャリティーコンサートが年に1度開かれる。
She loves Japanese culture, **especially** pop music.	彼女は日本の文化，特にポップミュージックが大好きだ。
He says he can sleep easily **anywhere**.	彼はどこでもすぐに眠れると言っている。
Traffic accidents happen **everywhere**.	交通事故はいたるところで起こる。
The company is trying to improve its **image**.	その企業は自社のイメージをよくしようと努めている。

1249	**creature** [krí:tʃər] クリーチャ 発	名 生き物	● 植物以外の生き物をさす。想像上のものも含む。
1250	**smoke** 3 [smóuk] スモウク	名 煙 動 たばこを吸う	
1251	**gas** 3 [gǽs] ギぁス	名 ①気体，ガス ②ガソリン	● natural gas「天然ガス」
1252	**competition** 3 [kàmpitíʃn] カンペティシャン	名 ①競技会，コンクール ②競争	● win [lose] a competition「競技会で勝つ[負ける]」
1253	**cotton** [kɑ́tn] カトゥン	名 綿	● grow cotton「綿を栽培する」
1254	**dinosaur** 3 [dáinəsɔ̀:r] ダイナソーア	名 恐竜	
1255	**habitat** [hǽbitæ̀t] ハぁビタぁット	名 生息地，自生地	● natural habitat「自然生息地」
1256	**discussion** 3 [diskʌ́ʃn] ディスカシャン	名 話し合い，討論	● have a discussion「話し合う，議論する」 動 discuss(1136)
1257	**explanation** 準2 [èiksplənéiʃn] エクスプらネイシャン	名 説明	● give (～) an explanation「(～に)説明をする」 動 explain(468)
1258	**journalist** [dʒə́:rnəlist] ヂャ～ナリスト	名 ジャーナリスト	
1259	**data** 2 [déitə] デイタ	名 データ，資料	● datum の複数形。ふつう data の形を使う。 ● data on ～「～に関するデータ」
1260	**forecast** [fɔ́:rkæ̀st] ふォーキぁスト	名 予想，予測	● weather forecast for ～「～の天気予報」

The book is full of strange **creatures** of the deep sea.	その本には深海の不思議な生き物が満載だ。
I saw **smoke** from the fire in the distance.	遠くに火事の煙が見えた。
Do you smell **gas**?	ガスのにおいがしませんか。
He is practicing for the international piano **competition**.	彼は国際ピアノコンクールに向けて練習中だ。
I have several 100% **cotton** T-shirts.	私は綿100%のTシャツを何枚か持っている。
Some **dinosaurs** ate plants, others ate meat.	植物を食べる恐竜もいれば，肉を食べるのもいた。
Preserving forests can also protect birds' natural **habitat**.	森林の保全は鳥の自然生息地を保護することにもなる。
The teacher had a **discussion** with the students about the school rules.	教師は生徒たちと校則について討論をした。
The doctor gave the family an **explanation** of the operation.	医師は家族に手術の説明をした。
He has a long career as a **journalist**.	彼はジャーナリストとして長い経歴がある。
They need to collect new **data** on environmental pollution.	彼らは環境汚染に関する新しいデータを収集する必要がある。
The weather **forecast** for tomorrow is rainy.	明日の天気予報は雨だ。

1261	**jogging** [dʒɑ́:giŋ] ヂャギング	名 ジョギング	● jogging shoes「ジョギングシューズ」 動 jog(470)
1262	**joke** [dʒóuk] ヂョウク	名 冗談，ジョーク 動 冗談を言う	● tell a joke「冗談を言う」 ● You're joking!「冗談でしょう！」
1263	**kindergarten** [kíndərgɑ̀:rtn] キンダガートゥン	名 幼稚園	● enter kindergarten「幼稚園に入園する」
1264	**happiness** 3 [hǽpinəs] ハぁピネス	名 幸福，満足	● bring happiness to ～「～に幸せをもたらす」 形 happy(275)
1265	**lack** [lǽk] らぁック	名 欠乏，不足	● lack of ～「～の不足」
1266	**liter** [lí:tər] リータ 発	名 リットル	●《英》litre ● ... liter(s) of ～「…リットルの～」
1267	**passport** [pǽspɔ̀:rt] パぁスポート	名 パスポート	● Japanese passport「日本のパスポート」
1268	**path** [pǽθ] パぁす	名 ①道，小道 ②進路	● ①踏み固められた道や歩行用の道などをさす。 ● follow a path「道をたどる」
1269	**port** [pɔ́:rt] ポート	名 港，港町	● leave [come into] port「出港[入港]する」
1270	**reader** [rí:dər] リーダ	名 読者	● read(95)
1271	**soil** [sɔ́il] ソイる	名 土，土壌	● 植物の生育という観点での土をさす。 ● rich [poor] soil「豊かな[やせた]土壌」
1272	**teamwork** [tí:mwə̀:rk] ティームワ～ク	名 チームワーク	

Swimming and **jogging** are the keys to my father's health.	水泳とジョギングは父の健康の秘けつだ。
He often tells us **jokes**.	彼はよく私たちに冗談を言う。
My sister goes to **kindergarten**.	妹は幼稚園に通っている。
I don't think money brings **happiness** to people.	私はお金が人々に幸せをもたらすとは思いません。
He was worried about his **lack** of experience.	彼は自分の経験不足を心配していた。
She drinks over two **liters** of water a day.	彼女は1日に2リットル以上の水を飲んでいる。
Show me your **passport**, please.	パスポートを見せてください。
We slowly followed the **path** to the top of the mountain.	私たちはゆっくりと山頂への道をたどった。
A large ship will soon leave Kobe **Port**.	大型船がまもなく神戸港を出港する。
Writers often want to share their ideas with **readers** through their works.	作家は作品を通して自分の考えを読者と共有したいと思うことがよくある。
The **soil** around here is good for growing grapes.	このあたりの土壌はブドウの栽培に適している。
Good **teamwork** is necessary for us now.	今の私たちにはよいチームワークが必要だ。

1273	**score** 3 [skɔ́ːr] スコーア	名 得点，点数，スコア	• get a high [good] score on ～「～でよい点数をとる」
1274	**victory** [víktəri] ヴィクトゥリ	名 勝利	• win a victory「勝利を収める」
1275	**responsibility** [rispɑ̀nsəbíləti] リスパンスィビリティ	名 責任	• have responsibility (for ～)「(～に)責任がある」
1276	**wallet** 3 [wɑ́lit] ワれット	名 札入れ，財布	• in *one*'s wallet「財布に」
1277	**workplace** [wə́ːrkplèis] ワ～クプれイス	名 仕事場	• in the workplace「職場で(の)」
1278	**achievement** [ətʃíːvmənt] アチーヴメント	名 ①業績，偉業 ②達成	動 achieve「を達成する」(1464)
1279	**cooperation** [kouɑ̀pəréiʃn] コウアパレイシャン	名 協力，共同	• cooperation between ～「～間の協力」
1280	**council** 2 [káunsl] カウンスる	名 協議会	• student council (president)「生徒会(長)」
1281	**discount** [dískaunt] ディスカウント	名 割引	• get [receive] a discount「割引を受ける」 • give (～) a discount「(～に)割引をする」
1282	**herb** [hə́ːrb] ハ～ブ	名 ハーブ，香草，薬草	
1283	**fuel** 3 [fjúːəl] ふューエる	名 燃料	• fossil fuel「化石燃料」
1284	**growth** [gróuθ] グロウす	名 ①成長 ②増加	動 grow(183)

I want to get a good **score** on my next test.	私は次のテストではよい点数をとりたい。
The team won a big **victory** in the first game.	そのチームは初戦で大勝利を収めた。
Pet owners need to have **responsibility** for their pets.	ペットの飼い主は自分のペットに責任を持つ必要がある。
He had only five dollars in his **wallet**.	彼は財布に5ドルしか持っていなかった。
We had **workplace** experience for two days at a kindergarten.	私たちは幼稚園で2日間の職場体験をした。
She was given a medal for her great **achievement**.	彼女はそのすばらしい業績に対してメダルを授与された。
Cooperation between schools and families is important.	学校と家庭との間の協力は重要である。
She is going to become a member of the student **council**.	彼女は生徒会の委員になるつもりだ。
You get a 5% **discount** if you buy two.	2つ買えば5パーセントの割引がありますよ。
Insects don't like the smell of these **herbs**.	虫はこれらのハーブのにおいを好まない。
Fossil **fuels** include oil, natural gas and coal.	化石燃料には石油，天然ガス，石炭が含まれる。
A happy home environment is necessary for children's healthy **growth**.	子どもの健やかな成長には，幸せな家庭環境が必要だ。

1285	**habit** 3 [hǽbit] ハぁビット	名 (個人の)習慣，くせ，習性	● have a habit of ～ing「～する習慣[くせ]がある」 ● custom(551)
1286	**extinction** [ikstíŋkʃn] イクスティンクション	名 絶滅	● in danger of extinction「絶滅の危機にあって」
1287	**horizon** [həráizn] ホライズン	名 〈the+〉地平線，水平線	● horizons で「視野，範囲」の意味もある。
1288	**hunger** [hʌ́ŋgər] ハンガ	名 飢え，空腹	● die of [from] hunger「餓死する」 形 hungry(270)
1289	**master** 3 [mǽstər] マぁスタ	名 ①名人，師匠 ②主人 動 を習得する	
1290	**hunting** 3 [hʌ́ntiŋ] ハンティング	名 狩り，狩猟	● deer hunting「シカ狩り」 動 hunt「を狩る」(1314)
1291	**identity** [aidéntəti] アイデンティティ	名 ①アイデンティティ，独自性，個性 ②身元	● cultural [social] identity「文化的[社会的]アイデンティティ」
1292	**kilogram** [kíləgræ̀m] キろグラぁム	名 キログラム	● by the kilogram「キロ単位で」
1293	**impression** [impréʃn] インプレシャン	名 印象，感銘	● make an impression (on ～)「(～に)感銘を与える」
1294	**kindness** [káindnəs] カインドネス	名 親切(心)	● kindness to ～「～への親切(心)」 形 kind(274)
1295	**link** [líŋk] リンク	名 つながり，関連(性)，接続 動 をつなぐ	● link between ～「～間のつながり[関連]」
1296	**method** [méθəd] メそッド	名 方法	● a method of ～ing「～する方法」(日常的には a way of ～ing を使用)

She has a **habit** of comparing herself with others.	彼女は自分を他人と比較するというくせがある。
Many plants and animals are in danger of **extinction**.	多くの動植物が絶滅の危機にある。
The sun rose slowly over the **horizon**.	太陽がゆっくりと水平線から昇ってきた。
Ending **hunger** by 2030 is one of the global goals.	2030 年までに飢餓を終わらせることは世界的な目標の 1 つだ。
Our homeroom teacher is a **master** of judo.	私たちの担任の先生は柔道の達人だ。
Some kinds of dogs are very useful for **hunting**.	ある種のイヌは狩猟にとても役に立つ。
He lost his **identity** as a writer.	彼は作家としてのアイデンティティを失ってしまった。
My family buys ten **kilograms** of rice every month.	わが家は毎月米を 10 キロ買う。
My first **impression** of him was that he was shy but cheerful.	彼の第一印象は，彼は内気だけど元気がよいということだった。
We will never forget your **kindness** to us.	私たちへのご親切を決して忘れません。
There may be a **link** between the two accidents.	その 2 つの事故の間には関連性があるかもしれない。
They developed a new **method** of preserving food.	彼らは食品を保存する新しい方法を開発した。

1297	**chip** [tʃíp] チップ	名 (複数形で)ポテトチップス	●《英》では「フライドポテト」(1100)のこと。
1298	**jam** [dʒǽm] ヂぁム	名 ①ジャム ②混雑，渋滞	● strawberry jam「イチゴジャム」 ● traffic jam「交通渋滞」
1299	**flavor** [fléivər] ふれイヴァ	名 風味，味	●《英》flavour
1300	**flour** [fláuər] ふらウア 同 flower	名 小麦粉	
1301	**container** [kəntéinər] コンテイナ ア	名 容器	動 contain「を含む」(1961)
1302	**chopstick** [tʃápstik] チャプスティック	名 はし	● ふつう複数形で使う。 ● a pair of chopsticks「はし1ぜん」
1303	**coast** [kóust] コウスト	名 海岸，沿岸	● on the coast (of ～)「(～の)沿岸[海岸]に」
1304	**labor** [léibər] れイバ	名 労働(力)	●《英》labour
1305	**jeans** [dʒíːnz] ヂーンズ	名 (複数形で)ジーンズ	● a pair of jeans「ジーンズ1着」
1306	**military** [mílitèri] ミりテリ	名 〈the +〉軍隊 形 軍の	● military power「軍事力」
1307	**break** [bréik] ブレイク 4	動 ①を壊す，壊れる ②(約束など)を破る 名 休憩 変 broke — broken	● break *one*'s leg「脚を骨折する」 ● break *one*'s word「約束を破る」 形 broken「壊れた」
1308	**reuse** [rìːjúːz] リーユーズ 3	動 を再利用する	● reusable [riːjúːzəbl]「再使用[再利用]できる」

I bought a bag of **chips** at a convenience store.	私はコンビニでポテトチップスを１袋買った。
She made a lot of **jam** with fresh strawberries.	彼女は新鮮なイチゴでたくさんのジャムを作った。
The **flavor** of herbs quickly spread in my mouth.	口の中にハーブの風味がすぐに広がった。
Add two cups of **flour** to it.	そこにカップ２杯の小麦粉を加えてください。
Various foods were sold in small plastic **containers** at the festival.	祭りではいろいろな食べ物が小さいプラスチック容器に入って売られていた。
She uses her own **chopsticks** in every restaurant.	彼女はどのレストランでも自分のはしを使う。
We stayed at a hotel on the east **coast** of that island.	私たちはその島の東海岸にあるホテルに宿泊した。
The factory used children as **labor**.	その工場では子どもを労働力として使っていた。
He always wears **jeans** and a T-shirt.	彼はいつもジーンズとＴシャツを着ている。
He has a 20-year career in the **military**.	彼は軍隊で 20 年のキャリアがある。
I dropped my glass and **broke** it.	私はグラスを落として，それを割ってしまった。
This container can be **reused** many times.	この容器は何度も再利用できる。

1309	**suffer** 3 [sʌ́fər] サふァ	動 ①苦しむ ②(苦痛など)を受ける	• suffer from ～「～に苦しむ，(病気)をわずらう」
1310	**hurry** 4 [hə́:ri] ハ～リ	動 急ぐ 名 急ぐこと	• hurry up「急ぐ」 • in a hurry「急いで」
1311	**print** 3 [prínt] プリント	動 (を)印刷する 名 印刷	• print out ～「～をプリントアウトする」
1312	**survive** 3 [sərváiv] サヴァイヴ	動 生き残る，を生き延びる	名 survival「生き残ること」(2051)
1313	**discover** 3 [diskʌ́vər] ディスカヴァ	動 を発見する，に気づく	名 discovery「発見」(1527)
1314	**hunt** 3 [hʌ́nt] ハント	動 を狩る，狩りをする 名 狩り	• hunt ～ for ...「～を…のために狩る」
1315	**provide** 準2 [prəváid] プロヴァイド	動 を提供する	• provide ～ for ... = provide ... with ～「～を…(人など)に提供する」
1316	**recover** [rikʌ́vər] リカヴァ	動 回復する	• recover from ～「～から回復する」
1317	**remind** [rimáind] リマインド	動 に思い出させる	• remind ～ of ...「～に…を思い出させる」
1318	**apply** 準2 [əplái] アプらイ	動 ①申し込む ②当てはまる	• apply for ～「～(仕事など)に応募する」 • apply to ～「～(組織など)に申し込む，～に当てはまる」
1319	**decorate** [dékərèit] デコレイト ア	動 を飾る	• decorate ～ with ...「～を…で飾る」
1320	**record** 4 [動 rikɔ́:rd / 名 rékərd] リコード / レカド ア	動 ①を記録する ②を録音[録画]する 名 記録	• keep a record (of ～)「(～の)記録をする」

Many children in the world are **suffering** from hunger.	世界では多くの子どもたちが飢えに苦しんでいる。
Let's **hurry** or we'll miss the bus.	急ぎましょう，さもないと私たちはバスに乗り遅れてしまう。
I **printed** the leaflets from the website.	私はウェブサイトからちらしを印刷した。
All passengers on the plane **survived**.	飛行機の乗客は全員生き残った。
They **discovered** several planets similar to Earth.	彼らは地球に似た惑星をいくつか発見した。
They **hunt** foxes in autumn.	彼らは秋にキツネを狩る。
The store **provided** new uniforms for its staff.	その店はスタッフに新しい制服を提供した。
Five years later, she **recovered** from cancer.	5年後，彼女はがんから回復した。
This picture **reminds** me of my hometown.	この写真は私に故郷を思い出させてくれる。
I'm going to **apply** to three universities.	私は3つの大学に出願するつもりだ。
The table was **decorated** with flowers and candles.	テーブルは花やろうそくで飾られていた。
She **records** the results of her tests in her diary.	彼女は試験の結果を日記に記録している。

1321	**rank** [rǽŋk] ラぁンク	動 を位置[等級]づける 名 地位，ランク	● rank ～ second「～を第2位に位置づける」
1322	**roll** 3 [róul] ロウる 同 role	動 ①転がる，を転がす ②を巻く 名 巻いたもの	
1323	**personal** 3 [pə́ːrsənl] パ～ソヌる	形 個人の，個人的な	● personal computer「パソコン」
1324	**electric** 3 [iléktrik] イれクトゥリック	形 電気の	● electric power「電力」 名 electricity(1015)
1325	**effective** [iféktiv] イふェクティヴ	形 効果的な 変 more ～ — most ～	名 effect(1191)
1326	**polite** 3 [pəláit] ポらイト	形 ていねいな，礼儀正しい	● polite to ～「～に礼儀正しい」 ● 比較変化は more，most をつける形もある。
1327	**comfortable** 3 [kʌ́mfərtəbl] カンふァタブる	形 快適な，気持ちのいい 変 more ～ — most ～	● feel comfortable「気持ちよく感じる」
1328	**narrow** [nǽrou] ナぁロウ	形 狭い	⇔ wide(846)
1329	**official** 3 [əfíʃl] オふィシャる	形 公式の	● official language「公用語」
1330	**valuable** [vǽljuəbl] ヴぁりュアブる	形 貴重な 変 more ～ — most ～	● valuable to [for] ～「～にとって貴重な」
1331	**alive** 3 [əláiv] アらイヴ	形 生きて(いる)	● *be* alive などの形で使う。living(980)は〈living＋名詞〉の形。
1332	**least** 4 [líːst] リースト	形 最も少ない 名 最少(のもの)	● little(704)の最上級。 ● at least「少なくとも」

She is **ranked** second in the world now.	彼女は今世界第2位だ。
He **rolled** the ball to his child.	彼は子どもにボールを転がした。
This is my **personal** problem, so don't worry about it.	これは私の個人的な問題なので，気にしないでください。
Electric cars are becoming popular around the world.	電気自動車は世界中で普及が進みつつある。
What is the most **effective** way to lose weight?	減量する最も効果的な方法とは何ですか。
He was very kind and **polite** to the guests.	彼はお客にとても親切で礼儀正しかった。
I feel **comfortable** when I listen to the sound of the waves.	私は波の音を聞いていると心地よく感じる。
The mountain path was very **narrow**.	山道はとても狭かった。
English and French are the **official** languages in Canada.	英語とフランス語はカナダの公用語だ。
That information was very **valuable** to them.	その情報は彼らにとってとても貴重だった。
The fish my father caught are still **alive**.	父が釣ってきた魚はまだ生きている。
He finished his usual work in the **least** amount of time.	彼はいつもの仕事を最も短い時間で終わらせた。

1333 ☐ **someday** 4 [sʌ́mdèi] サムデイ	副 (未来の)いつか	● one day「(未来または過去の)ある日」
1334 ☐ **anymore** 3 [ènimɔ́:r] エニモーア	副 (否定文で)もはや，これ以上	● any more と2語でつづることもある。
1335 ☐ **forward** 3 [fɔ́:rwərd] ふォーワド	副 前方へ	● look forward to 〜「〜を楽しみに待つ」
1336 ☐ **certainly** 4 [sə́:rtnli] サ〜トゥンり	副 ①確かに，きっと ②(返事で)もちろん	形 certain「確かな」(1725)
1337 ☐ **forever** 4 [fərévər] ふォエヴァ	副 永久に，ずっと	
1338 ☐ **recently** 3 [rí:sntli] リースントリ	副 最近	● ふつう現在完了か過去の文で使う。
1339 ☐ **resource** 3 [rí:sɔ:rs] リーソース	名 (複数形で)資源	● natural resources「天然資源」
1340 ☐ **reservation** [rèzərvéiʃn] レザヴェイシャン	名 予約	● make a reservation「予約する」 動 reserve「を予約する」(1901)
1341 ☐ **sunlight** 3 [sʌ́nlàit] サンらイト ア	名 日光	● in the sunlight「日の当たるところで」
1342 ☐ **network** [nétwə̀:rk] ネットワーク	名 ネットワーク，網状のもの	● communication network「通信網」
1343 ☐ **spirit** 準2 [spírit] スピリット	名 ①精神 ②(複数形で)気分 ③霊	● body and spirit「肉体と精神」 ● *be* in high spirits「気分がいい」
1344 ☐ **playground** [pléigràund] プれイグラウンド	名 運動場，(公園などの)遊び場	● in [on] the playground「運動場[遊び場]で」 ● ground(1012)

I really want to visit your country **someday**.	私はいつかあなたの国をぜひ訪れたいです。
I will not go to such a place **anymore**.	私はもうそんな場所には行かない。
The people in line slowly moved **forward**.	並んでいる人々はゆっくりと前に進んだ。
The popular ice cream **certainly** tasted good.	その人気のアイスクリームは確かにおいしかった。
We can't continue to use oil and natural gas **forever**.	私たちは石油や天然ガスを永久に使い続けることはできない。
I haven't read his blog **recently**.	私は最近彼のブログを読んでいない。
Australia is one of the countries with lots of natural **resources**.	オーストラリアは天然資源の多い国の１つだ。
You need to make a **reservation** before you visit that facility.	その施設に行く前には予約をする必要があります。
She felt better in the **sunlight**.	彼女は日の光を浴びて気分がよくなった。
The **network** of railroads is not yet developed in that city.	その都市では鉄道網がまだ発達していない。
Everyone on that team had a powerful team **spirit**.	そのチームのだれもが強いチーム精神を持っていた。
Children are playing soccer in the **playground**.	子どもたちは運動場でサッカーをしている。

1345 ☑	**region** [rí:dʒən] リーヂョン	名 地域，地方	● in the region「地域に［で］」 ● the Tohoku region「東北地方」
1346 ☑	**model** [mádl] マドゥる	名 ①模型 ②モデル	● plastic model「プラモデル」
1347 ☑	**nutrition** [nju:tríʃn] ニュートゥリシュン	名 栄養	● in nutrition「栄養の点で」
1348 ☑	**blank** [blǽŋk] ブらぁンク	名 空欄，空所 形 空白の	● blank page「空白のページ」
1349 ☑	**pamphlet** [pǽmflit] パぁンふれット	名 パンフレット，小冊子	● leaflet(994)
1350 ☑	**thunder** [θʌ́ndər] サンダ	名 雷，雷鳴	● 雷の音のこと。「稲光」は lightning という。
1351 ☑	**treatment** [trí:tmənt] トゥリートメント	名 治療	● treatment of [for] ～「～の治療」 ● medical treatment「医療」
1352 ☑	**amusement** [əmjú:zmənt] アミューズメント	名 楽しみ，おもしろさ	● 不可算名詞。 ● amusement park「遊園地」
1353 ☑	**attraction** [ətrǽkʃn] アトゥラぁクシャン	名 ①魅力 ②呼び物，アトラクション	● tourist attraction「観光名所」 動 attract(1055)
1354 ☑	**broadcasting** [brɔ́:dkæ̀stiŋ] ブロードキぁスティング	名 放送	● in broadcasting「放送関係の」
1355 ☑	**animation** [æ̀nəméiʃn] あニメイシャン	名 アニメーション，動画	● Japanese animation「日本のアニメーション」
1356 ☑	**balcony** [bǽlkəni] バぁるコニ	名 バルコニー	● 日本語の「ベランダ」は balcony のことが多い。

The **region** is known for its wheat production.	その地方は小麦の生産で知られている。
My hobby is building plastic **models**.	私の趣味はプラモデル作りだ。
Athletes are careful about **nutrition**.	運動選手は栄養に気をつけている。
There were several **blanks** on that list.	そのリストにはいくつか空欄があった。
I checked a **pamphlet** about how to take out garbage.	私はごみの出し方についてのパンフレットを確認した。
I heard **thunder** in the middle of the night.	夜中に雷が聞こえた。
He is receiving **treatment** for cancer.	彼はがんの治療を受けている。
She paints pictures for her own **amusement**.	彼女は自身の楽しみのために絵を描いている。
Japanese food is one of the major **attractions** for foreign travelers.	日本食は外国人旅行者にとって大きな魅力の１つだ。
She wants to find a job in TV **broadcasting**.	彼女はテレビ放送関係の仕事を見つけたいと思っている。
He made his first **animation** film last year.	彼は昨年初めてのアニメーション映画を作った。
I stood on the **balcony** and looked at the night view.	私はバルコニーに立ち，夜景を眺めた。

1357	**bowl** 3 [bóul] ボウる	名 (料理用の)ボウル	
1358	**cushion** [kúʃn] クシャン	名 クッション, 座ぶとん	• sit on a (seat) cushion「座ぶとんに座る」
1359	**button** 3 [bʌ́tn] バトゥン	名 (押し)ボタン	• push a button「ボタンを押す」
1360	**campaign** 3 [kæmpéin] キャンペイン 発	名 (社会的・政治的)運動, キャンペーン	• campaign to ～「～するための運動」
1361	**confidence** [kɑ́nfidəns] カンふィデンス	名 ①自信 ②信頼	• with confidence「自信を持って」 • confidence in ～「～への自信[信頼]」
1362	**dentist** [déntist] デンティスト	名 歯医者, 歯科医	• go to the dentist [dentist's]「歯医者に行く」
1363	**farming** [fɑ́:rmiŋ] ふァーミング	名 農業(経営)	• agriculture「農業」(1371)
1364	**handout** [hǽndàut] ハぁンダウト	名 配布資料, プリント	
1365	**harmony** [hɑ́:rməni] ハーモニ	名 調和	• in harmony with ～「～と調和して」
1366	**photograph** 準2 [fóutəgræ̀f] ふォウトグラぁふ ア	名 写真	• photographer(318)
1367	**pianist** [piǽnist] ピあニスト ア	名 ピアニスト	• piano(36)
1368	**ramp** [rǽmp] ラぁンプ	名 スロープ, 傾斜路	• 建物の入口などにあるスロープをさす。

Put the flour, salt and water in a **bowl**.	ボウルに小麦粉，塩，水を入れてください。
I can't sit on a **cushion** for a long time.	私は座ぶとんに長時間座っていられない。
Could you push the **button** for the fifth floor?	5 階のボタンを押していただけますか。
A global **campaign** to stop the war is spreading.	戦争を止めるための世界的な運動が広がっている。
I recommended that method with **confidence**.	私は自信を持ってその方法を勧めた。
I have to go to the **dentist** this Friday evening.	私は今度の金曜日の夜に歯医者に行かなければならない。
Today is the last day of our **farming** experience.	今日は私たちの農業体験の最終日だ。
Handouts for parents were given to the students.	保護者向けのプリントが生徒に配られた。
The local community lives in **harmony** with their natural environment.	その地域社会の人々は自然環境と調和して暮らしている。
His **photographs** have the power to move people.	彼の写真には人々の心を動かす力がある。
She is an excellent **pianist**.	彼女は実にすばらしいピアニストだ。
This community hall has a **ramp** for wheelchair users.	この公民館には車いす利用者用のスロープが設けられている。

1369 ☑ **scissors** 3 [sízərz] スィザズ	名 はさみ	● 複数扱い。数えるときは a pair of scissors「はさみ1丁」と表す。
1370 ☑ **tank** [tæŋk] タぁンク	名 タンク，水槽	● 「水槽」は water [fish] tank，または aquarium (413) ともいう。
1371 ☑ **agriculture** 2 [ǽgrikʌ̀ltʃər] あグリカるチャ	名 農業	
1372 ☑ **attendant** [əténdənt] アテンダント	名 接客係，案内係，係員	● flight [station] attendant「客室乗務員[駅員]」
1373 ☑ **bookshelf** [búkʃèlf] ブックシェるふ	名 本棚 複 bookshelves	● shelf (524)
1374 ☑ **clay** [kléi] クれイ	名 粘土	● play with clay「粘土遊びをする」
1375 ☑ **conference** [kánfərəns] カンふァレンス	名 会議	● 大規模で公式の会議をおもにさす。 ● meeting (917)
1376 ☑ **tax** [tæks] タぁックス	名 税，税金	● pay taxes「税金を支払う」 ● including tax「税込みで」
1377 ☑ **farewell** [fèərwél] ふェアウェる	名 別れ(の言葉)	● farewell party「送別会」
1378 ☑ **cruise** [krú:z] クルーズ	名 巡航，クルーズ	● cruise ship「クルーズ客船」
1379 ☑ **cuisine** [kwizí:n] キュイズィーン	名 料理(法)	● 特定地域の料理(法)や，高級料理などをさす。French cuisine「フランス料理」
1380 ☑ **dining room** [dáiniŋ rù:m] ダイニング ルーム	名 食堂，ダイニングルーム	● dine [dáin]「ディナーを食べる」

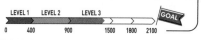

Thick paper could not be cut with these **scissors**.	厚い紙はこのはさみでは切れなかった。
My friend's house has a large **tank**.	友人の家には大きな水槽がある。
More people are using drones for **agriculture**.	ドローンを農業に活用する人が増えている。
We followed the directions of the theater **attendant**.	私たちは劇場の係員の指示に従った。
There are three **bookshelves** in my father's room.	父の部屋には本棚が３つある。
I remember playing with **clay** when I was little.	私は小さいころに粘土遊びをしたことを覚えている。
She gave a speech on climate change at an international **conference**.	彼女は国際会議で気候変動に関する演説をした。
The price includes **tax**.	その価格には税が含まれている。
Her **farewell** party will be held next Saturday.	彼女の送別会が次の土曜日に開かれる。
A large **cruise** ship came to the port of this city.	大型のクルーズ客船がこの町の港にやって来た。
The restaurant serves traditional Japanese **cuisine**.	そのレストランは伝統的な日本料理を提供している。
The **dining room** was crowded at breakfast time.	朝食時間の食堂は混んでいた。

1381	**fireplace** [fáiərplèis] ふァイアプれイス	名 暖炉	
1382	**gardening** [gɑ́:rdniŋ] ガードゥニング	名 ガーデニング，庭いじり	● do some [the] gardening「ガーデニングをする」
1383	**faucet** [fɔ́:sit] ふォーセット	名 蛇口	● turn on [off] a faucet「蛇口を開ける[閉める]」
1384	**glory** [glɔ́:ri] グろーリ	名 ①栄光，名誉 ②美しさ，壮観	● *one*'s moment of glory「栄光の瞬間」 ● morning glory「アサガオ」
1385	**diversity** [dəvə́:rsəti] ディヴァ～スィティ	名 多様性	● cultural diversity「文化的多様性」
1386	**housing** [háuziŋ] ハウズィング	名 住宅	● public housing「公営住宅」 ● housing environment「住宅環境」
1387	**railway** [réilwèi] レイるウェイ	名 鉄道(会社)	● railway company「鉄道会社」 ●《米》railroad(1108)
1388	**signature** [sígnətʃər] スィグナチャ	名 署名	● collect signatures「署名を集める」 ● sign(654)
1389	**simulation** [sìmjəléiʃn] シミュれイシャン	名 シミュレーション	● do a simulation (of ～)「(～の)シミュレーションを行う」
1390	**lyric** [lírik] りリック	名 (複数形で)歌詞	
1391	**manner** [mǽnər] マぁナ	名 ①(複数形で)行儀，礼儀，マナー ②態度	● have good [bad] manners「行儀がよい[悪い]」
1392	**mayor** [méiər] メイア 3	名 市長，町長	● *be* や become などのあとでは，ふつう冠詞をつけずに用いる。

My parents' dream is to buy a house with a **fireplace**.	両親の夢は暖炉つきの家を買うことだ。
My father does the **gardening** in the morning on Sundays.	父は日曜の朝は庭いじりをしている。
He often forgets to turn off the **faucet**.	彼はよく蛇口を閉め忘れる。
Her moment of **glory** came when she won the final.	決勝戦に勝ったとき，彼女の栄光の瞬間が訪れた。
The city is working to become a society that respects **diversity**.	その市は多様性を尊重する社会となるよう取り組んでいる。
I lived in public **housing** until I was 10 years old.	私は 10 歳まで公営住宅に住んでいた。
There are many **railway** stations with no station attendant in Japan.	日本には駅員のいない鉄道駅がたくさんある。
She joined a campaign to collect **signatures**.	彼女は署名を集める運動に参加した。
They did a computer **simulation** of the path of the typhoon.	彼らは台風の進路のコンピューターシミュレーションを行った。
She translated the English **lyrics** into Japanese for me.	彼女は私に英語の歌詞を日本語に翻訳してくれた。
Her brother had good **manners** as usual.	彼女の弟はいつもどおり行儀がよかった。
He became **mayor** at the age of 30.	彼は 30 歳で市長になった。

1393 ☑	**nephew** [néfjuː] ネふュー	名 おい	● niece [níːs]「めい」
1394 ☑	**memo** [mémou] メモウ	名 (連絡)メモ	● 組織内の連絡メモなどをおもにさす。日本語の「メモ」は note(544)の場合が多い。
1395 ☑	**originality** [əridʒənǽləti] オリヂナぁりティ	名 独創性	形 original(981) ● origin「起源」(1701)
1396 ☑	**husband** 4 [hʌ́zbənd] ハズバンド	名 夫	● wife [wáif]「妻」
1397 ☑	**shutter** [ʃʌ́tər] シャタ	名 ①シャッター, 雨戸 ②(カメラの)シャッター	● ①ふつう複数形で使う。
1398 ☑	**succeed** 3 [səksíːd] サクスィード	動 成功する	● succeed in ～「～に成功する」 名 success(1202)
1399 ☑	**slow** 4 [slóu] スろウ	動 (の)速度を落とす 形 (速度が)遅い	● slow down「速度を落とす, のんびりする」
1400 ☑	**lead** 3 [líːd] リード	動 ①通じる, 至る ②を導く 変 led ― led	● lead to ～「～に通じる, ～につながる」
1401 ☑	**greet** [gríːt] グリート	動 にあいさつする	名 greeting「あいさつ(の言葉)」
1402 ☑	**calculate** 5 [kǽlkjəlèit] キぁるキュれイト	動 を計算する	● calculator「計算機」
1403 ☑	**establish** [istǽbliʃ] イスタぁブリッシ	動 を設立[創立]する	
1404 ☑	**publish** [pʌ́bliʃ] パブリッシ	動 を出版する	● publisher [publishing company]「出版社」

We celebrated my **nephew**'s second birthday.	私たちはおいの 2 歳の誕生日をお祝いした。
The staff member received a **memo** from the director.	そのスタッフは所長からメモを受け取った。
I was impressed by the **originality** of the story.	私はその物語の**独創性**に感銘を受けた。
She said her **husband** was very kind.	彼女は，夫はとてもやさしいと言っていた。
The **shutters** of the store were still closed.	店のシャッターはまだ閉まっていた。
They finally **succeeded** in the experiment.	彼らはついに実験に成功した。
The car **slowed** down and stopped on the side of the road.	車は速度を落とし，道の端に止まった。
This narrow path in the forest **leads** to the lake.	森のこの狭い道は湖へと通じている。
The teacher **greeted** each student at the school gate.	先生は校門のところで生徒 1 人 1 人にあいさつしていた。
I **calculated** the cost of the camp.	私はキャンプの費用を計算した。
The charity was **established** last year.	その慈善団体は昨年設立された。
The writer has **published** ten novels.	その作家は 10 冊の小説を出版している。

1405 ☑ **lie** 4 [lái] らイ	動 横たわる 名 うそ 変 lay — lain	●動「うそをつく」の意味もある。このときは規則変化(lied — lied)。 ● lie down「横になる」 ● lay「を横たえる」(2009)
1406 ☑ **dig** 3 [díg] ディッグ	動 を掘る 変 dug — dug	● dig a hole [the ground]「穴[地面]を掘る」
1407 ☑ **hike** [háik] ハイク	動 ハイキングをする 名 ハイキング	● go hiking [go on a hike]「ハイキングに行く」
1408 ☑ **sail** 3 [séil] セイる 同 sale	動 航海する 名 ①帆　②航海	● sail across ～「～を船で横断する」
1409 ☑ **remain** 3 [riméin] リメイン	動 ①残る ②～のままである	● remain good friends「親友のままでいる」
1410 ☑ **treat** [trí:t] トゥリート	動 ①を扱う ②を治療する	● treat ～ like [as] ...「～を…のように扱う」 名 treatment(1351)
1411 ☑ **refer** [rifə́:r] リふァ～ ア	動 〈+ to〉①のことを表す，さす　②を参照する	● refer to *one*'s notes「メモを参照する」
1412 ☑ **concentrate** [kánsəntrèit] カンセントゥレイト ア	動 集中する，を集中させる	● concentrate on ～「～に集中する」
1413 ☑ **successful** 3 [səksésfl] サクセスふる	形 成功した 変 more ～ — most ～	● *be* successful in ～「～に成功する」 名 success(1202)
1414 ☑ **modern** 3 [mádərn] マダン	形 現代の，近代の	● modern city「近代(的な)都市」 ⇔ ancient(606)
1415 ☑ **magic** 3 [mædʒik] マぁヂック	形 魔法の(ような)，手品の 名 魔法，手品	● magic trick「手品」 ● magic show「マジックショー」
1416 ☑ **digital** [dídʒitl] ディヂタる	形 デジタル(式)の	● digital clock [watch]「デジタル時計」

When I got home, I **lay down** on my bed and relaxed.	帰宅すると，私はベッドに横になりくつろいだ。
Dogs have a habit of **digging** holes.	イヌには穴を掘る習性がある。
She goes **hiking** in the mountains once a month.	彼女は月に1度山にハイキングに行く。
He **sailed** across the ocean alone.	彼は単独で海を船で横断した。
Only five minutes **remained** until the end of the match.	試合終了まで5分しか残っていなかった。
My uncle still **treats** me like a little child.	おじは今なお私を小さな子どものように扱う。
This mark **refers** to words I haven't learned yet.	この印は私がまだ習っていない単語のことを表している。
I couldn't **concentrate** on studying last night.	私は昨夜は勉強に集中することができなかった。
The treatment of that patient was **successful**.	その患者の治療は成功した。
Smartphones are very common tools in **modern** society.	スマートフォンは現代社会ではごく一般的な道具だ。
He performed **magic** tricks during our lunch break.	彼は昼休みに手品を披露した。
My brother only reads **digital** books, not paper ones.	兄は紙の書籍ではなくデジタル書籍ばかり読んでいる。

1417 ☑	**dear** 3 [díər] ディア	形 親愛なる～，～様 間 おや，まあ	● 手紙やEメールなどの書き出しに使う。 ● Oh dear!「おやまあ！」
1418 ☑	**brave** 3 [bréiv] ブレイヴ	形 勇敢な，勇気ある	● brave people「勇敢な人々」
1419 ☑	**clever** 3 [klévər] クれヴァ	形 りこうな，賢い	= smart(605)
1420 ☑	**ambitious** [æmbíʃəs] あンビシャス	形 野心的な，野心をもって 変 more ～ — most ～	● Be ambitious.「野心[大志]を抱け」
1421 ☑	**embarrassed** [imbǽrəst] インバぁラスト	形 当惑した，恥ずかしい 変 more ～ — most ～	● feel embarrassed「恥ずかしい思いをする」
1422 ☑	**endangered** [indéindʒərd] インデインヂャド	形 絶滅の危機にある	● endangered animal「絶滅の危機にある動物」
1423 ☑	**native** 3 [néitiv] ネイティヴ	形 ①母国の ②その土地(固有)の	● *one's* native language「母(国)語」
1424 ☑	**probably** 4 [prábəbli] プラバブり	副 たぶん，十中八九	● maybe(876)よりも確信度が高いことを表す。
1425 ☑	**quite** 3 [kwáit] クワイト	副 かなり，非常に	● quiet(611)と混同しないよう注意。
1426 ☑	**below** 5 [bilóu] ビろウ	副 下に[の]，下記に[の] 前 ～より下に[へ]	
1427 ☑	**clearly** 3 [klíərli] クリアり	副 ①はっきりと ②明らかに 変 more ～ — most ～	
1428 ☑	**far** 4 [fá:r] ふァー	副 遠くに 形 遠い	● far from ～「～から遠くに」 ● far away「遠くに」

Dear Mr. Green, Hello. How are you doing?	**親愛なる**グリーン先生へ, こんにちは。お元気ですか。
He made the **brave** decision.	彼は**勇気ある**決断をした。
The **clever** bird can use a tool.	その**りこうな**鳥は道具を使うことができる。
He hopes to realize his **ambitious** plan someday.	彼は**野心的な**計画をいつか実現させたいと思っている。
She felt **embarrassed** about her husband's bad table manners.	彼女は夫の悪いテーブルマナーに**恥ずかしい**思いをした。
Zoos have an important role in protecting **endangered** wild animals.	動物園には,**絶滅の危機にある**野生動物を保護する重要な役割がある。
She speaks English very well, but her **native** language is French.	彼女は英語をとても上手に話すが,**母国語**はフランス語だ。
He **probably** isn't telling a lie.	彼は**おそらく**うそは言っていないだろう。
It was **quite** difficult for me to answer those questions.	それらの質問に答えるのは私には**かなり**難しかった。
Look at the table **below**.	**下の**表をご覧ください。
I still remember his face **clearly**.	私は彼の顔を今でも**はっきりと**覚えている。
My house is not **far** from the station.	私の家は駅から**遠く**はない。

1429 ☑	**waste** 3 [wéist] ウェイスト	名 ①廃棄物，ごみ ②むだ，浪費 動 をむだにする	● food waste「食品廃棄物，食品ロス」 ● waste of time「時間のむだ」
1430 ☑	**craft** [krǽft] クラぁふト	名 手芸，工芸，工芸品	● traditional crafts「伝統工芸品」
1431 ☑	**passage** [pǽsidʒ] パぁセッヂ	名 ①(本などの)一節，(引用)部分 ②通路	● passage from ～「～からの一節」
1432 ☑	**rate** 3 [réit] レイト	名 割合，率，レート 動 を評価する	● high [low] rate of ～「高い〔低い〕～率」
1433 ☑	**route** 準2 [rú:t] ルート	名 ①経路，ルート ②道，道筋	● bus [air] route「バス〔航空〕路線」
1434 ☑	**form** 3 [fɔ́:rm] ふォーム	名 ①(文書の)用紙 ②形，形態 動 を形作る	● complete a form「用紙に記入する」
1435 ☑	**challenge** 3 [tʃǽlindʒ] チぁれンヂ	名 難題，やりがい，挑戦	● big challenge「大きな困難〔挑戦〕」
1436 ☑	**contact** [kántækt] カンタぁクト	名 連絡，接触 動 と連絡をとる	● have contact with ～「～と連絡をとっている」 ● make eye contact with ～「～と視線を合わせる」
1437 ☑	**resident** [rézidənt] レズィデント	名 居住者，住民	● foreign resident「外国人居住者」
1438 ☑	**vocabulary** [voukǽbjəlèri] ヴォウキぁビュれリ	名 語彙(力)	● improve *one's* vocabulary「語彙を増やす」 ● wide [large] vocabulary「豊富な語彙」
1439 ☑	**type** 4 [táip] タイプ	名 種類，型，タイプ	● two types of ～「2種類の～」
1440 ☑	**studio** [stjú:diòu] ステューディオウ 発	名 スタジオ，撮影所	● movie studio「映画スタジオ，映画の撮影所」

Plastic **waste** causes ocean pollution.	プラスチックごみは海洋汚染を引き起こしている。
The souvenir shop sold local **crafts**.	そのみやげもの店では地元の工芸品を売っていた。
Read the following **passage** and answer the questions below.	次の文章を読んで以下の質問に答えなさい。
The success **rate** of the operation was 50 percent.	その手術の成功率は 50 パーセントだった。
Let's check the bus **route** and stops.	バスの路線と停留所を確認しよう。
Do I have to complete all the blanks on this **form**?	この用紙の空欄はすべて記入しなければいけませんか。
Establishing his own company was a big **challenge** for him.	自分の会社を設立するのは彼にとって大きな挑戦だった。
I haven't had any **contact** with my cousin for months.	私は何か月もいとこと連絡をとっていない。
The number of foreign **residents** in this city is increasing.	この市の外国人居住者の数は増加している。
This book will help you improve your English **vocabulary**.	この本は英語の語彙を増やすのに役立つでしょう。
Various **types** of robots are used in that factory.	さまざまな種類のロボットがその工場では使われている。
The audience was watching the live broadcast in the TV **studio**.	テレビスタジオで観客が生放送を見ていた。

1441	**workshop** [wə́:rkʃɑ̀p] ワークシャップ	名 研修[講習]会，ワークショップ	• take a workshop「研修会を受ける」
1442	**land** 4 [lǽnd] らぁンド	名 ①土地 ②陸地 動 着陸する	• by land「陸路で」 • land on ～「～に着陸する」
1443	**figure** 3 [fígjər] ふィギャ	名 ①図 ②数値，数字 ③人物(の像)	• ①は fig. とも略される。
1444	**seed** 3 [sí:d] スィード	名 種(たね)，種子	• plant seeds「種をまく」
1445	**balance** 3 [bǽləns] バぁらンス	名 バランス，つり合い 動 バランスをとる	• keep [lose] *one's* balance「バランスを保つ[失う]」
1446	**sense** 3 [séns] センス	名 ①感覚，意識，センス ②意味	• a sense of ～「～の感覚[センス]」 • make sense「意味をなす」
1447	**pack** 4 [pǽk] パぁック	名 1包み，1箱，1パック 動 を詰める	• a pack of ～「1パックの～」
1448	**hug** [hʌ́g] ハッグ	名 抱擁，ハグ 動 を抱きしめる	• give ～ a hug「～を抱きしめる[ハグする]」
1449	**goodbye** 5 [gùdbái] グッ(ド)バイ	名 別れのあいさつ 間 さようなら	• goodby ともつづる。 • say goodbye to ～「～に別れを告げる」
1450	**pardon** [pá:rdn] パードゥン	名 許すこと 動 を許す	• ask ～'s pardon for ...「…のことで～の許しを請う」 • Pardon (me)?「何とおっしゃいましたか」
1451	**anime** [ǽnəmèi] あニメイ	名 (日本の)アニメ	• animation(1355)
1452	**Spanish** 3 [spǽniʃ] スパぁニッシ	名 スペイン語[人] 形 スペインの，スペイン語[人]の	• Spain「スペイン」

Various **workshops** for children were held at the event.	イベントでは子ども向けのさまざまな**講習会**が開かれていた。
They needed more **land** for agriculture.	彼らにはさらなる農業用の**土地**が必要だった。
See **Figure** 1 at the bottom of the page.	ページ下部の**図** 1 を見てください。
I planted morning glory **seeds** in my garden.	私はアサガオの**種**を庭にまいた。
The child was able to keep his **balance** well on the bike.	その子は自転車の上でうまく**バランス**を保つことができた。
I lost my **sense** of direction in the center of the city.	私は街の中心部で**方向感覚**を失った。
The store gave us a discount on three **packs** of meat.	その店は私たちに 3 **パック**の肉を割引してくれた。
He gave each of us a big **hug** at his farewell party.	彼は送別会で私たち 1 人 1 人をぎゅっと**ハグ**した。
We didn't have a chance to say **goodbye** to him.	私たちは彼に**別れのあいさつ**を言う機会がなかった。
I asked her **pardon** for my bad attitude.	私は態度が悪いことで彼女に**許し**を請うた。
He is a big fan of the main character in that **anime**.	彼はその**アニメ**の主人公の大ファンだ。
Spanish is spoken in most countries in South America.	**スペイン語**は南アメリカのほとんどの国で話されている。

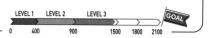

1453	**video** 5 [vídiòu] ヴィディオウ	名 動画，ビデオ	● take a video「動画を撮る」 ● video game(226)
1454	**subtitle** [sʌ́btàitl] サブタイトゥる	名 (複数形で)字幕	● English movie with Japanese subtitles「日本語の字幕つきの英語の映画」
1455	**harvest** [há:rvist] ハーヴェスト	名 ①収穫 ②収穫高[物] 動 を収穫する	● ② good [poor] harvest「豊作[不作]」
1456	**sticker** [stíkər] スティカ	名 ステッカー，シール	動 stick「くっつく」(1953)
1457	**motto** [mátou] マトウ	名 モットー，標語	● school motto「校訓」
1458	**stroller** [stróulər] ストゥロウら	名 ベビーカー	● push a stroller「ベビーカーを押す」
1459	**snowboarding** [snóubɔ̀:rdiŋ] スノウボーディング	名 スノーボード(競技)	動 snowboard「スノーボードをする」
1460	**cheer** 3 [tʃíər] チア	動 ①(を)応援する，(に)声援を送る ②を励ます 名 ①かっさい ②励まし	● cheer for ～「～を応援する，～に声援を送る」 ● cheer ～ up「～を元気づける」
1461	**inspire** [inspáiər] インスパイア	動 を奮い立たせる	
1462	**nod** [nád] ナッド	動 うなずく	● 賛同や理解，あるいはあいさつなどを表すしぐさ。
1463	**surround** [səráund] サラウンド	動 を囲む	● *be* surrounded by ～「～に囲まれている」
1464	**achieve** [ətʃí:v] アチーヴ	動 を達成する	● achieve *one's* goal「目標を達成する」 名 achievement(1278)

I took a **video** and showed it to my family.	私は**動画**を撮り，それを家族に見せた。
She watches Japanese anime with English **subtitles** to study.	彼女は勉強のために英語の**字幕**つきの日本のアニメを見ている。
It is almost time for the rice **harvest**.	もうすぐ米の**収穫**時期だ。
The item had two different price **stickers** on it.	その商品には２種類の異なる値段の**シール**が貼られていた。
My **motto** is, “Be honest.”	私の**モットー**は「正直であれ」だ。
The driver helped the woman put her **stroller** into the bus.	運転手は女性が**ベビーカー**をバスに乗せるのを手伝った。
I like **snowboarding** the best in the Winter Olympics.	私は冬季オリンピックの中では**スノーボード**がいちばん好きだ。
People **cheered** for the marathon runners.	人々はマラソンランナーたちに**声援を送った**。
Her success **inspired** all of us.	彼女の成功は私たち全員**を奮い立たせた**。
When I made eye contact with her, she **nodded** with a smile.	私が彼女と目を合わせると，彼女は笑顔で**うなずいた**。
The mayor was **surrounded** by journalists and interviewed.	市長はジャーナリストに**囲まれ**てインタビューを受けた。
She **achieved** her goal of getting a high score on the test.	彼女はテストで高得点をとる目標を**達成した**。

1465	**blow** 3 [blóu] ブろウ	動 (風が)吹く 変 blew — blown	● 主語には wind(760) など，または天候を表す it が用いられる。
1466	**cure** 3 [kjúər] キュア	動 (病気など)を治す	● 目的語には人も病気もくる。 ● treat(1410)
1467	**retire** [ritáiər] リタイア	動 (定年)退職する，引退する	● retire from ～「～を退職する」
1468	**vote** 準2 [vóut] ヴォウト	動 (に)投票する 名 投票，票	● vote for [against] ～「～に賛成の[反対の]投票をする」
1469	**broaden** [brɔ́:dn] ブロードゥン	動 を広げる	● broaden *one*'s horizons [mind, view]「視野を広げる」
1470	**hurt** 3 [hə́:rt] ハ～ト	動 を傷つける，にけがをさせる，痛む 形 けがをした 変 hurt — hurt	● hurt *one*self「けがをする」
1471	**train** 5 [tréin] トゥレイン	動 ①トレーニングをする ②を訓練する 名 列車	● train for ～「～に向けてトレーニングする」 名 training「訓練」
1472	**clear** 4 [klíər] クリア	形 ①はっきりした，明快な ②晴れた 動 を片付ける	副 clearly(1427)
1473	**familiar** [fəmíljər] ふァミりャ	形 ①よく知られた ②熟知して 変 more ～ — most ～	● *be* familiar to ～「～(人)になじみがある」 ● *be* familiar with ～「～をよく知っている」
1474	**normal** 3 [nɔ́:rml] ノーム る	形 ふつうの，通常の 変 more ～ — most ～	
1475	**confident** [kánfidənt] カンふィデント	形 自信があって 変 more ～ — most ～	● *be* confident in ～「～に自信がある」 ● confidence(1361)
1476	**confused** [kənfjú:zd] コンふューズド	形 混乱して，とまどって	● *be* confused about [by] ～「～にとまどう」

The wind was still **blowing** hard after the typhoon.	台風のあともまだ風が強く吹いていた。
This medicine will **cure** your stomachache.	この薬はあなたの胃痛を治してくれるよ。
He **retired** from the railway company last month.	彼は先月，鉄道会社を**退職した**。
I **voted** for the second idea.	私は2番目の案に**投票した**。
Traveling alone **broadens** your experience.	1人旅は経験を**広げてくれる**。
I fell and **hurt** my leg.	私は転んで脚を**痛めた**。
We **trained** hard for the tournament.	私たちはトーナメントに向けて懸命に**トレーニングした**。
He has a **clear** idea of his future career.	彼は将来の職業について**はっきりとした**考えを持っている。
This flavor is **familiar** to me.	この味は私には**なじみがある**。
This is twice as large as the **normal** size.	これは**通常の**サイズの2倍大きい。
She was **confident** in her Spanish before studying abroad.	彼女は留学前は自分のスペイン語に**自信があった**。
I was **confused** by his sad expression.	私は彼の悲しげな表情に**とまどった**。

1477 ☑	**loud** 3 [láud] らウド	形 (声・音が)大きい 副 大きな声で	⇔ quiet(611)
1478 ☑	**musical** [mjú:zikl] ミューズィクる	形 音楽の 名 ミュージカル	• musical instrument「楽器」
1479 ☑	**developing** [divéləpiŋ] ディヴェろピング	形 発展途上の	• developed「発展した, 先進の」 動 develop(691)
1480 ☑	**accurate** [ǽkjərit] あキュレット	形 正確な 変 more ～ — most ～	
1481 ☑	**electronic** [ilèktránik] イれクトゥラニック ア	形 電子の	• electronic dictionary「電子辞書」
1482 ☑	**leftover** [léftòuvər] れふトオウヴァ	形 食べ残しの, 残りの 名 (複数形で)食べ残し, 残り物	• leftover food「食べ残し」
1483 ☑	**Pacific** 3 [pəsífik] パスィふィック ア	形 太平洋の 名 〈the +〉太平洋	• the Pacific Ocean「太平洋」 • Atlantic [ətlǽntik]「大西洋の」
1484 ☑	**else** 4 [éls] エるス	副 そのほかに[の]	• something や someone, 疑問詞 what などの直後に用いる。
1485 ☑	**according** [əkɔ́:rdiŋ] アコーディング	副 〈+ to〉によると	
1486 ☑	**straight** 5 [stréit] ストゥレイト 発	副 まっすぐに 形 まっすぐな	• come straight home「まっすぐに帰宅する」 • draw a straight line「直線を引く」
1487 ☑	**originally** 準2 [ərídʒənəli] オリヂナリ	副 もともとは, 初めは	形 original(981) 名 origin「起源」(1701)
1488 ☑	**perhaps** 4 [pərhǽps] パハあップス	副 もしかすると, ひょっとしたら	= maybe(876)

I said to them in a **loud** voice, "Hurry up!"	私は彼らに大きな声で「急いで！」と言った。
She showed her **musical** talent from an early age.	彼女は幼いころから音楽の才能を見せた。
They are working to solve hunger problems in **developing** countries.	彼らは発展途上国の飢餓問題の解決に取り組んでいる。
The website provides **accurate** traffic information.	そのウェブサイトは正確な交通情報を提供している。
We are surrounded by **electronic** devices in modern life.	現代の生活において私たちは電子機器に囲まれている。
We can take **leftover** food home from that restaurant.	そのレストランで食べ残しの料理を持ち帰ることができる。
They joined a trip around the islands of the **Pacific** Ocean.	彼らは太平洋の島々をめぐる旅に参加した。
If she can't come, I'll ask someone **else**.	彼女が来られないなら，だれかほかの人に頼むことにするよ。
According to the forecast, this winter will be colder than usual.	予報によると，今年の冬は例年より寒くなるそうだ。
Go **straight** to the traffic light and then turn right.	信号のところまでまっすぐ行って，それから右折してください。
This building was **originally** a school.	この建物はもともとは学校だった。
Perhaps they will need our assistance.	もしかすると彼らは私たちの援助が必要になるかもしれない。

1489 ☑	**those** 5 [ðóuz] ゾウズ	代 あれら，それら 形 あれらの，それらの	● that の複数形。 ● those who ～「～する人々」
1490 ☑	**both** 4 [bóuθ] ボウす	代 両方 形 両方の	● both of ～「～の両方とも」(複数扱い) ● both ～ and ...「～も…も両方とも」
1491 ☑	**behind** 3 [biháind] ビハインド	前 ～のうしろに 副 うしろに	● leave ～ behind「～をあとに残す」
1492 ☑	**through** 4 [θrú:] すルー 発 同 threw	前 ①～を通じて，～によって ②～を通り抜けて	● ①は〈手段・原因〉。
1493 ☑	**without** 5 [wiðáut] ウィずアウト	前 ～なしで	● without ～ing「～しないで」
1494 ☑	**toward** 3 [tɔ́:rd] トード	前 ①～のほうへ ②～に対する	●《英》towards [tɔ́:rdz]
1495 ☑	**per** [pə́:r] パ～	前 ～につき，～ごとに	● 直後の名詞は無冠詞で単数形。日常的には a [an] が使われる。
1496 ☑	**against** 3 [əgénst] アゲンスト	前 ①～に反対して ②～に対抗して ③～に対して	● fight against ～「～と戦う」 ● against disaster「災害に対して[備えて]」
1497 ☑	**including** [inklú:diŋ] インクるーディング	前 ～を含めて	動 include (1229)
1498 ☑	**while** 4 [hwáil] (ホ)ワイる	接 ①～する間に ②～なのに対して 名 (少しの)時間	● for a while「しばらくの間」 ● after a while「しばらくして」
1499 ☑	**though** 4 [ðóu] ゾウ 発	接 ～だけれども 副 でも，けれども	● even though ～「たとえ～にしても」
1500 ☑	**although** 3 [ɔ:lðóu] オーるゾウ	接 ～だけれども	● though と同義だが，より堅い語。

Your country's customs are quite different from **those** of my country.	あなたの国の習慣は私の国のそれとはかなり違いますね。
Both of his sisters work abroad.	彼の姉妹の2人とも海外で働いている。
She was talking to the person sitting **behind** her.	彼女は自分のうしろに座っている人と話していた。
I learned some important things **through** the experience.	私はその経験を通して大切なことを学んだ。
I can't imagine life **without** the Internet.	私はインターネットのない生活など想像できない。
The teacher was walking straight **toward** the student.	先生はその生徒のほうへまっすぐ歩いていった。
On average, the meal cost 2,000 yen **per** person.	平均して，食事は1人につき2,000円かかった。
I voted **against** the plan.	私はその計画に反対する票を入れた。
He reduced his use of plastic products, **including** cups and plastic bags.	彼はカップやビニール袋を含むプラスチック製品の使用を減らした。
Shall we go hiking **while** I'm in your town?	私があなたの町にいる間に，ハイキングに行きませんか。
He began living alone, **though** his parents didn't want him to do so.	両親は望まなかったけれども，彼はひとり暮らしを始めた。
Although I faced some challenges, I achieved good results.	いくつかの難題に直面したものの，私はよい結果を残した。

まとめて覚えよう

意味のまぎらわしい語

see (66)	が見える	see は目に入ってくること，watch は注意して見ること。
watch (68)	を(じっと)見る	
see (66)	に会う	初対面のときや約束して会う場合は meet を使う。
meet (182)	(に)会う，出会う	
tell (172)	に話す，伝える	tell は I **said**, "Hello." のように発言内容をそのまま続けない。say は **tell** me the story のような文構造をとらない。
say (107)	と言う	
speak (200)	(を)話す	speak はより堅く正式な場面で使われる。speak English など「言語」を話すときは speak。
talk (72)	話す，しゃべる	
listen (78)	聞く	listen は意識的に耳を傾ける，hear は意識せず聞こえること。
hear (79)	が聞こえる	
bring (174)	を持ってくる	bring は聞き手や話し手のほうへの移動を，take はその他の場所への移動を表す。
take (76)	を持っていく	
affect (1221)	に影響を与える	affect は動詞，effect は名詞(have an effect on ～)。
effect (1191)	効果，影響	
borrow (959)	を借りる	borrow は借りる側，lend は貸す側が主語になる。
lend (1226)	を貸す	
reservation (1340)	予約	reservation はホテルやチケットなどの予約，appointment は病院や面会などの予約・約束。
appointment	約束	
early (493)	早い，早く	early は時刻や時間が早いこと，fast は動作や速度が速いこと。
fast (800)	速い，速く	
surprised (351)	驚いた	surprised は人が驚かされた，surprising は人を驚かせるような。
surprising (615)	驚くべき	
funny (346)	おもしろい	funny は人を笑わせるようなおかしさ，interesting は興味・関心を持たせるようなこと。
interesting (347)	興味深い，おもしろい	

LEVEL 4

私立高校入試レベル

STEP 126～138 | 300語（1501▶1800）

私立高校入試で頻度の比較的高い英単語です。私立高校入試の対策では，このLEVEL 4 まではマスターしておきましょう。

LEVEL 4 からは例文と例文和訳はありません。見出し語とその意味，関連情報の内容を中心に，効率よく学習を進められます。

関連情報には，単語の重要な使い方や表現，私立高校入試を精査した表現を示しました。例文がないぶん，関連情報の内容はもれなく覚えることで，私立高校入試に備えることができます。

1501	**exam** 4 [igzǽm] イグザぁム	名 試験	● examination の略。 ● take an **exam**「試験を受ける」
1502	**beginning** 3 [bigíniŋ] ビギニング	名 初め，始まり	● **at the beginning of** the class「授業の初めに」 動 begin(583)
1503	**death** 3 [déθ] デす	名 死，死亡	● dead(852) 動 die(578)
1504	**professor** 3 [prəfésər] プロふェサ	名 教授	● 省略形は Prof.。 ● 肩書き・敬称では大文字で始める。**Professor** Smith「スミス教授」
1505	**kid** 4 [kíd] キッド	名 子ども 動 冗談を言う	● **You're kidding.**「冗談でしょう」
1506	**speed** 3 [spí:d] スピード	名 速度，スピード	● **at** full **speed**「全速力で」
1507	**pond** 4 [pɑ́nd] パンド	名 池	● **by** a **pond**「池のそばに」 ● lake(237)
1508	**fence** 3 [féns] ふェンス	名 囲い，柵	● repair a **fence**「柵を修理する」
1509	**fever** [fí:vər] ふィーヴァ	名 (病気の)熱，発熱	● have a (high) **fever**「(高)熱がある」 ● temperature(510)
1510	**freedom** 4 [frí:dəm] ふリーダム	名 自由	● fight for **freedom**「自由のために戦う」 形 free(362)
1511	**issue** [íʃu:] イシュー	名 ①問題 ②発行(物)	● environmental **issue**「環境問題」
1512	**mission** [míʃn] ミシャン	名 任務，使命	● **on** *one*'s final **mission**「最後の使命を帯びて」
1513	**truck** [trʌ́k] トゥラック	名 トラック	● van「小型トラック」(1713)

1514 **subway** [sʌ́bwèi] サブウェイ	名 地下鉄	• take a **subway**「地下鉄に乗る」
1515 **victim** [víktim] ヴィクティム	名 犠牲者	• accident **victim**「事故の犠牲者」
1516 **survivor** [sərváivər] サヴァイヴァ	名 生存者	• the only **survivor of** ～「～の唯一の生存者」 • survive(1312)
1517 **skin** 3 [skín] スキン	名 ①皮ふ，肌 ②皮	• animal [banana] **skins**「動物[バナナ]の皮」
1518 **neck** 4 [nék] ネック	名 首	• around *one*'s **neck**「首(の周り)に」
1519 **noise** 3 [nɔ́iz] ノイズ	名 物音，騒音	• 不快で大きな音をさす。sound(180)は聞こえてくる音全般のこと。 • make a loud **noise**「大きな音を立てる」
1520 **backpack** [bǽkpæ̀k] バぁックパぁック	名 バックパック，リュックサック	• carry [wear] a **backpack**「バックパックを背負う」
1521 **lamp** 4 [lǽmp] らぁンプ	名 ランプ，明かり	• turn on [off] a **lamp**「ランプをつける[消す]」
1522 **envelope** [énvəlòup] エンヴェろウプ	名 封筒	• put a stamp on an **envelope**「封筒に切手を貼る」
1523 **feather** [féðər] ふェざ	名 (鳥の1本の)羽，羽毛	• bird **feathers**「鳥の羽」 • wing(1118)
1524 **horror** [hɔ́:rər] ホーラ	名 恐怖	• **horror** story「恐ろしい話，ホラー物語」
1525 **laughter** [lǽftər] らぁふタ 発	名 笑い，笑い声	動 laugh(700)

1526 ☑	**behavior** 準2 [bihéivjər] ビヘイヴィア	名 ふるまい，行儀，態度	●《英》behaviour ● good [bad] **behavior**「よい[悪い]態度」
1527 ☑	**discovery** 3 [diskʌ́vəri] ディスカヴァリ	名 発見	● make a great **discovery**「大発見をする」 動 discover(1313)
1528 ☑	**graduation** [grædʒuéiʃn] グラぁヂュエイシャン	名 卒業	● **graduation** ceremony「卒業式」 動 graduate(1053)
1529 ☑	**beauty** 準2 [bjú:ti] ビューティ	名 美しさ	● natural **beauty**「自然の美しさ，自然美」 形 beautiful(364)
1530 ☑	**feature** [fí:tʃər] ふィーチャ	名 特徴，特色	● main **feature**「おもな特色，呼び物」
1531 ☑	**law** 3 [lɔ́:] ろー	名 法律	● **by law**「法律によって」 ● **against the law**「違法で」
1532 ☑	**midnight** [mídnàit] ミッドナイト	名 夜の 12 時，真夜中	● **at** [**around**] **midnight**「夜の 12 時に[ごろに]」
1533 ☑	**package** [pǽkidʒ] パぁケッヂ	名 ①(商品の)パッケージ，包み，容器 ②小包	● **a package of** candy「キャンディー 1 パック[箱]」
1534 ☑	**inventor** [invéntər] インヴェンタ	名 発明者[家]，考案者	● invent(698)
1535 ☑	**fill** 3 [fíl] ふィる	動 を満たす	● **fill** a bottle **with** water「びんを水で満たす」，*be* **filled with** water「水でいっぱいだ」
1536 ☑	**pull** 3 [púl] プる	動 を引く，引っ張る	● **pull** the dog **toward** me「イヌを私のほうに引きよせる」 ⇔ push(972)
1537 ☑	**attack** 準2 [ətǽk] アタぁック	動 を攻撃する 名 攻撃	● **attack on** the city「都市への攻撃」

No.	単語	級	意味	用例
1538 ☑	**knock** [nák] ナック 発	3	動 ノックする 名 ノック(の音)	• **knock on** [**at**] the door「ドアをノックする」
1539 ☑	**offer** [ɔ́:fər] オーふァ	3	動 ①を提供する ②を申し出る 名 申し出	• **offer** him the job ≒ **offer** the job **to** him 「彼に仕事を提供する」
1540 ☑	**shout** [ʃáut] シャウト	4	動 (と)叫ぶ，を大声で言う	• **shout at** them「彼らに向かって叫ぶ」
1541 ☑	**expect** [ikspékt] イクスペクト	3	動 ①を予想する ②を期待する	• **than I expected**「私が予想していたよりも」 • **expect** her **to** come「彼女が来るだろうと思う」
1542 ☑	**consider** [kənsídər] コンスィダ	準2	動 ①をよく考える ②～を…だと思う[みなす]	• **consider** her lucky「彼女を幸運だと思う」
1543 ☑	**describe** [diskráib] ディスクライブ		動 の特徴を述べる，を描写する	• **describe** my lost bag「なくしたかばんについて説明する」
1544 ☑	**fix** [fíks] ふィックス	3	動 ①を修理する ②を決める	• **fix** a car「車を修理する」
1545 ☑	**hate** [héit] ヘイト	3	動 が大嫌いだ，を憎む	• **hate** lies「うそが大嫌いだ」 • **hate to** study「勉強するのがいやだ」
1546 ☑	**dislike** [disláik] ディスらイク		動 が嫌いだ	• **dislike** vegetables「野菜が嫌いだ」 ＝ don't like
1547 ☑	**award** [əwɔ́:rd] アウォード	3	名 賞 動 に(賞など)を与える	• win an **award**「受賞する」 • ***be* awarded** a medal「メダルを授与される」
1548 ☑	**cage** [kéidʒ] ケイヂ	3	名 かご，おり	• keep a bird **in a cage**「鳥をかごで飼う」
1549 ☑	**statue** [stǽtʃu:] スタぁチュー		名 像	• stone **statue**「石像」

1550	**rope** 3 [róup] ロウプ	名 ロープ，なわ	● pull a **rope**「なわを引く」
1551	**knife** 5 [náif] ナイふ 発	名 ナイフ 複 knives	● **kitchen knife**「包丁」
1552	**shelter** 3 [ʃéltər] シェるタ	名 ①避難所 ②(雨風・危険などを)しのぐ場所，避難	
1553	**suit** [sú:t] スート	名 スーツ	● wear a **suit**「スーツを着用する」
1554	**suitcase** [sú:tkèis] スートケイス	名 スーツケース	● pack my **suitcase** with clothing「スーツケースに服を詰める」
1555	**pole** [póul] ポウる	名 棒，さお，柱	● fishing **pole**「釣りざお」 ● telephone **pole**「電柱」
1556	**title** 4 [táitl] タイトゥる	名 題名，タイトル	● the **title of** the book「本のタイトル」
1557	**truth** 3 [trú:θ] トゥルーす	名 〈the +〉真実	● tell **the truth**「真実を述べる」 形 true(356)
1558	**variety** [vəráiəti] ヴァライエティ 発	名 いろいろ，異なったもの	● **a variety of** foods「いろいろな食べ物」 形 various(720)
1559	**princess** [prínsəs] プリンセス	名 王女	● look like a **princess**「王女のように見える」 ● prince「王子」
1560	**bone** 3 [bóun] ボウン	名 骨	● break *one*'s **bone**「骨を折る」
1561	**mile** 3 [máil] マイる	名 (長さの単位)マイル	● 1 マイルは約 1.6 キロメートル。
1562	**vegetarian** [vèdʒitériən] ヴェヂテリアン	名 菜食(主義)者	● become a **vegetarian**「菜食主義者になる」

1563 ☑ **soldier** 3 [sóuldʒər] ソウるヂャ 発	名 兵士	
1564 ☑ **bear** 4 [béər] ベア	名 クマ	● 動「に耐える」の意味もある。
1565 ☑ **puppy** 3 [pʌ́pi] パピ	名 子イヌ	
1566 ☑ **species** [spíːʃiːz] スピーシーズ 発	名 種(しゅ)	● endangered **species**「絶滅危惧種」 ● the human **species**「人類」
1567 ☑ **chain** 3 [tʃéin] チェイン	名 ①チェーン店 ②くさり，チェーン	● coffee **chain**「コーヒーチェーン」
1568 ☑ **clothing** [klóuðiŋ] クろウずィング	名 衣類，衣服	● 衣類全般をさす。 ● a piece of **clothing**「衣類1点」 ● clothes(630)，cloth(955)
1569 ☑ **engine** 3 [éndʒin] エンヂン	名 エンジン，機関	● search **engine**「(インターネットの)検索エンジン」 ● engineer(552)
1570 ☑ **expressway** [ikspréswèi] イクスプレスウェイ	名 高速道路	● **on the expressway**「高速道路で」
1571 ☑ **needle** [níːdl] ニードゥる	名 針	
1572 ☑ **gun** 3 [gʌ́n] ガン	名 銃	● **with a gun**「銃で，銃を持って」
1573 ☑ **pilot** 5 [páilət] パイろット	名 (飛行機の)パイロット	
1574 ☑ **object** 3 [ɑ́bdʒikt] アブヂェクト ア	名 物体	● heavy metal **object**「重い金属製の物体」

1575 ☑	**surface** 3 [sə́ːrfis] サ～ふエス 発	名 ①表面 ②水面，地面	• **the surface of** the moon「月の表面」 • **below the surface**「水面下で[に]」
1576 ☑	**partner** 3 [pɑ́ːrtnər] パートナ	名 ①パートナー ②配偶者	• tennis **partner**「テニスのパートナー」
1577 ☑	**waiter** 4 [wéitər] ウェイタ	名 ウェイター	• waitress「ウェイトレス」 • server(1830)は男女の区別をしない言い方。
1578 ☑	**housework** 3 [háuswə̀ːrk] ハウスワ～ク	名 家事	• do (the) **housework**「家事をする」
1579 ☑	**pressure** 3 [préʃər] プレシャ	名 ①圧力，気圧 ②(精神的)圧迫	• **under pressure**「圧力を受けて，プレッシャーを抱えて」
1580 ☑	**storm** 3 [stɔ́ːrm] ストーム	名 嵐	• big [bad] **storm**「大[ひどい]嵐」
1581 ☑	**sunshine** [sʌ́nʃàin] サンシャイン	名 日光，日ざし，日なた	• **in** the warm spring **sunshine**「春の暖かい日ざしの中で」
1582 ☑	**lock** [lɑ́k] らック	動 にかぎをかける 名 錠，錠前	• **lock** the door「ドアにかぎをかける」 • key(526)
1583 ☑	**reply** 3 [riplái] リプらイ	動 返事をする，(と)答える 名 返事	• **reply to** an e-mail「Eメールに返事をする」
1584 ☑	**shock** 3 [ʃɑ́k] シャック	動 に衝撃[ショック]を与える 名 衝撃，ショック	• ***be* shocked to** ～「～してショックを受ける」
1585 ☑	**complain** 3 [kəmpléin] コンプれイン	動 (～と)不平を言う	• **complain to** him **about** the job「彼に仕事について不平を言う」
1586 ☑	**cross** 4 [krɔ́ːs] クロース	動 を横切る，(を)渡る	• **cross** the street「通りを横断する」 • **cross over** a bridge「橋を渡る」

1587	**measure** [méʒər] メジャ	動 をはかる	● **measure** the speed「速度を測る」
1588	**pretend** [priténd] プリテンド	動 のふりをする	● **pretend to** ～ [**to be** ～]「～する[～である]ふりをする」
1589	**refuse** 2 [rifjú:z] リふューズ	動 (を)断る，拒絶する	● **refuse** the offer「申し出を断る」 ● **refuse to** ～「～するのを断る」
1590	**scream** [skrí:m] スクリーム	動 悲鳴を上げる，叫ぶ 名 悲鳴	● **scream for** help「助けを求めて叫ぶ」
1591	**avoid** 準2 [əvɔ́id] アヴォイド	動 を避ける	● **avoid** heavy traffic「交通渋滞を避ける」 ● **avoid** ～**ing**「～しないようにする」
1592	**bother** [báðər] バざ	動 を悩ませる，じゃまする	● ～ doesn't **bother** me「～は気にならない」 ● Don't **bother** me.「私のじゃまをしないで」
1593	**kick** 3 [kík] キック	動 をける	● **kick** a ball「ボールをける」
1594	**gender** [dʒéndər] ヂェンダ	名 (社会的・文化的) 性，ジェンダー	● age and **gender**「年齢と性別」
1595	**lady** 4 [léidi] れイディ	名 女性，婦人	● woman(223)のていねいな言い方。kind old **lady**「親切な年配の女性」
1596	**gentleman** [dʒéntlmən] ヂェントゥるマン	名 男性，紳士 複 gentlemen	● man(222)のていねいな言い方。this **gentleman**「こちらの男性」
1597	**author** 3 [ɔ́:θər] オーさ	名 著者，作家	● *one*'s favorite **author**「～の大好きな作家」 = writer
1598	**expert** 3 [ékspə:rt] エクスパ～ト	名 専門家	● **expert in** education「教育の専門家」

1599	**neighborhood** [néibərhùd] ネイバフッド 発	名 地域，近所	●《英》neighbourhood ● **in the neighborhood**「近所に[で，の]」
1600	**tongue** [tʌ́ŋ] タング 発	名 ①舌 ②言語	● *one*'s **mother [native] tongue**「母語」
1601	**ability** 3 [əbíləti] アビリティ	名 能力	● *one*'s **ability to** ～「～する能力」 形 able(706)
1602	**army** [á:rmi] アーミ	名 (the +)陸軍，軍隊	● *be* **in the army**「陸軍に(入隊して)いる」
1603	**bay** [béi] ベイ	名 湾	● **bay** area「湾岸地域」
1604	**cottage** [kátidʒ] カテッヂ	名 小屋，コテージ	
1605	**position** 3 [pəzíʃn] ポズィシャン	名 ①位置，場所 ②立場 ③姿勢	● *be* **in** the right **position**「正しい位置にいる[ある]」
1606	**source** 3 [sɔ́:rs] ソース	名 ①源 ②出所	● **source of** energy ＝ energy **source**「エネルギー源」
1607	**drought** [dráut] ドゥラウト 発	名 干ばつ，(長期の)日照り	● serious **drought**「深刻な干ばつ」
1608	**god** 3 [gád] ガッド	名 神	● キリスト教，イスラム教，ユダヤ教などではGod(the をつけない)。
1609	**illness** [ílnəs] イるネス	名 病気	● suffer from a serious **illness**「重い病気をわずらう」
1610	**jewelry** [dʒú:əlri] ヂューエるリ	名 宝石類，宝飾品	●《英》jewellery ● 不可算名詞。 ● wear **jewelry**「宝石を身につける」

No.	単語	意味	補足
1611 ☑	**development** 3 [divéləpmənt] ディヴェろプメント	名 発達，発展	動 develop(691)
1612 ☑	**journey** [dʒə́:rni] ヂャ〜ニ	名 旅，旅行	● 比較的長い旅をさす。 ● go on a **journey**「旅に出かける」 ● trip(238)，travel(577)
1613 ☑	**risk** [rísk] リスク	名 危険(性)，恐れ	● at **risk**「危険にさらされて」
1614 ☑	**stuff** [stʌ́f] スタふ	名 ①もの，こと ②持ち物，荷物	● 不可算名詞。漠然としたものを表す。 ● old **stuff**「古いもの」 ● thing(215)
1615 ☑	**pain** 3 [péin] ペイン	名 (鋭い)痛み，苦痛	● in **pain**「痛みで，苦痛で」
1616 ☑	**task** 準2 [tǽsk] タぁスク	名 仕事，課題	● do a **task**「仕事を行う」
1617 ☑	**tube** [tjú:b] テューブ	名 管，チューブ	● test **tube**「試験管」
1618 ☑	**track** 3 [trǽk] トゥラぁック	名 ①(鉄道の)線路 ②(競技場などの)トラック ③(通った)跡	● truck(1513)と混同しないこと。
1619 ☑	**exercise** 4 [éksərsàiz] エクササイズ	名 ①運動 ②練習(問題) 動 運動する	● do some **exercise**「運動する」
1620 ☑	**interest** 3 [íntərəst] インタレスト ア	名 興味，関心 動 に興味を持たせる	● show (an) **interest in** 〜「〜に興味を示す」
1621 ☑	**square** 3 [skwéər] スクウェア	名 ①正方形，四角 ②(四角い)広場 形 ①正方形の ②平方の	● 〜 **square** mile(s)「〜平方マイル」 ● round(866)
1622 ☑	**tear** 3 [tíər] ティア	名 (複数形で)涙	● full of **tears**「涙がいっぱいで」 ● in **tears**「涙を浮かべて」

1623	**bit** 3 [bít] ビット	名 〈a +〉少し，少量	● **a** (**little**) **bit**「少し」 ● **a bit of** ～「少しの～」
1624	**championship** [tʃǽmpiənʃip] チぁンピオンシップ	名 選手権(大会)	● win a **championship**「選手権を勝ち取る」
1625	**throat** [θróut] すロウト	名 のど	● clear *one's* **throat**「せき払いをする」(←「のどをきれいにする」)
1626	**chest** [tʃést] チェスト	名 胸	
1627	**cough** [kɔ́:f] コーふ 発	名 せき 動 せきをする	● have a bad **cough**「ひどいせきが出る」
1628	**asleep** 3 [əslí:p] アスリープ	形 眠って	● *be* (fast) **asleep**「(ぐっすり)眠っている」 ● **fall asleep**「寝入る」
1629	**correct** 3 [kərékt] コレクト	形 正しい，正確な 動 を正す	● **correct** answer「正しい答え」
1630	**huge** 3 [hjú:dʒ] ヒューヂ	形 巨大な，莫大な	● **huge** mountain「巨大な山」 ● have a **huge** influence「大きな影響がある」
1631	**British** 3 [brítiʃ] ブリティッシ	形 英国(人)の 名 〈the +〉英国人	● the **British** government「英国政府」 ● the United Kingdom「英国，イギリス」(略称は(the) UK。(Great) Britainも使われる)
1632	**European** [jùərəpí:ən] ユ(ア)ラピーアン ア	形 ヨーロッパ(人)の 名 ヨーロッパ人	● **European** countries「ヨーロッパの国々」
1633	**fat** 3 [fǽt] ふぁット	形 ①太った ②分厚い 名 脂肪	● **get fat**「太る」 ● high [low] in **fat**「脂肪分の多い[少ない]」 ⇔ thin(863)

1634	**online** 3 [ánláin] アンらイン	形 オンラインの 副 オンラインで	● **online** shopping [game]「オンラインショッピング[ゲーム]」
1635	**basic** 3 [béisik] ベイスィック	形 基礎の，基本的な 変 more ～ — most ～	● **basic** classes「基礎的な授業」
1636	**gone** [gɔ́:n] ゴーン	形 過ぎ去った，なくなった	● go(61)の過去分詞形。 ● *be* all **gone**「すっかりなくなる」
1637	**ill** [íl] イる	形 病気で	● become **ill**「病気になる」 名 illness(1609)
1638	**request** [rikwést] リクウェスト	名 要請，依頼，お願い(ごと) 動 を要請する	● refuse *one*'s **request**「要請を断る」
1639	**childhood** [tʃáildhùd] チャイるドフッド	名 子どものころ，幼少期	● **in *one*'s childhood**「子どものときに」
1640	**couple** 3 [kʌ́pl] カプる	名 ①(同種の)1組，2つ，2人 ②夫婦，カップル	● **a couple of** hours「2，3時間」
1641	**chemical** 3 [kémikl] ケミクる	名 化学物質，化学薬品 形 化学の	● dangerous **chemicals**「有害な化学物質，危険な化学薬品」
1642	**telephone** 5 [téləfòun] テれふォウン	名 電話(機) 動 に電話をかける	● answer the **telephone**「電話に出る」 = phone(296)
1643	**block** 4 [blák] ブらック	名 ①1区画 ②(石などの)かたまり 動 をふさぐ	● three **blocks** away from ～「～から3区画[ブロック]離れて」
1644	**barbecue** [bá:*r*bikjù:] バーベキュー	名 バーベキュー	● have a **barbecue**「バーベキューをする」
1645	**centimeter** [séntəmì:tə*r*] センティミータ	名 センチメートル	

1646	**wisdom** [wízdəm] ウィズダム	名 知恵，賢明さ	
1647	**content** [kántent] カンテント ア	名 (複数形で)①中身 ②目次	● **the contents of** the box「箱の中身」
1648	**apartment** 3 [əpá:rtmənt] アパートメント	名 アパート	● 1世帯分の住居をさし，日本語の「マンション」にあたる場合が多い。
1649	**bush** [búʃ] ブッシ	名 低木(の茂み)	● **in the bushes**「茂みの中で」
1650	**clinic** [klínik] クリニック	名 外来診療所，クリニック	
1651	**countryside** [kʌ́ntrisàid] カントゥリサイド	名 いなか，田園地帯	● **in the countryside**「いなかで(の)」
1652	**teenager** 4 [tí:nèidʒər] ティーンエイヂャ	名 ティーンエイジャー，10代の若者	● teen ともいい，13歳から19歳までの若者をさす。
1653	**climber** [kláimər] クらイマ	名 登山家	● climb(593)
1654	**darkness** [dá:rknəs] ダークネス	名 暗さ，暗やみ	● **in the darkness**「暗やみで」
1655	**cloud** 4 [kláud] クらウド	名 雲	● heavy [thick] **clouds**「厚い雲」 形 cloudy(334)
1656	**gray** 3 [gréi] グレイ	名 灰色 形 ①灰色の ②白髪の	●《英》grey
1657	**silver** 3 [sílvər] スィるヴァ	名 銀 形 銀(色)の	● win a **silver** medal = win (a) **silver**「銀メダルをとる」
1658	**lawyer** [lɔ́:jər] ろーヤ	名 弁護士	● talk to a **lawyer**「弁護士に相談する」 ● law(1531)

1659	**essay** [ései] エセイ	名 ①(学生の)小論文, レポート ②随筆, エッセイ	• write an **essay on [about]** ～「～についての小論文を書く」
1660	**detail** [ditéil] ディテイる	名 細部, 詳細	• **in detail**「詳細に」
1661	**edge** [édʒ] エッヂ	名 端, はずれ	• the **edge of** the table「テーブルの端」
1662	**ending** [éndiŋ] エンディング	名 (話の)結末	• have a happy **ending**「ハッピーエンドになる」
1663	**fashion** [fǽʃn] ふぁシャン	名 流行, ファッション	• *be* **in fashion**「はやっている」 • fast **fashion**「ファストファッション」
1664	**file** [fáil] ふァイる	名 ファイル, 情報	• computer **file**「コンピューターのファイル」
1665	**bump** [bʌ́mp] バンプ	名 ①隆起, 突起, でこぼこ ②衝突 動 ぶつかる, をぶつける	
1666	**fork** [fɔ́:rk] ふォーク	名 フォーク	• a knife and **fork**「(1組の)ナイフとフォーク」
1667	**lip** [líp] リップ	名 くちびる	• top [bottom] **lip**「上[下]くちびる」
1668	**nail** [néil] ネイる	名 ①つめ ②くぎ	
1669	**toe** [tóu] トウ 発	名 足の指, つま先	• **on** *one*'s **toes**「つま先立ちで」 • finger(442)
1670	**tooth** [tú:θ] トゥーす 4	名 歯 複 teeth [tí:θ]	• brush *one*'s **teeth**「歯をみがく」

1671	**disability** [dìsəbíləti] ディスアビリティ	名 身体障がい	● people **with disabilities**「障がいのある人々」
1672	**failure** [féiljər] ふェイリャ	名 失敗，落第	動 fail「失敗する」(1674)
1673	**Korea** [kəríːə] コリーア	名 朝鮮，韓国	● North Korea「北朝鮮」または South Korea「韓国」をさす。
1674	**fail** 3 [féil] ふェイる	動 ①失敗する ②(試験など)に落ちる	● **fail in** business「事業に失敗する」 ● **fail to** ～「～しそこなう，～できない」
1675	**marry** 3 [mǽri] マぁリ	動 (と)結婚する	形 married「結婚した」
1676	**beat** 3 [bíːt] ビート	動 ①を打ち負かす ②を打つ ③(心臓が)どきどきする 変 beat — beaten / beat	● **beat** the team「そのチームを打ち負かす」
1677	**attend** [əténd] アテンド	動 ①に出席する ②に通う	● **attend** college「大学に通う」 ● attendant(1372)
1678	**ban** 2 [bǽn] バぁン	動 を禁止する	● **ban** plastic straws「プラスチック製のストローを禁止する」
1679	**disagree** 2 [dìsəgríː] ディサグリー	動 意見が合わない	● **disagree with** him「彼と意見が合わない」 ⇔ agree(576)
1680	**base** 3 [béis] ベイス	動 の基礎を置く 名 基礎，土台	● *be* **based on** the fact「事実に基づいている」
1681	**cancel** [kǽnsl] キぁンスる	動 を取り消す，中止する	● **cancel** the reservation「予約を取り消す」
1682	**escape** 3 [iskéip] イスケイプ	動 ①逃げる ②を逃れる 名 逃亡，脱出	● **escape from** the cage「かごから逃げる」

1683	**relate** 2 [riléit] リれイト	動 を関係させる，関連づける	• **relate** the problem **to** air pollution「その問題を大気汚染と関連づける」
1684	**select** [silékt] せれクト	動 を選ぶ	• choose(179)に比べてより注意深く選ぶ意味合いがある。
1685	**represent** [rèprizént] レプリゼント	動 を代表する	• **represent** our country「わが国を代表する」
1686	**launch** [lɔ́:ntʃ] ろーンチ	動 ①を開始する ②を打ち上げる	• **launch** an attack「攻撃を始める」 • **launch** a rocket「ロケットを打ち上げる」
1687	**knowledge** 3 [nálidʒ] ナれッヂ 発	名 知識，知っていること	• have some **knowledge of** ～「～の知識がいくらかある」 動 know(64)
1688	**opportunity** [àpərtjú:nəti] アパテューニティ	名 機会，好機	• have an **opportunity to** ～「～する機会がある」 = chance(901)
1689	**strength** [stréŋkθ] ストゥレンクす	名 力，強さ	形 strong(714)
1690	**wealth** [wélθ] ウェるす	名 富，財産	形 wealthy「裕福な」
1691	**connection** 3 [kənékʃn] コネクシャン	名 ①関係，つながり ②接続	• **connection** between ～「～間の関係」 動 connect(1135)
1692	**weekday** [wí:kdèi] ウィークデイ	名 平日	• **on weekdays**「平日に」 • weekend(58)
1693	**cheek** [tʃí:k] チーク	名 ほお	
1694	**headphone** [hédfòun] ヘッドふォウン	名 (複数形で)ヘッドホン	• a pair [set] of **headphones**「ヘッドホン1台」

1695 ☐	**sight** [sáit] サイト 発 3	名 ①視力 ②見ること ③景色	● have good **sight**「目がいい」 ● **at the sight of** ～「～を見て」
1696 ☐	**gum** [gʌ́m] ガム	名 ①チューイングガム ②ゴム	● a piece [pack] of **gum**「ガム1枚[1パック]」
1697 ☐	**sauce** [sɔ́:s] ソース	名 ソース	● tomato **sauce**「トマトソース」
1698 ☐	**diet** [dáiit] ダイエット	名 ①食事，日常食 ②ダイエット(食)	● ①栄養面から見た日常の食事をさす。healthy **diet**「健康的な食事」 ● **go on a diet**「ダイエットをする」
1699 ☐	**conclusion** [kənklú:ʒn] コンクるージャン	名 結論	● come to **the conclusion that** ～「～という結論に達する」
1700 ☐	**response** [rispɑ́ns] リスパンス	名 ①反応 ②応答，返答	● **in response to** their request「彼らの要請に応じて」
1701 ☐	**origin** [ɔ́:ridʒin] オーリヂン	名 起源，由来	● the **origin of** the word「その語の由来，語源」 形 original (981)
1702 ☐	**permission** [pərmíʃn] パミシャン	名 許可，同意	● ask (for) **permission to** speak「発言する許可を求める」
1703 ☐	**selection** [silékʃn] セれクシャン	名 ①選択 ②選ばれたもの[人] ③品ぞろえ	● a wide **selection of** products「製品の幅広い品ぞろえ」 動 select (1684)
1704 ☐	**access** [ǽkses] あクセス ア	名 ①利用[入手]の権利[機会] ②接近(方法)	● have **access to** technology「科学技術を利用できる」
1705 ☐	**aim** [éim] エイム	名 目的，目標 動 ねらう	● the main **aim**「おもなねらい」 ● ***be* aimed at** children「子どもむけである」

1706	**atmosphere** 3 [ǽtməsfiər] あトゥモスふィア ア	名 ①雰囲気 ②〈the +〉(地球の)大気(圏)	● a friendly **atmosphere**「なごやかな雰囲気」
1707	**consideration** [kənsìdəréiʃn] コンスィダレイシャン	名 ①熟慮，考慮 ②思いやり	● **consideration for** others「他人への思いやり」 動 consider(1542)
1708	**kettle** [kétl] ケトゥる	名 やかん	● put the **kettle** on fire「やかんを火にかける」
1709	**mug** [mʌ́g] マッグ	名 ①マグカップ ②マグカップ1杯(の量)	● **a mug of** coffee「マグカップ入りのコーヒー(1杯)」
1710	**ax** [ǽks] あックス	名 おの	●《英》axe
1711	**basket** [bǽskit] バぁスケット	名 ①かご，バスケット ②かご1杯(の量)	● shopping **basket**「買い物かご」
1712	**bow** [báu] バウ 発	名 ①おじぎ ②弓 動 おじぎをする	● make a deep **bow**「深くおじぎをする」
1713	**van** [vǽn] ヴぁン	名 小型トラック，バン	● truck(1513)より小型の屋根つき商品運搬車両のこと。delivery **van**「配達用トラック」
1714	**monster** [mánstər] マンスタ	名 怪物	● fight a **monster**「怪物と戦う」
1715	**sheep** 4 [ʃí:p] シープ	名 ヒツジ	● 単複同形。 ● raise **sheep**「ヒツジを育てる」
1716	**airline** [éərlàin] エアらイン	名 航空会社	● **airline** ticket「航空券」
1717	**sidewalk** 3 [sáidwɔ̀:k] サイドウォーク	名 歩道	● walk **on the sidewalk**「歩道を歩く」

1718	**cart** [kɑ́:rt] カート	名 ①(ショッピング)カート ②ワゴン ③荷車	• push a **cart**「カートを押す」
1719	**advantage** 準2 [ədvǽntidʒ] アドヴァンテッヂ	名 利点，強み	• have a great **advantage**「大きな利点がある」
1720	**intelligent** 準2 [intélidʒənt] インテリヂェント	形 知能の高い，頭のよい 変 more ～ — most ～	• **intelligent** animal「賢い動物」
1721	**ordinary** 3 [ɔ́:rdənèri] オーディネリ	形 ①ふつうの ②平凡な 変 more ～ — most ～	• **ordinary** day「ふつうの1日」
1722	**recent** 準2 [rí:snt] リースント	形 最近の，近ごろの 変 more ～ — most ～	• in **recent** years「近年は」 副 recently(1338)
1723	**scientific** [sàiəntífik] サイエンティふィック ア	形 科学の，科学的な 変 more ～ — most ～	• **scientific** knowledge「科学の知識」 名 science(119)
1724	**sharp** [ʃɑ́:rp] シャープ	形 ①鋭い，よく切れる ②頭の切れる 副 ちょうど，きっかり	• **sharp** knife「よく切れるナイフ」 • at seven o'clock **sharp**「7時ちょうどに」
1725	**certain** 3 [sə́:rtn] サ～トゥン	形 ①ある，特定の ②確かな，確信して 変 more ～ — most ～	• **certain** types of food「ある[特定の]食品」 • **it is certain that** ～「～というのは確かだ」 副 certainly(1336)
1726	**regular** 3 [régjələr] レギュら	形 ①規則[定期]的な ②通常の ③レギュラーサイズの 変 more ～ — most ～	• **regular** visits「定期的な訪問」 • **regular** classes「通常の授業」
1727	**likely** 準2 [láikli] らイクリ	形 ありそうな，起こりそうな 変 more ～ — most ～	• ***be* likely to** happen「起こりそうだ，起こる可能性が高い」

1728 ☑	**thirsty** [θə́ːrsti] さ～スティ	形 のどのかわいた	● *be* [feel] **thirsty**「のどがかわいている」
1729 ☑	**creative** 3 [kriéitiv] クリエイティヴ	形 創造的な, 独創的な 変 more ～ — most ～	● in **creative** ways「独創的な方法で」 動 create (586)
1730 ☑	**nearby** [nìərbái] ニアバイ	形 近くの 副 近所に[で]	● at the **nearby** station「近くの駅で」 ● live **nearby**「近くに住む」
1731 ☑	**peaceful** [píːsfl] ピースふる	形 ①平穏な, 静かな ②平和(的)な 変 more ～ — most ～	● **peaceful** atmosphere「おだやかな雰囲気」 名 peace (763)
1732 ☑	**tiny** 3 [táini] タイニ	形 とても小さい	● **tiny** island「ごく小さな島」
1733 ☑	**grateful** [gréitfl] グレイトふる	形 感謝して, ありがたく思って 変 more ～ — most ～	● *be* **grateful for** the support「支援に感謝している」
1734 ☑	**stranger** 4 [stréindʒər] ストゥレインヂャ	名 ①見知らぬ人 ②(場所に)不案内な人	● I'm a **stranger** here.「このあたりは不案内[初めて]です」
1735 ☑	**assistant** [əsístənt] アスィスタント	名 助手, アシスタント	● research **assistant**「研究助手」 ● assistance (1090)
1736 ☑	**jail** [dʒéil] ヂェイる	名 刑務所, 留置所	● go to **jail**「刑務所送りになる」
1737 ☑	**Arctic** [ɑ́ːrktik] アークティック	名 〈the +〉北極(地方) 形 北極の	● Antarctic 名 〈the +〉「南極」, 形「南極の」
1738 ☑	**avenue** [ǽvənjùː] あヴェニュー	名 大通り, ～街	● Fifth **Avenue**「5番街」(アメリカ・ニューヨーク州の大通りの名称)
1739 ☑	**backyard** [bǽkjɑ́ːrd] バぁックヤード	名 裏庭	● **in the backyard**「裏庭で[の]」

1740	**basement** [béismənt] ベイスメント	名 地下室，地階	● in the **basement**「地下(室)で[に]」
1741	**branch** 3 [brǽntʃ] ブラぁンチ	名 ①枝 ②支店	● ②＝ **branch** office
1742	**jungle** [dʒʌ́ŋgl] ヂャングる	名 ジャングル，密林	● deep in **jungle**「ジャングルの奥地で」
1743	**valley** [vǽli] ヴぁり	名 谷，渓谷	● narrow [deep] **valley**「狭い[深い]谷」
1744	**canyon** [kǽnjən] キぁニョン	名 峡谷，深い谷	● the bottom of the **canyon**「谷底」
1745	**cave** 3 [kéiv] ケイヴ	名 どうくつ，ほら穴	● the entrance of a **cave**「どうくつの入口」
1746	**colony** 3 [kɑ́ləni] カらニ	名 植民地	● British **colony**「英国の植民地」
1747	**continent** [kɑ́ntənənt] カンティネント	名 大陸	● trip **across the continent**「大陸横断の旅」
1748	**hunter** [hʌ́ntər] ハンタ	名 ①猟師，ハンター ②探究者	● treasure **hunter**「宝探しをする人」 ● hunt(1314)
1749	**lover** [lʌ́vər] らヴァ	名 愛好家	● nature **lover**「自然愛好家」
1750	**officer** 4 [ɔ́:fisər] オーふィサ	名 ①役人，公務員 ②警官	● ②＝ police **officer**
1751	**relative** [rélətiv] レらティヴ	名 親類，身内	● a close [distant] **relative of** mine「私の近親者[遠い親戚]」
1752	**reporter** 4 [ripɔ́:rtər] リポータ	名 記者	● newspaper **reporter**「新聞記者」

No.	単語	意味	解説
1753	**sir** 3 [sə́:r] サ～	名 あなた(さま)，お客さま	● 男性の目上の人，客などに敬意を込めて呼びかける語。女性にはma'am。いずれも日本語にしない場合が多い。
1754	**citizen** [sítizn] スィティズン	名 ①市民，住民 ②国民	● good [ordinary] **citizen**「善良な[一般]市民」
1755	**consumer** [kənsú:mər] コンスーマ	名 消費者	● consume「を消費する」
1756	**creator** [kriéitər] クリエイタ	名 創造者，考案者	● game **creator**「ゲームクリエイター」 ● create(586)
1757	**scenery** [sí:nəri] スィーナリ	名 風景，景色	● 一地域全体の自然の景色をさす。scene(560)は特定の光景を表す。
1758	**sunset** [sʌ́nsèt] サンセット	名 ①日没 ②夕焼け	● at **sunset**「日没時に」 ● a beautiful **sunset**「美しい夕焼け」 ● sunshine(1581)
1759	**media** 準2 [mí:diə] ミーディア 発	名 〈the +〉マスメディア，マスコミ	● **in** the local **media**「地元メディアで[の]」 ＝ mass media
1760	**mailbox** [méilbɑ̀ks] メイるバックス	名 郵便ポスト，郵便受け	● drop an envelope in a **mailbox**「封筒をポストに投函する」
1761	**pillow** [pílou] ピろウ	名 まくら	
1762	**toilet** 4 [tɔ́ilit] トイれット	名 ①トイレ ②便器	● ②＝**toilet** bowl ● restroom(405)，bathroom(528)
1763	**pin** [pín] ピン	名 ピン，とめ針 動 をピンでとめる	● safety **pin**「安全ピン」
1764	**porch** [pɔ́:rtʃ] ポーチ	名 ①ポーチ，玄関，入口 ②《米》ベランダ	● ②は建物1階出入口外の屋根のある場所。2階以上は balcony(1356)。

1765	**puzzle** [pʌ́zl] パズる	名 パズル, 難しい問題	● do a **puzzle**「パズルをする[解く]」
1766	**reminder** [rimáindər] リマインダ	名 思い出させるもの[人, こと]	● **reminder of** the past「過去を思い出させるもの」
1767	**arrow** [ǽrou] あロウ	名 ①矢 ②矢印	● shoot an **arrow**「矢を射る」 ● bow(1712)
1768	**tent** [tént] テント	名 テント	● put up a **tent**「テントを張る」
1769	**carefully** 5 [kéərfəli] ケアふり	副 気をつけて, 注意深く 変 more ～ — most ～	● look **carefully** at the map「地図を注意深く見る」 形 careful(486)
1770	**either** 4 [íːðər] イーざ 発	副 ①(否定文で) ～もまた ②(～か…の) どちらか 形 どちらかの 代 どちらか一方	● It's not easy(,) **either**.「それもまた簡単ではない」 ● **either** right **or** wrong「正しいか間違っているかのどちらか」
1771	**somewhere** 3 [sʌ́mhwèər] サム(ホ)ウェア	副 どこかへ[に]	● **somewhere** in this neighborhood「どこかこの近所に」
1772	**simply** [símpli] スィンプり	副 単に, ただ	● **simply** because ～「単に～という理由で」
1773	**nearly** 3 [níərli] ニアリ	副 ほとんど, ほぼ	● **nearly** half of them「それらのほぼ半分」
1774	**above** 3 [əbʌ́v] アバヴ	副 ①上に, より上で ②上記の, 前述の 前 ～の[～より]上に	● as described **above**「上述のとおり」 ● **above** the horizon「水平線の上に」 ⇔ below(1426)
1775	**greatly** [gréitli] グレイトり	副 大いに, 非常に	● have **greatly** improved「大いに上達した」 形 great(258)
1776	**therefore** 準2 [ðéərfɔ̀ːr] ゼアふォーア	副 それゆえに	● 前述内容の結論を述べる文に用いる。 = so(792)

1777 ☑	**understanding** 3 [ʌ̀ndərstǽndiŋ] アンダスタぁンディング	名 理解(力)	● have an **understanding of** ～「～を理解している」 動 understand(460)
1778 ☑	**artwork** [ɑ́:rtwə̀:rk] アートワ～ク	名 芸術作品	● art(120)
1779 ☑	**grader** [gréidər] グレイダ	名 ～年生	● *be* a sixth **grader** ＝ *be* in the sixth grade 「6年生だ」 ● grade(753)
1780 ☑	**shade** [ʃéid] シェイド	名 陰，日陰	● 日光が当たらない暗い箇所・場所をさす。 ● shadow「影」(2004)
1781 ☑	**series** [síri:z] スィリーズ	名 ①連続，ひと続き ②続きもの	● **a series of** experiments「一連の実験」
1782 ☑	**tale** [téil] テイる 同 tail	名 話，物語	● **tales of** adventure「冒険の物語」 ● story(234)，tell(172)
1783 ☑	**term** 3 [tə́:rm] タ～ム	名 ①学期 ②期間 ③専門用語	● **in** the first **term**「1学期に」 ● **in** the long [short] **term**「長[短]期的には」
1784 ☑	**trade** 3 [tréid] トゥレイド	名 貿易，取引 動 (を)取引する	● **trade between** the two countries「2国間の貿易」
1785 ☑	**billboard** [bílbɔ̀:rd] ビるボード	名 (屋外の大型)広告看板	
1786 ☑	**collection** 3 [kəlékʃn] コれクシャン	名 収集(品)，コレクション	● **a collection of** artwork「芸術作品のコレクション」
1787 ☑	**force** 3 [fɔ́:rs] ふォース	名 力，強さ 動 に強いる	● **the force of** nature「自然の力」 ● **force** them **to stay** home「彼らに家にいることを強いる」
1788 ☑	**purpose** 3 [pə́:rpəs] パ～パス	名 目的	● **the purpose of** the plan「その計画の目的」

1789 ▶ 1800 私立高校入試レベル

No.	単語	級	意味	用例
1789	**fear** [fíər] ふィア	3	名 ①恐怖(心)，恐れ ②不安 動 を恐れる	● **fear of** animals「動物への恐怖心」
1790	**control** [kəntróul] コントゥロウる	3	名 管理，コントロール 動 を制御[コントロール]する	● lose **control**「コントロールを失う」 ● **under control**「管理[制御]されて」
1791	**pound** [páund] パウンド	3	名 (重量・貨幣の単位)ポンド	● 重さ1ポンドは約454グラム相当。貨幣は英国の貨幣単位。
1792	**shoulder** [ʃóuldər] ショウるダ	4	名 肩	● carry a backpack **on** one **shoulder**「バックパックを片方の肩に背負う」
1793	**state** [stéit] ステイト	3	名 ①状態 ②州	● **state of** emergency「非常事態」 ● **the United States**「アメリカ合衆国」
1794	**bill** [bíl] ビる		名 ①紙幣 ②請求書	● hundred-dollar **bill**「100ドル紙幣」 ● coin(1009)
1795	**economy** [ikánəmi] イカナミ	準2	名 経済	● global **economy**「世界経済」
1796	**coral** [kɔ́:rəl] コーラる		名 サンゴ	● **coral** island「サンゴ島」
1797	**nobody** [nóubədi] ノウバディ	4	代 だれも～ない	● **Nobody** believes it.「だれもそれを信じていない」 ＝ no one
1798	**none** [nʌ́n] ナン 発	3	代 だれ[何]も～ない	● **None of** us agreed.「私たちのだれも賛同しなかった」
1799	**whether** [hwéðər] (ホ)ウェざ	3	接 ～かどうか	● wonder **whether** he will come (**or not**)「彼が来るかどうかと思う」
1800	**beside** [bisáid] ビサイド	5	前 ～のそばに，～の隣に	● sit **beside** her「彼女のそばに座る」

LEVEL 5

難関私立高校入試レベル

STEP 139〜151 | 300語（1801▸2100）

私立高校入試で難関校を突破するには押さえておきたい英単語です。例文と例文和訳はありませんので，見出し語とその意味，関連情報の内容を中心に，最後まで学習を進めましょう。

関連情報には，単語の重要な使い方や表現，私立高校入試を精査した表現を示しました。関連情報の確認と理解は，見出し語とその意味を定着させるのに有効なので，積極的に活用しましょう。

1801	**crowd** [kráud] クラウド	名 群衆 動 (に)群がる	● large **crowd**「大群衆」 形 crowded(601)
1802	**lifestyle** [láifstàil] らイふスタイる	名 生活様式	● healthy **lifestyle**「健康的な生活様式」
1803	**charge** [tʃɑ́:rdʒ] チャーヂ	名 ①料金 ②責任，管理 ③充電 動 ①に請求する ②を充電する	● **free of charge**「無料で」 ● *be* **in charge**「責任者[担当]である」
1804	**mystery** 3 [místəri] ミステリ	名 ①なぞ，神秘 ②推理小説	形 mysterious「不思議な」(1845)
1805	**researcher** 3 [risə́:rtʃər] リサ〜チャ	名 研究[調査]員	● research(947)
1806	**enemy** 3 [énəmi] エネミ	名 敵	
1807	**blood** 3 [blʌ́d] ブらッド 発	名 血，血液	● **blood** pressure「血圧」
1808	**breath** 3 [bréθ] ブレす 発	名 ①息，呼吸 ②一呼吸	● hold *one's* **breath**「息を止める」 ● take a deep **breath**「深呼吸する」
1809	**eyesight** [áisàit] アイサイト	名 視力	● have good [poor] **eyesight**「視力がよい[悪い]」
1810	**palm** [pɑ́:m] パーム 発	名 手のひら	● 指は含まない，手首までの部分。 ● hand「手」(833)
1811	**thumb** [θʌ́m] さム 発	名 親指	● finger(442)はふつうthumb以外の「指」をさす。
1812	**footprint** [fútprìnt] ふットプリント	名 ①(複数形で)足跡 ②フットプリント	● leave **footprints**「足跡を残す」 ● ②人間の活動が地球環境に与える影響の指標。

1813	**sickness** [síknəs] スィックネス	名 ①病気 ②吐き気	• travel **sickness**「乗り物酔い」 形 sick(705)
1814	**stress** 3 [strés] ストゥレス	名 ストレス	• reduce **stress**「ストレスを減らす」
1815	**surgery** [sə́ːrdʒəri] サ～ヂャリ	名 手術	• have **surgery**「手術を受ける」 = operation(1018)
1816	**injury** [índʒəri] インヂュリ	名 負傷，けが	• escape **injury**「負傷を免れる」 • injured「けがをした」(1915)
1817	**engineering** [èndʒəníəriŋ] エンヂニアリング	名 工学	• electronic **engineering**「電子工学」
1818	**geography** [dʒiágrəfi] ヂアグラふィ ア	名 地理学	• **geography** test「地理のテスト」
1819	**rhythm** [ríðm] リずム 発	名 リズム	• dance to the **rhythm of** the music「音楽のリズムに合わせて踊る」
1820	**necklace** 3 [néklәs] ネクれス	名 ネックレス	• coral **necklace**「サンゴのネックレス」
1821	**texture** [tékstʃər] テクスチャ	名 ①食感，舌ざわり ②手ざわり	• soft **texture**「やわらかい手ざわり」 • flavor(1299)
1822	**postman** [póustmən] ポウストマン	名 郵便配達人 複 postmen	• post「郵便(制度)，郵便物」 • post office(309)
1823	**sailor** [séilər] セイら	名 船員	• sail(1408)
1824	**guy** [gái] ガイ	名 ①やつ，男 ②(複数形で)きみたち，みんな	• くだけた話しことば。 • nice **guy**「いいやつ」 • Hi, **guys**!「やあ，みんな！」

1825	**holder** [hóuldər] ホウるダ	名 ①保有者 ②入れ物	● world record **holder**「世界記録保有者」 ● hold(188)
1826	**infant** [ínfənt] インふァント	名 (乳)幼児	● **infant** development「乳幼児の発育」
1827	**liar** [láiər] らイア	名 うそつき	● lie(1405)
1828	**rival** [ráivl] ライヴる	名 ライバル	● beat our **rival**「ライバルを打ち負かす」
1829	**secretary** [sékrətèri] セクレテリ	名 秘書	= personal assistant
1830	**server** [sə́:rvər] サ～ヴァ	名 ①(コンピューターの)サーバー ②給仕人	● serve(1050) ● ② waiter, waitress(1577)
1831	**suggest** [səgdʒést] サ(グ)ヂェスト 準2	動 ①を提案する ②を示唆する	● **suggest** (**that**) ～「～ということを提案[示唆]する」
1832	**focus** [fóukəs] ふォウカス 2	動 集中する，を集中させる 名 焦点，中心	● **focus on** ～「～に焦点をあてる，～に重点を置く」
1833	**examine** [igzǽmin] イグザぁミン	動 ①を調べる，検査する ②を診察する	● **examine** the relationship「その関係を調査する」 名 examination「調査，診察，試験」
1834	**observe** [əbzə́:rv] オブザ～ヴ 2	動 を観察する	● **observe** the movements of birds「鳥の動きを観察する」
1835	**underline** [ʌ́ndərlàin] アンダらイン	動 の下に線を引く	● the **underlined** part「下線部」
1836	**recognize** [rékəgnàiz] レコグナイズ ア 準2	動 だとわかる，を認識する	● **recognize** her at once「すぐに彼女だとわかる」 ● **recognize** (**that**) ～「～だと認識する」

1837 ☑	**regard** [rigɑ́:rd] リガード	動 ①～を…と見なす ②を(高く)評価する	● **regard** him **as** a rival「彼をライバルと見なす」
1838 ☑	**sneeze** [sní:z] スニーズ	動 くしゃみをする 名 くしゃみ	● cough(1627)
1839 ☑	**shake** 3 [ʃéik] シェイク	動 を振る，揺さぶる 変 shook — shaken	● **shake** *one*'s head「首を(横に)振る」(否定の意思表示)
1840 ☑	**handle** [hǽndl] ハぁンドゥる	動 を(うまく)扱う，に対処する 名 取っ手	● **handle** the situation「その事態に対処する」
1841 ☑	**wipe** [wáip] ワイプ	動 をふく，ふき取る，ぬぐい去る	● **wipe** *one*'s eyes **with** a handkerchief「目をハンカチでふく」，**wipe** the tears **from** my eyes「目から涙をぬぐい去る」
1842 ☑	**pour** [pɔ́:r] ポーア	動 (液体)を注ぐ，つぐ，かける	● **pour** the sauce **over** the dish「料理にソースをかける」
1843 ☑	**stretch** [strétʃ] ストゥレッチ	動 を伸ばす，伸びる	● **stretch** my arms「両腕を(いっぱいに)伸ばす」
1844 ☑	**silent** 3 [sáilənt] サイれント	形 ①沈黙した ②(場所が)静かな 変 more ～ — most ～	● remain [keep] **silent**「黙っている」
1845 ☑	**mysterious** [mistíriəs] ミスティリアス	形 ①不思議な，不可解な ②謎めいた 変 more ～ — most ～	● **mysterious** power「不思議な力」 名 mystery(1804)
1846 ☑	**strict** [stríkt] ストゥリクト	形 厳しい	● **strict** rules「厳しいルール」
1847 ☑	**hopeful** [hóupfl] ホウプふる	形 ①希望を持った ②有望な 変 more ～ — most ～	● feel **hopeful**「希望を抱く，希望が持てる」 名 hope(194)
1848 ☑	**attractive** [ətrǽktiv] アトゥラぁクティヴ	形 魅力的な，興味をそそる 変 more ～ — most ～	動 attract(1055)

1849 ☑	**equal** 3 [íːkwəl] イークウォる	形 ①平等な ②等しい 名 対等の人[もの] 変 more ～ ― most ～	• **equal** rights「平等な権利」 • **equal** amounts「等しい[同じ]分量」
1850 ☑	**unfair** [ʌnféər] アンふェア	形 不公平な，不当な 変 more ～ ― most ～	• **unfair** advantage「不当な優遇」 ⇔ fair「公平な」(1908)
1851 ☑	**unhappy** 3 [ʌnhǽpi] アンハぁピ	形 ①不幸な ②不満な 変 more ～ ― most ～	• *be* **unhappy about** the idea「その考えに不満だ」 ⇔ happy(275)
1852 ☑	**satisfied** [sǽtisfàid] サぁティスふァイド	形 満足した 変 more ～ ― most ～	• *be* **satisfied with** the results「結果に満足している」 動 satisfy「を満足させる」
1853 ☑	**rough** [rʌ́f] ラふ 発	形 ①あらい，荒れた ②手荒な	• **rough** ground「荒れた地面」 副 roughly「おおよそ」
1854 ☑	**stupid** [stjúːpid] ステューピッド	形 おろかな，ばかな	
1855 ☑	**weird** [wíərd] ウィアド	形 変な，異様な	• **weird** noise「異様な音」
1856 ☑	**awake** [əwéik] アウェイク	形 目が覚めて，眠らずに	• stay **awake**「眠らずにいる」 動 wake(780)
1857 ☑	**text** [tékst] テクスト	名 ①本文 ②教科書 動 に(携帯電話で)メールを送る	• in the **text**「本文中で[の]」 • ②= textbook(752)
1858 ☑	**board** 3 [bɔ́ːrd] ボード	名 ①(特定用途の)板，掲示板，黒板 ②板材	• blackboard(565), billboard(1785)
1859 ☑	**equipment** [ikwípmənt] イクウィップメント	名 装備，装置，備品	• 不可算名詞。 • sports **equipment**「スポーツ用品」

1860	**trial** [tráiəl] トゥライアる	名 ①試し，試験 ②裁判	• a **trial** period「お試し期間」 動 try(77)
1861	**cemetery** [sémətèri] セメテリ	名 墓地	• *be* buried **in a cemetery**「墓地に埋葬されている」
1862	**hook** [húk] フック	名 フック，かぎ，釣り針	• hang my cap **on the hook**「帽子をフックに掛ける」
1863	**hut** [hʌ́t] ハット	名 小屋	
1864	**ladder** [lǽdər] らぁダ	名 はしご	• climb up [down] a **ladder**「はしごを登る[降りる]」
1865	**pottery** [pɑ́təri] パテリ	名 陶器類	• 不可算名詞。a piece of **pottery**「陶器1点」
1866	**quilt** [kwílt] クウィるト	名 キルト，掛け布団	• fold a **quilt**「キルト[掛け布団]をたたむ」
1867	**purse** 3 [pə́ːrs] パ～ス	名 ①(女性用)財布，小銭入れ ②ハンドバッグ	• 札やカード類を入れる財布は wallet(1276)。
1868	**powder** [páudər] パウダ	名 粉，粉末	
1869	**lens** [lénz] れンズ	名 レンズ	• glasses with thick **lenses**「厚いレンズのめがね」
1870	**whistle** [hwísl] (ホ)ウィスる 発	名 笛，口笛 動 ①口笛をふく ②ヒューと音を立てる	• give a **whistle**「口笛をふく」
1871	**helmet** [hélmit] へるメット	名 ヘルメット	• wear a **helmet**「ヘルメットを着用する」
1872	**weapon** [wépn] ウェプン	名 武器，兵器	• carry a **weapon**「武器を携帯する」

1873	**rocket** 3 [rákit] ラケット ア	名 ロケット	● **rocket** engine「ロケットエンジン」
1874	**bullet** [búlit] ブれット	名 ①弾丸，銃弾 ②弾丸状のもの	
1875	**election** [ilékʃn] イれクシャン	名 選挙	● vote **in an election**「選挙で投票する」
1876	**literature** [lítərətʃər] リテラチャ	名 文学	● English **literature**「英文学」
1877	**romance** [roumǽns] ロウマぁンス	名 ①恋愛 ②恋愛小説	● have a **romance**「恋愛をする」
1878	**humor** [hjú:mər] ヒューマ	名 ユーモア	●《英》humour ● a sense of **humor**「ユーモアのセンス」
1879	**tail** 3 [téil] テイる 同 tale	名 しっぽ	● dog with a short **tail**「しっぽの短いイヌ」
1880	**initial** [iníʃl] イニシャる ア	名 頭文字，(複数形で)イニシャル 形 最初の	● *be* called by his **initials** MJ「MJのイニシャルで呼ばれている」
1881	**journal** [dʒə́:rnl] ヂャ～ヌる	名 ①専門誌，新聞 ②日誌	● keep a **journal**「日誌をつける」 ● journalist(1258)
1882	**tone** [tóun] トウン	名 ①口調，話し方 ②音色	● ***one's* tone of voice**「口調，話し方」
1883	**debate** [dibéit] ディベイト	名 討論(会)，ディベート	● **debate on** school uniforms「学校制服についての討論(会)」
1884	**improvement** [imprú:vmənt] インプルーヴメント	名 改善，改良	● show (an) **improvement** in ～「～において改善が見られる」 動 improve(680)
1885	**prison** [prízn] プリズン	名 ①刑務所 ②投獄	● *be* **in prison**「服役中である」 =① jail(1736)

1886	**schoolyard** [skú:ljà:rd] スクーるヤード	名 校庭	● yard(668), playground (1344)
1887	**waterfall** [wátərfɔ̀:l] ワタふォーる	名 滝	
1888	**slope** [slóup] スろウプ	名 坂	● climb a **slope**「坂を上る」
1889	**summit** [sʌ́mit] サミット	名 ①頂上，山頂 ②首脳会談	● reach **the summit** (of ～)「(～の)山頂に到達する」
1890	**era** [írə] イラ	名 (歴史的に特徴的な)時代	● new **era** of peace「新しい平和の時代」，the Meiji **era**「明治時代」 ● period(936)
1891	**advise** [ədváiz] アドヴァイズ 発	動 に忠告[助言]する	● **advise** her **to** take some rest「彼女に少し休むよう助言する」 名 advice(926)
1892	**breathe** 3 [brí:ð] ブリーず 発	動 ①呼吸する ②(空気など)を吸う	● **breathe** fresh air「新鮮な空気を吸う」 名 breath(1808)
1893	**announce** [ənáuns] アナウンス	動 を発表[公表]する	● **announce** a plan「計画を公表する」 名 announcement(1187)
1894	**whisper** [hwíspər] (ホ)ウィスパ	動 (を)ささやく 名 ささやき	● **whisper** something **to** him「彼に何かをささやく」
1895	**bite** 3 [báit] バイト	動 (を)かむ 名 ①一口(分の食べ物) ②かむこと 変 bit ― bitten / bit	● **bite** an apple「リンゴをかじる」 ● **take a bite of** an apple「リンゴを一口かじる」
1896	**bark** 3 [bá:rk] バーク	動 ほえる 名 ほえ声	● おもにイヌに関して用いる語。
1897	**digest** [daidʒést] ダイヂェスト	動 を消化する	● **digest** food「食べ物を消化する」

1898	**manage** [mǽnidʒ] マぁネッヂ	動 ①を何とかやりとげる,(に)うまく対処する ②を管理する	• **manage to** win「どうにか勝利する」 • manager(559)
1899	**earn** [ə́:rn] ア～ン 準2	動 (お金)をかせぐ	• **earn** enough money「十分なお金をかせぐ」
1900	**promote** [prəmóut] プロモウト	動 を促進する	• **promote** world peace「世界平和を促進する」
1901	**reserve** [rizə́:rv] リザ～ヴ	動 ①を予約する ②を取っておく	• **reserve** a ticket「チケットを予約する」 名 reservation(1340)
1902	**compete** [kəmpí:t] コンピート	動 競争する	• **compete with** foreign companies「海外の企業と競う」 名 competition(1252)
1903	**require** [rikwáiər] リクワイア	動 を必要とする	• **require** more support「さらなる支援を必要とする」 • ***be* required to** attend「出席しなければならない」
1904	**plug** [plʌ́g] プらッグ	動 ①にせんをする ②〈+ in〉(電化製品)を電源につなぐ 名 プラグ	• **plug in** the printer「プリンターを電源につなぐ」, **plug** it **in**「それを電源につなぐ」
1905	**gentle** [dʒéntl] ヂェントゥる	形 優しい, おだやかな	• **gentle** smile「優しいほほえみ」
1906	**missing** [mísiŋ] ミスィング	形 見当たらない, 欠けている, 行方不明の	• **go missing**「見当たらなく[行方不明に]なる」 動 miss(592)
1907	**wise** [wáiz] ワイズ 3	形 賢い, 賢明な	• **wise** choice「賢明な選択」
1908	**fair** [féər] ふェア 同 fare	形 ①公平な ②適正な, 妥当な	• ***be* fair to** everyone「だれに対しても公平だ」 ⇔ unfair(1850)

1909 ☑ **responsible** [rispάnsəbl] リスパンスィブる	形 責任のある 変 more ～ — most ～	• ***be* responsible for** *one*'s behavior「行いに責任がある」 名 responsibility(1275)
1910 ☑ **severe** [səvíər] セヴィア	形 深刻な，ひどい 変 more ～ — most ～	• **severe** drought「深刻な干ばつ」
1911 ☑ **sustainable** [səstéinəbl] サステイナブる	形 持続可能な，(地球)環境に優しい 変 more ～ — most ～	• **Sustainable** Development Goals「持続可能な開発目標(SDGs)」
1912 ☑ **physical** 3 [fízikl] ふィズィクる	形 ①身体の，肉体の ②物質の	• **physical** strength「体力」
1913 ☑ **depressed** [diprést] ディプレスト	形 落ち込んで，気がめいって 変 more ～ — most ～	• feel **depressed**「落ち込んでいる，憂うつだ」
1914 ☑ **negative** [négətiv] ネガティヴ	形 ①好ましくない ②否定[消極]的な 変 more ～ — most ～	• **negative** side「負の側面」 ⇔ positive(858)
1915 ☑ **injured** [índʒərd] インヂャド	形 けがをした	• ***be* injured**「けがをしている[する]」 動 injure「にけがをさせる」
1916 ☑ **upset** [ʌpsét] アプセット	形 取り乱して，動転して 動 を動揺させる 変 形 more ～ — most ～ 動 upset — upset	• ***be* upset by [about]** the news「その知らせに動揺している」
1917 ☑ **harmful** [hάːrmfl] ハームふる	形 有害な 変 more ～ — most ～	• **harmful** chemicals「有害な化学物質」
1918 ☑ **blind** 3 [bláind] ブらインド	形 目の見えない	
1919 ☑ **intelligence** 3 [intélidʒəns] インテリヂェンス	名 知能，知性	• high level of **intelligence**「高い知能の[知的]水準」 形 intelligent(1720)

1920	**imagination** [imæ̀dʒənéiʃn] イマぁヂネイシャン	名 想像(力)	● use *one's* **imagination**「想像力を働かせる」 動 imagine(1046)
1921	**capital** [kǽpitl] キぁピトぅる	名 首都 形 大文字の	● **the capital of** Japan「日本の首都」 ● **capital letter**「大文字」
1922	**secret** 3 [síːkrit] スィークレット	名 秘密 形 秘密の	● keep a **secret**「秘密を守る」
1923	**impact** 2 [ímpækt] インパぁクト	名 (強い)影響，衝撃	● have a negative **impact on** ～「～に悪影響を及ぼす」
1924	**silence** [sáiləns] サイれンス	名 ①沈黙 ②静けさ	● **in silence**「黙って」 形 silent(1844)
1925	**fur** [fə́ːr] ふァ～	名 毛皮	● **fur** coat「毛皮のコート」 ● skin(1517)
1926	**bug** [bʌ́g] バッグ	名 (小さな)虫	＝ small insect(1206)
1927	**jelly** [dʒéli] ヂェり	名 (ゼリー状)ジャム，ゼリー	● toast and **jelly**「ジャムトースト」
1928	**instance** [ínstəns] インスタンス	名 例，実例，場合	● **for instance**「例えば」(＝ for example(231))
1929	**goodness** [gúdnəs] グッドネス	名 善良さ，優しさ	形 good(363)
1930	**goodwill** [gúdwíl] グッドウィる	名 善意，好意，親善	● a spirit of **goodwill**「善意の精神」
1931	**hardship** [hɑ́ːrdʃip] ハードシップ	名 苦難	● live in **hardship**「苦難の中を生きる」
1932	**fortune** [fɔ́ːrtʃən] ふォーチュン	名 ①運 ②大金，富 ③運勢	● tell *one's* **fortune**「運勢を占う」 ● ①＝ luck(1006)，②＝ wealth(1690)

	単語	意味	解説
1933	**liberty** [líbərti] リバティ	名 自由	● the Statue of **Liberty**「自由の女神」
1934	**obstacle** [ábstəkl] アブスタクる	名 ①障害，支障 ②障害物	● major **obstacle**「大きな障害」
1935	**pride** [práid] プライド	名 ①誇り ②自尊心，プライド	● hurt *one's* **pride**「プライドを傷つける」 形 proud(1063)
1936	**relation** [riléiʃn] リれイシャン	名 関係	● have no **relation** to ～「～と何の関係もない」 動 relate(1683) = relationship(949)
1937	**root** [rú:t] ルート	名 根	● put down (new) **roots**「根を下ろす」
1938	**signal** 3 [sígnl] スィグヌる	名 合図，信号	● send a **signal**「信号［合図］を送る」 = sign(654)
1939	**honesty** [ánəsti] アネスティ 発	名 正直	形 honest(610)
1940	**favor** [féivər] ふェイヴァ	名 親切な行為，好意	●《英》favour ● **in favor of** ～「～に賛成して，～のほうを選んで」 形 favorite(353)
1941	**mix** 3 [míks] ミックス	名 混合(物)，組み合わせ 動 を混ぜる	● **a mix of** red **and** white flowers「赤と白い花の組み合わせ」
1942	**passion** [pǽʃn] パぁシャン	名 情熱，(激しい)感情	形 passionate [pǽʃnət]「情熱的な」
1943	**terror** [térər] テラ	名 恐怖	● fear(1789)よりも強い恐怖を表す。 ● cry in **terror**「恐怖で泣く」
1944	**thrill** [θríl] すりる	名 ぞくぞくすること［もの］，スリル	● give me a **thrill**「私をぞくぞくさせる」

1945	**creativity** [krì:eitívəti] クリーエイティヴィティ ア	名 創造性[力]	形 creative(1729)
1946	**potential** [pəténʃəl] ポテンシャる	名 ①可能性 ②素質，潜在能力 形 可能性のある	● the **potential of** the Internet「インターネットの可能性」
1947	**perspective** [pərspéktiv] パスペクティヴ	名 見方，観点	● unique **perspective on** the world「世界に対する独特の見方」
1948	**priority** [praiɔ́:rəti] プライオーリティ	名 優先事項	● top [first] **priority**「最優先事項」
1949	**dress** [drés] ドゥレス 5	動 に服を着せる 名 服，服装，ドレス	● ***be*** **dressed in** black「黒い服を着ている」
1950	**fit** [fít] ふィット 3	動 (に)(ぴったり)合う	● These shoes **fit** me.「この靴は私に(ぴったり)合っている」
1951	**limit** [límit] リミット 準2	動 を制限[限定]する 名 限度，制限	● **limit** freedom of speech「言論の自由を制限する」
1952	**weigh** [wéi] ウェイ 発	動 重さが～である	● **weigh** 10 pounds「重さが10ポンドある」 名 weight(1201)
1953	**stick** [stík] スティック 3	動 ①を突き刺す ②をくっつける，くっつく 名 棒(状のもの) 変 stuck — stuck	● **stick** a pole **in** the ground「棒を地面に刺す」
1954	**tie** [tái] タイ	動 を結ぶ，くくりつける 名 ①ネクタイ ②つながり，きずな	● **tie** a scarf around *one's* neck「スカーフを首に巻く」
1955	**envy** [énvi] エンヴィ	動 をうらやむ	● I **envy** you.「あなたがうらやましい」
1956	**prefer** [prifə́:r] プリふァ～ ア 3	動 のほうが好きだ	● **prefer to stay [staying]** home「家にいるほうが好きだ」

No.	単語	意味	例・関連語
1957 ☑	**impress** 3 [imprés] インプレス	動 に感銘を与える	● really **impress** me「とても私に感銘を与える」 形 impressed(1067) 名 impression(1293)
1958 ☑	**confuse** 3 [kənfjúːz] コンふューズ	動 を混乱させる，当惑させる	● **confuse** the residents「住民を混乱させる」 形 confused(1476)
1959 ☑	**shine** 3 [ʃáin] シャイン	動 輝く 変 shone — shone	● **shine on** the sea「海を照らして輝く」
1960 ☑	**locate** [lóukeit] ろウケイト	動 (建物など)を設置する，(受け身形で)位置する	● ***be* located** in Osaka「大阪にある」
1961 ☑	**contain** [kəntéin] コンテイン	動 を含む	● include(1229) 名 content(1647), container(1301)
1962 ☑	**involve** [inválv] インヴァるヴ	動 ①を(必ず)含む，伴う ②を巻き込む	● **involve** some risk「多少のリスクを伴う」
1963 ☑	**obey** [oubéi] オウベイ	動 に従う，を守る	● **obey** the order「命令に従う」
1964 ☑	**female** 3 [fíːmeil] ふィーメイる	形 女性の 名 女性	● **female** astronaut「女性宇宙飛行士」 ● male「男性の，男性」
1965 ☑	**single** 3 [síŋgl] スィングる	形 ①たった1つ[1人]の ②1人用の	● **not a single person**「だれ1人として(～ない)」
1966 ☑	**flat** 3 [flǽt] ふらぁット	形 平らな	● **flat** surface「平面」
1967 ☑	**outdoor** [áutdɔ̀ːr] アウトドーア	形 屋外の	● **outdoor** activities「屋外活動」
1968 ☑	**latest** [léitist] れイテスト	形 最新の，最近の	● late(791)の最上級。 ● **the latest** fashion「最新の流行」
1969 ☑	**extra** 3 [ékstrə] エクストゥラ	形 余分の，追加の	● **extra** money「余分な[追加の]お金」

1970	**major** 3 [méidʒər] メイヂャ	形 主要な，重大な 動 専攻する	● **major** cause「主要な原因」
1971	**giant** [dʒáiənt] ヂャイアント	形 巨大な 名 巨大組織	● **giant** wave「巨大な波」
1972	**unusual** [ʌnjúːʒuəl] アンユーヂュアる	形 普通でない 変 more ～ — most ～	● **It is unusual for** her **to** ～.「彼女が～するのはめずらしい」 ⇔ usual(1149)
1973	**central** 3 [séntrəl] セントゥラる	形 中心(部)の 変 more ～ — most ～	● the **central** area「中心部」
1974	**universal** [jùːnəvə́ːrsl] ユーニヴァ～サる	形 ①普遍的な ②全世界の 変 more ～ — most ～	● **universal** truth「普遍的な真理」
1975	**solar** 3 [sóulər] ソウら	形 太陽の	● **solar** energy「太陽エネルギー」 ● sun(907)
1976	**shiny** [ʃáini] シャイニ	形 輝いている，ぴかぴかの	● **shiny** floor「ぴかぴかの床」 動 shine(1959)
1977	**wooden** 3 [wúdn] ウドゥン	形 木製の	● **wooden** chair「木製のいす」
1978	**misunderstanding** [mìsʌndərstǽndiŋ] ミスアンダスタぁンディング	名 誤解	● cause a **misunderstanding**「誤解を招く[生む]」 ● understanding(1777)
1979	**belief** [bilíːf] ビリーふ	名 信念	動 believe(462)
1980	**circle** 3 [sə́ːrkl] サ～クる	名 円，輪 動 ①のまわりを回る ②を丸で囲む	● draw a **circle**「円を描く」 ● square(1621)
1981	**version** [vəːrʒn] ヴァ～ジャン	名 ～型，～版	● the original **version** of ～「～のオリジナル版」

1982 ☑ **style** 4 [stáil] スタイる	名 ①様式 ②スタイル，流行(の型)	● traditional **style of** furniture「伝統的な様式の家具」
1983 ☑ **pattern** 3 [pǽtərn] パぁタン ア	名 型，パターン，模様	● **pattern of** behavior「行動パターン」
1984 ☑ **deal** [dí:l] ディーる	名 量 動 〈+ with〉を処理する 変 dealt — dealt	● **a great deal of** money「大量のお金」 ● **deal with** the problem「その問題に対処する」
1985 ☑ **length** [léŋkθ] れンクす 発	名 長さ	● measure the **length of** ～「～の長さを測る」 形 long(272)
1986 ☑ **standard** [stǽndərd] スタぁンダド ア	名 標準，水準，基準 形 標準の 変 more ～ — most ～	● the **standard** of living「生活水準」 ● **standard** English「標準英語」
1987 ☑ **quarter** 3 [kwɔ́:rtər] クウォータ	名 ①4分の1 ②15分	● **a quarter of** the population「人口の4分の1」
1988 ☑ **scale** [skéil] スケイる	名 ①規模 ②目盛り	● on a global **scale**「地球規模で」
1989 ☑ **packet** [pǽkit] パぁケット	名 (小さな)包み，1包み，1箱	● **a packet of** sugar「砂糖1袋」
1990 ☑ **league** [lí:g] りーグ	名 (競技)連盟，リーグ	● the best player **in the league**「リーグで最高の選手」
1991 ☑ **plenty** [plénti] プれンティ	名 たくさん	● **plenty of** food「たくさんの食べ物」
1992 ☑ **quantity** [kwántəti] クワンティティ	名 量，分量，数量	● **a large quantity of** water「大量の水」 ● quality「質」(1200)
1993 ☑ **scoop** [skú:p] スクープ	名 ①ひとすくい ②(新聞などの)スクープ，特ダネ 動 をすくう	● **a scoop of** ice-cream「アイスクリームひとすくい」

1994 ☑	**slice** [sláis] スライス	名 (薄い)1枚，1切れ	● a thin **slice** of meat「薄い1切れの肉」
1995 ☑	**row** [róu] ロウ	名 列 動 (ボート)をこぐ	● 横での並びを表すことが多い。縦方向の並びはふつう line(659)。
1996 ☑	**grain** [gréin] グレイン	名 ①穀物 ②粒	● a field of **grain**「穀物畑」
1997 ☑	**nut** 3 [nʌ́t] ナット	名 木の実，ナッツ	
1998 ☑	**greenhouse** 2 [gríːnhàus] グリーンハウス	名 温室	● **greenhouse** gas「温室効果ガス」
1999 ☑	**flood** [flʌ́d] ふらッド 発	名 洪水 動 を水浸しにする	
2000 ☑	**rainstorm** [réinstɔ̀ːrm] レインストーム	名 暴風雨	● typhoon(1176)
2001 ☑	**volcano** 3 [vɑlkéinou] ヴァるケイノウ 発	名 火山	● active **volcano**「活火山」
2002 ☑	**blackout** [blǽkàut] ブらぁックアウト	名 停電	● cause a **blackout**「停電を引き起こす」
2003 ☑	**mist** [míst] ミスト	名 霧	● thick [heavy] **mist**「濃霧」
2004 ☑	**shadow** [ʃǽdou] シぁドウ	名 影	● 日光が当たってできる，輪郭のある暗い箇所。 ● shade(1780)
2005 ☑	**sand** 4 [sǽnd] サぁンド	名 砂	● **a grain of sand**「砂粒」
2006 ☑	**programming** [próugræmiŋ] プロウグラぁミング	名 プログラミング	● **programming** language「プログラミング言語」 ● program「(コンピューター)(の)プログラムを作る」(905)

2007 ☑	**screen** [skríːn] スクリーン	名 画面，スクリーン	● **on the screen**「画面(上)に」
2008 ☑	**software** [sɔ́ːftwèər] ソーふトウェア	名 ソフトウェア	● **software** engineer [designer]「ソフトウェア開発者[設計者]」
2009 ☑	**lay** 3 [léi] れイ	動 ①を置く，横たえる ②(卵)を産む 変 laid — laid	● lie「横たわる」(1405)の過去形と同形。 ● **lay** my hand **on** his shoulder「私の手を彼の肩に置く」
2010 ☑	**lift** 3 [líft] りふト	動 を持ち上げる	● **lift** a heavy object「重いものを持ち上げる」
2011 ☑	**divide** 3 [diváid] ディヴァイド	動 を分ける 名 へだたり	● **divide** the students **into** four groups「生徒を4グループに分ける」
2012 ☑	**sink** [síŋk] スィンク	動 沈む，を沈める 名 (台所の)流し 変 sank — sunk	
2013 ☑	**separate** 3 [動 sépərèit / 形 sépərit] セパレイト / セパレット 発	動 (を)分ける，引き離す 形 別の	● **separate** fact **from** opinion「事実を意見と区別する」 ● **separate** rooms「別々の部屋」
2014 ☑	**release** 3 [rilíːs] リりース	動 ①を解き放つ ②を放出する ③を発売する	● **release** the fish **into** the ocean「魚を海に放す」
2015 ☑	**explore** [iksplɔ́ːr] イクスプろーア	動 を探検する	● **explore** space「宇宙を探検する」 ● explorer「探検家」
2016 ☑	**shut** [ʃʌ́t] シャット	動 を閉める，閉じる，閉まる 変 shut — shut	● **shut** *one*'s eyes [mouth]「目[口]を閉じる」
2017 ☑	**sigh** [sái] サイ 発	動 ため息をつく，とため息をついて言う 名 ため息	● **with a sigh**「ため息をついて」

2018 ☑	**melt** [mélt] メるト	動 とける	● begin to **melt**「とけ始める」
2019 ☑	**occur** [əkə́:r] オカ〜	動 (事故などが)起こる	● The accident **occurred** last night.「その事故は昨晩起こった」
2020 ☑	**replace** [ripléis] リプれイス	動 ①を取り替える ②の代わりをする	● **replace** the battery **with** a new one「電池を新しいのと取り替える」
2021 ☑	**quit** [kwít] クウィット	動 (を)やめる 変 quit / quitted — quit / quitted	● **quit** *one*'s job「仕事をやめる」
2022 ☑	**organize** [ɔ́:rgənàiz] オーガナイズ	動 ①を準備する，催す ②を組織する	●《英》organise 名 organization(1072)
2023 ☑	**calm** [ká:m] カーム 発	形 ①冷静な ②おだやかな 動 を落ち着かせる	● in a **calm** voice「落ち着いた声で」 ● **calm** sea「おだやかな海」
2024 ☑	**available** [əvéiləbl] アヴェイらブる	形 入手[利用]可能な 変 more 〜 — most 〜	● ***be* available to** anyone「だれでも入手[利用]できる」
2025 ☑	**recycled** [ri:sáikld] リーサイクるド	形 再生利用された	● **recycled** paper「再生紙」 動 recycle(970)
2026 ☑	**private** 3 [práivit] プライヴェット 発	形 個人的な，私的な，私立の 変 more 〜 — most 〜	● **private** hospital「個人[私立]病院」 ⇔ public(1154)
2027 ☑	**precious** [préʃəs] プレシャス	形 貴重な，高価な 変 more 〜 — most 〜	● **precious** time「貴重な時間」 ● **precious stone**「宝石」
2028 ☑	**worth** 3 [wə́:rθ] ワ〜す	形 〜の価値がある	● ***be* worth** a million dollars「100万ドルの価値がある」 ● ***be* worth** visit**ing**「訪れる価値がある」
2029 ☑	**mobile** [móubl] モウブる	形 移動式の	● **mobile** phone「携帯電話」

2030	**Asian** 5 [éiʒn] エイジャン 発	形 アジア(人)の 名 アジア人	● **Asian** countries「アジア諸国」 ● Asia「アジア」
2031	**mechanical** [məkǽnikl] メキぁニクる	形 機械の，機械式の	● **mechanical** device「機械装置」，**mechanical pencil**「シャープペンシル」
2032	**fairy** [féəri] ふェ(ア)り	形 妖精の(ような)	● **fairy** tale「おとぎ話」
2033	**quick** 4 [kwík] クウィック	形 速い，すばやい	● **quick** response「すばやい対応[反応]」 ⇔ slow(1399)
2034	**sudden** [sʌ́dn] サドゥン	形 突然の，急な 変 more ～ — most ～	● **sudden** increase「急な増加」 副 suddenly(874)
2035	**fellow** [félou] ふェろウ	形 仲間の，同僚の 名 (～な)やつ，男，人	● **fellow students**「学友」 ● clever **fellow**「賢いやつ[人]」
2036	**unfortunately** [ʌnfɔ́:rtʃənitli] アンふォーチュネトリ	副 不運にも，あいにく 変 more ～ — most ～	⇔ fortunately「幸運にも」
2037	**surprisingly** [sərpráiziŋli] サプライズィングり	副 驚くほど，驚いたことに 変 more ～ — most ～	● **surprisingly** easy task「驚くほど簡単な仕事」 形 surprising(615)
2038	**safely** 3 [séifli] セイふり	副 安全に，無事に 変 more ～ — most ～	● work **safely**「安全に働く」 形 safe(843)
2039	**softly** [sɔ́:ftli] ソーふトり	副 やわらかく，そっと，やさしく 変 more ～ — most ～	● whisper **softly** in his ear「彼の耳元でそっとささやく」
2040	**overall** [òuvərɔ́:l] オウヴァオーる	副 全体として(は)，全部で	● 名「(複数形で)オーバーオール，胸当てズボン」の意味もある。
2041	**besides** [bisáidz] ビサイヅ	副 さらに，その上 前 ～のほかに，～に加えて	● beside(1800)との違いに注意。 ＝副 in addition, 前 in addition to

2042	**except** [iksépt] イクセプト	前 ～を除いて	• except for ～も使われる。every day **except** (**for**) Tuesday「火曜日を除く毎日」
2043	**copy** 3 [kápi] カピ	名 ①コピー，複写 ②(制作物の) ～部[冊] 動 ①を写す，複写する ②をまねる	• **make a copy of** the data「データのコピーをとる」
2044	**process** 準2 [práses] プラセス	名 過程，手順，プロセス 動 を処理する	• the **process** of learning「学習の過程」
2045	**relief** [rilí:f] リリーふ	名 安ど(感)，安心	• **with relief**「安どして」
2046	**resistance** [rizístəns] リズィスタンス	名 抵抗	動 resist「に抵抗する」
2047	**violence** [váiələns] ヴァイオれンス	名 暴力(行為)	• use **violence**「暴力をふるう」
2048	**progress** [prágres] プラグレス	名 進歩，上達，前進	• **make progress**「進歩[上達]する」
2049	**shooting** [ʃú:tiŋ] シューティング	名 射撃，発砲，銃撃(事件)	動 shoot(478)
2050	**birth** 3 [bə́:rθ] バ～ス	名 誕生	• **give birth** (**to** ～)「(～を)生む」(人・動物のどちらにも使う)
2051	**survival** [sərváivl] サヴァイヴる	名 生き残ること，生存，存続	• the **survival of** the species「種の存続」 動 survive(1312)
2052	**independence** [indipéndəns] インディペンデンス	名 ①独立 ②自立	形 independent「独立した，自立した」
2053	**routine** [ru:tí:n] ルーティーン	名 いつもの仕事[こと，手順]，日課	• *one*'s daily **routine**「毎日の決まった仕事[日課]」

2054 ☑	**rating** [réitiŋ] レイティング	名 評価，評点，格付け	• high audience **rating**「高い視聴率」 動 rate(1432)
2055 ☑	**departure** [dipɑ́:rtʃər] ディパーチャ	名 出発	• her **departure for** Paris「彼女のパリへの出発」
2056 ☑	**nation** [néiʃn] ネイシャン	名 ①国家，国 ②国民(全体)	形 national(506)
2057 ☑	**committee** [kəmíti] コミティ ア	名 (組織としての)委員会	• 会合としての「委員会」は committee meeting。
2058 ☑	**gap** [gǽp] ギぁップ	名 ①隔たり，相違 ②すき間	• **gap between** the two countries「2 国間の隔たり」
2059 ☑	**poverty** [pávərti] パヴァティ	名 貧困	• live **in poverty**「貧しい暮らしをする」 形 poor(707)
2060 ☑	**supply** 3 [səplái] サプらイ	名 供給(量) 動 を供給する	• good [short] **supply of** oil「石油の豊富な供給[の供給不足]」
2061 ☑	**demand** [dimǽnd] ディマぁンド	名 ①需要 ②(強い)要求 動 を要求する	• high [low] **demand for** electricity「電力への高い[低い]需要」
2062 ☑	**industry** [índəstri] インダストゥリ ア	名 産業，工業	• fashion **industry**「ファッション産業」
2063 ☑	**web** 3 [wéb] ウェッブ	名 ①⟨the +⟩ウェブ ②クモの巣	• ① Web とつづることも多い。**on the Web**「ウェブ上で[の]」 • website(727)
2064 ☑	**advertisement** 3 [ædvərtáizmənt] あドヴァタイズメント	名 広告	• **advertisement for** a job [job **advertisement**]「求人広告」
2065 ☑	**commercial** [kəmə́:rʃl] コマ～シャる	名 コマーシャル 形 商業の，商業的な	• TV **commercial for** a new car「新車のテレビコマーシャル」

2066	**entertainment** [èntərtéinmənt] エンタテインメント	名 娯楽	動 entertain「を楽しませる」
2067	**option** [ápʃn] アプシャン	名 選択(肢)	• have two **options**「2つ選択肢がある」
2068	**patent** [pǽtnt] パぁトゥント	名 特許	• **patent for** the invention「発明品の特許」
2069	**budget** [bʌ́dʒit] バヂェット	名 予算	• **family budget**「家計」 • over [under] **budget**「予算を超えて[以内で]」
2070	**receipt** [risíːt] リスィート 発	名 ①領収書，レシート ②受け取ること	• keep a **receipt**「領収書をとっておく」 動 receive(692)
2071	**crop** 3 [kráp] クラップ	名 ①作物 ②収穫高	• grow **crops**「作物を育てる」 • **crop failure**「不作」
2072	**angle** [ǽŋgl] あングる	名 ①角度 ②見方	• right **angle(s)**「直角」 • at an **angle** of 45 degrees「45度の角度に[で]」
2073	**attach** [ətǽtʃ] アタぁッチ	動 を取り付ける，添える	• **attach** a file **to** an e-mail「ファイルをEメールに添付する」
2074	**participate** [pɑːrtísəpèit] パーティスィペイト	動 参加する	• **participate in** a workshop「講習会に参加する」
2075	**skip** [skíp] スキップ	動 ①を抜かす，省く ②スキップする，飛び跳ねる	• **skip** lunch [class]「昼食を抜く[授業をサボる]」
2076	**tackle** [tǽkl] タぁクる	動 ①に取り組む ②(相手)にタックルする 名 タックル	• **tackle** the challenge「その難題に取り組む」
2077	**respond** [rispánd] リスパンド	動 ①応じる，反応する ②答える，返答する	• **respond to** a request「要望に応じる」 名 response(1700)

2078 ☑ **rush** [rʌ́ʃ] ラッシ	動 急ぐ，急いで行く 名 あわただしさ，忙しい時間	● **rush to** the station「駅へ急いで行く」 ● **rush** hour「ラッシュアワー，混雑時間」
2079 ☑ **steal** 3 [stí:l] スティーる	動 を(こっそり)盗む，盗みをする 変 stole — stolen	● **steal** a purse **from** her「彼女から財布を盗む」
2080 ☑ **arrest** [ərést] アレスト	動 を逮捕する 名 逮捕	● *be* **arrested for** stealing「窃盗で逮捕される」
2081 ☑ **punish** [pʌ́niʃ] パニッシ	動 を罰する，処罰する	● *be* **punished for** lying「うそをついたことで罰を与えられる」
2082 ☑ **blame** [bléim] ブれイム	動 を責める，のせいにする	● **blame** me **for** the problem「その問題を私のせいにする」
2083 ☑ **pollute** [pəlú:t] ポるート	動 を汚染する	名 pollution (1020)
2084 ☑ **harm** [há:rm] ハーム	動 を害する，傷つける 名 害	● **harm** your health「健康を害する」 形 harmful (1917)
2085 ☑ **approach** 準2 [əpróutʃ] アプロウチ	動 (に)近づく 名 ①接近 ②取り組み(方法)	● **approach** the city「その町に近づく」 ● different **approach**「別の取り組み方」
2086 ☑ **closely** [klóusli] クろウスリ	副 ①密接に ②綿密に，入念に ③接近して 変 more ～ — most ～	● *be* **closely** related to ～「～と密接に関係している」 ● look **closely** at ～「～をよく[入念に]見る」 形 close (971)
2087 ☑ **apart** [əpá:rt] アパート	副 ①離れて ②ばらばらに	● two meters **apart**「2メートル離れて」 ● **take** a watch **apart**「腕時計を分解する」
2088 ☑ **directly** [diréktli] ディレクトリ	副 直接に，まっすぐに 変 more ～ — most ～	● speak **directly** to her「彼女に直接話す」

2089 ▶ 2100 難関私立高校入試レベル

2089 ☑	**rapidly** [rǽpidli] ラぁピッドリ	副 急速に 変 more ～ — most ～	● spread **rapidly**「急速に広まる」
2090 ☑	**immediately** [imíːdiitli] イミーディエトリ	副 直ちに，即座に	● start **immediately**「直ちに開始する」 ● soon(369)
2091 ☑	**gradually** [grǽdʒuəli] グラぁヂュアリ	副 だんだんと，徐々に 変 more ～ — most ～	● **gradually** improve「徐々によくなる」
2092 ☑	**completely** 3 [kəmplíːtli] コンプリートリ	副 完全に，まったく	● **completely** new experience「まったく新しい体験」 形 complete(1216)
2093 ☑	**correctly** [kəréktli] コレクトリ	副 正しく 変 more ～ — most ～	● work **correctly**「正しく機能する」 形 correct(1629)
2094 ☑	**deeply** 3 [díːpli] ディープリ	副 深く，非常に 変 more ～ — most ～	● *be* **deeply** impressed with the words「その言葉に深く感動する」
2095 ☑	**mostly** 準2 [móustli] モウストリ	副 たいてい，大部分は	● **mostly** on Sundays「たいてい日曜日に」
2096 ☑	**rather** 3 [rǽðər] ラぁざ	副 ①(～より)むしろ ②かなり	● decide to buy a book **rather than** clothes「服よりむしろ本を買うことにする」
2097 ☑	**underwater** [ʌ̀ndərwɔ́ːtər] アンダウォータ	副 水面下で，水中で 形 水面下の	● stay **underwater**「水中にもぐっている」
2098 ☑	**downtown** [dáuntáun] ダウンタウン	副 中心街へ[で]，繁華街へ[で] 名 中心街，繁華街	● rush **downtown**「繁華[中心]街へ急いで行く」
2099 ☑	**neither** [níːðər] ニーざ	副 〈+～ nor ...〉～も…も—(し)ない 代 どちらも～ない	● **Neither** he **nor** I knew.「彼も私も知らなかった」 ● **Neither of** us ～.「私たちのどちらも～ない」
2100 ☑	**somehow** [sʌ́mhàu] サムハウ	副 ①どういうわけか ②どうにかして	● **Somehow**, I always get lost.「どういうわけか，私はいつも道に迷う」 ● **somehow** manage to finish「どうにかして終える」

同意語・反意語・対語

同意語

start (192) begin (583)	を始める，始まる	picture (27) photograph (1366)	写真
right (344) correct (1629)	正しい	repair (1054) fix (1544)	を修理する
gift (521) present (828)	贈り物，プレゼント	chance (901) opportunity (1688)	機会
useful (357) helpful (719)	役に立つ	sick (705) ill (1637)	病気の[で]

反意語・対語

alive (1331)	生きて(いる)	friend (3)	友達
dead (852)	死んだ	enemy (1806)	敵
buy (94)	を買う	full (849)	いっぱいの
sell (570)	を売る	empty (850)	からの
expensive (716)	高価な	heavy (336)	重い
cheap (717)	安い	light (337)	軽い
clean (366)	きれいな	increase (964)	増える
dirty (508)	汚い	decrease (965)	減る
dangerous (842)	危険な	busy (262)	忙しい
safe (843)	安全な	free (362)	暇な
different (595)	異なる	rich (708)	裕福な
same (596)	同じ	poor (707)	貧しい
difficult (341)	難しい	right (344)	正しい
easy (342)	簡単な	wrong (722)	間違った
early (493)	早い，早く	strong (714)	強い
late (791)	遅い，遅く	weak (715)	弱い
succeed (1398)	成功する	win (82)	(に)勝つ
fail (1674)	失敗する	lose (591)	(に)負ける

まとめて覚えよう

その他の押さえておきたい単語

(1) 学問・研究・教育

astronomy	名 天文学	spell	動 をつづる
examination	名 試験	analyze	動 を分析する
theory	名 理論	pronounce	動 を発音する
instruction	名 (~s で)指示	compose	動 を構成する
calculation	名 計算	literary	形 文学の
argument	名 議論，主張	academic	形 大学の
theme	名 テーマ	logical	形 論理の
review	名 評論	opposite	形 反対の
pupil	名 生徒，弟子	historical	形 歴史の
evolve	動 進化する	educational	形 教育の

(2) 仕事・経済活動

disadvantage	名 不利	advertise	動 を広告する
benefit	名 利益	advertisement	名 広告
profit	名 利益	commute	動 通勤［通学］する
agreement	名 合意	expand	動 を拡張する
tourism	名 観光業	extend	動 を延長する
burden	名 負担	gain	動 を得る
fare	名 運賃	rent	動 を賃借する
recovery	名 回復	operate	動 を運営する
employee	名 従業員	pursue	動 を追い求める
decline	動 後退する	advance	動 を進める
consume	動 を消費する	artificial	形 人工の
transport	動 を輸送する	due	形 期限が来て

(3) 人・体・感情・性格

sweat	名 動 汗(をかく)	rude	形 失礼な
muscle	名 筋肉	childish	形 子どもじみた
wound	名 けが	amazed	形 びっくりして
anger	名 怒り	curious	形 好奇心の強い
ache	動 痛む	awesome	形 すばらしい
yawn	動 あくびをする	pleased	形 喜んで
annoyed	形 いらだって	ideal	形 理想的な
sore	形 (ひりひり)痛い	humorous	形 ユーモアのある
pale	形 青ざめた	talented	形 才能のある
careless	形 不注意な	terrific	形 すばらしい
impolite	形 失礼な	eager	形 熱望して
selfish	形 自己中心的な	exhausted	形 疲れ切って
foolish	形 ばかな	deaf	形 耳の聞こえない
ambitious	形 野心的な	talkative	形 話好きな

(4) 法律・政治・社会

policy	名 政策	slave	名 奴隷
governor	名 知事	investigate	動 を調べる
justice	名 正義	elect	動 を選ぶ
thief	名 泥棒	protest	動 に抗議する
crime	名 犯罪	ethnic	形 民族の
discrimination	名 差別	illegal	形 違法な
refugee	名 難民	political	形 政治の

まとめて覚えよう

その他の押さえておきたい単語

(5) 場所・範囲

location	名 場所，位置	polar	形 南[北]極の
destination	名 目的地	underground	形 地下の
exit	名 出口	distant	形 遠い
suburb	名 郊外	ahead	副 前方へ
hemisphere	名 (地球の)半球	downstairs	副 階下へ
domestic	形 国内の	worldwide	形 副 世界中の[に]

(6) 時

annual	形 毎年の	yearly	副 毎年
instant	形 即座の	anytime	副 いつでも

(7) 程度・様子・評価

reasonable	形 妥当な，(価格が)手ごろな	false	形 間違った，にせの
irregular	形 不規則な	fake	形 にせの 名 にせもの
impressive	形 印象的な	silly	形 愚かな
fascinating	形 魅力的な	ridiculous	形 くだらない
meaningful	形 意味のある	entire	形 全体の
proper	形 適切な	specific	形 具体的な
practical	形 実用的な	particular	形 特定の
incredible	形 信じられない	vivid	形 鮮明な
unbelievable	形 信じられない	principal	形 主要な
uncomfortable	形 不快な	vast	形 広大な
useless	形 役に立たない	loose	形 ゆるい
awful	形 ひどい	unexpected	形 意外な

fortunately	副 幸運なことに	relatively	副 相対的に
peacefully	副 平和に	indeed	副 まったく
warmly	副 温かく	totally	副 すっかり
widely	副 広く	fluently	副 流ちょうに
mainly	副 おもに	seriously	副 真剣に
fully	副 完全に	slightly	副 少し
naturally	副 当然	reluctantly	副 しぶしぶ

⑻ その他

marriage	名 結婚	behave	動 ふるまう
pastime	名 娯楽	hesitate	動 ためらう
tragedy	名 悲劇	beg	動 を乞う
appreciate	動 をありがたく思う	imitate	動 をまねる
praise	動 を称賛する	press	動 を押す
admire	動 を称賛する	fasten	動 を締める
confirm	動 を確認する	donate	動 を寄付する
suppose	動 だ(ろう)と思う	permit	動 を許可する
recall	動 を思い出す	combine	動 を結びつける
reflect	動 を反映する	heal	動 を治す
honor	動 を尊敬する	arrange	動 を整える
doubt	動 ではないと思う	switch	動 を切り換える
warn	動 に警告する	adjust	動 を調節する
scold	動 をしかる	differ	動 異なる
regret	動 を後悔する	vanish	動 消える
ignore	動 を無視する	explode	動 爆発する
apologize	動 謝罪する	dive	動 飛び込む

3人称単数現在形（3単現）

(1) 通常は動詞の最後にsをつける。

原形		3人称単数現在形
want (63)	＋s	**wants**
play (71)	＋s	**plays**
use (70)	＋s	**uses**
dance (104)	＋s	**dances**
stop (88)	＋s	**stops**

(2) o, s, sh, x, chで終わる動詞にはesをつける。

原形		3人称単数現在形
go (61)	＋es [z]*	**goes**
do (205)	＋es [z]	**does**
guess (464)	＋es [iz]	**guesses**
finish (573)	＋es [iz]	**finishes**
mix (1941)	＋es [iz]	**mixes**
watch (68)	＋es [iz]	**watches**

*発音は，oにつけるesは[z]と，s，sh，x，chにつけるesは[iz]と読む。

(3) 〈子音字*＋y〉で終わる動詞は，yをiに変えてesをつける。

原形		3人称単数現在形
try (77)	＋(i)es [z]	**tries**
worry (195)	＋(i)es [z]	**worries**

*子音字：a，e，i，o，u以外の字。

動詞の ~ing 形

(1) 通常は動詞の最後に ing をつける。

原形		~ing 形
eat (74)	+ing	**eating**
play (71)	+ing	**playing**
try (77)	+ing	**trying**

(2) 発音されない e で終わる動詞* は，e をとって ing をつける。

原形		~ ing 形
use (70)	+ing	**using**
take (76)	+ing	**taking**
dance (104)	+ing	**dancing**

*see [síː] (66) や agree [əgríː] (576) のように，発音される e で終わる動詞は，そのまま ing をつけて seeing，agreeing とする。

(3) 〈アクセントのある短い母音 1 つ＋子音字〉で終わる動詞* は，最後の子音字を重ねて ing をつける。

原形		~ ing 形
stop (88)	+ping	**stopping**
run (93)	+ning	**running**

*visit [vízit] (80) は t の前の i にアクセントがないので，t を重ねずに visiting。
*look [lúk] (67) は母音字が 2 つ(oo) なので，k を重ねずに looking。

(4) ie で終わる動詞は，ie を y に変えて ing をつける。

原形		~ ing 形
die (578)	+(y)ing	**dying**
lie (1405)	+(y)ing	**lying**

動詞の規則変化

(1) 通常は動詞の最後に ed をつける。

原形		過去形
want (63)	＋ed [id]*	**wanted**
visit (80)	＋ed [id]	**visited**
sound (180)	＋ed [id]	**sounded**
need (191)	＋ed [id]	**needed**
play (71)	＋ed [d]	**played**
enjoy (73)	＋ed [d]	**enjoyed**
learn (91)	＋ed [d]	**learned**
turn (99)	＋ed [d]	**turned**
look (67)	＋ed [t]	**looked**
talk (72)	＋ed [t]	**talked**
finish (573)	＋ed [t]	**finished**
wish (774)	＋ed [t]	**wished**

*ed の発音は，動詞の最後の発音により 3 種類ある。①動詞の最後が [d] または [t] のときは [id] と，②動詞の最後が [d] 以外の有声音（発音時にのどが振動する音）のときは [d] と，③動詞の最後が [t] 以外の無声音（発音時にのどが振動しない音）のときは [t] と読む。

(2) e で終わる動詞には d をつける。

原形		過去形
use (70)	＋d [d]	**used**
smile (467)	＋d [d]	**smiled**
save (475)	＋d [d]	**saved**
arrive (184)	＋d [d]	**arrived**
dance (104)	＋d [t]	**danced**
hope (194)	＋d [t]	**hoped**
skate (199)	＋d [id]	**skated**

(3) 〈子音字＋y〉で終わる動詞は，y を i に変えて ed をつける。

原形		過去形
try (77)	＋(i)ed	**tried**
study (90)	＋(i)ed	**studied**
worry (195)	＋(i)ed	**worried**
carry (571)	＋(i)ed	**carried**
cry (693)	＋(i)ed	**cried**

*play のように〈母音字＋y〉で終わる動詞は，そのまま ed をつけて played とする。

(4) 〈アクセントのある短い母音 1 つ＋子音字〉で終わる動詞* は，最後の子音字を重ねて ed をつける。

原形		過去形
stop (88)	＋ped	**stopped**
jog (470)	＋ged	**jogged**
wrap (777)	＋ped	**wrapped**
drop (778)	＋ped	**dropped**

*～ing をつけるルールと同様に，visit [vízit] (80) は t の前の i にアクセントがないので，t を重ねずに visited。
*look [lúk] (67) や need [ní:d] は母音字が 2 つなので，k も d も重ねずに looked，needed。
*play [pléi] は母音が 2 つ（二重母音）で終わるので，y を重ねずに played。

動詞の不規則変化

(1) A-A-A タイプ(原形・過去形・過去分詞形がすべて同じ形)

原形	過去形	過去分詞形
put (89)	put	put
read [rí:d] (95)	read [réd]	read [réd]
cut (580)	cut	cut
hit (1060)	hit	hit
hurt (1470)	hurt	hurt
set (197)	set	set
let (696)	let	let
shut (2016)	shut	shut
spread (695)	spread	spread
fit (1950)	fit	fit
cost (1225)	cost	cost
quit (2021)	quit / quitted	quit / quitted

(2) A-B-B タイプ(過去形と過去分詞形が同じ形)

原形	過去形	過去分詞形
have (897)	had	had
meet (182)	met	met
teach (171)	taught	taught
make (65)	made	made
stand (689)	stood	stood
sit (688)	sat	sat
sleep (472)	slept	slept
buy (94)	bought	bought
catch (196)	caught	caught

say (107)	said	said
learn (91)	learned / learnt	learned / learnt
tell (172)	told	told
dream (806)	dreamed / dreamt	dreamed / dreamt
understand (460)	understood	understood
bring (174)	brought	brought
sell (570)	sold	sold
think (69)	thought	thought
win (82)	won	won
keep (85)	kept	kept
leave (97)	left	left
feel (177)	felt	felt
pay (579)	paid	paid
spend (590)	spent	spent
build (457)	built	built
mean (678)	meant	meant
shine (1959)	shone	shone
hold (188)	held	held
lose (591)	lost	lost
burn (694)	burned / burnt	burned / burnt
lead (1400)	led	led
fight (697)	fought	fought
dig (1406)	dug	dug
lend (1226)	lent	lent
hang (784)	hung	hung
shoot (478)	shot	shot
feed (480)	fed	fed
lay (2009)	laid	laid

(3) A-B-C タイプ(原形・過去形・過去分詞形ともすべて異なる形)

原形	過去形	過去分詞形
do (205)	did	done
drive (1134)	drove	driven
see (66)	saw	seen
speak (200)	spoke	spoken
get (75)	got	gotten / got
go (61)	went	gone
eat (74)	ate	eaten
know (64)	knew	known
write (87)	wrote	written
take (76)	took	taken
begin (583)	began	begun
fall (83)	fell	fallen
swim (102)	swam	swum
wear (473)	wore	worn
forget (575)	forgot	forgotten / forgot
choose (179)	chose	chosen
give (170)	gave	given
show (173)	showed	shown
ride (101)	rode	ridden
drink (98)	drank	drunk
break (1307)	broke	broken
throw (963)	threw	thrown

sing (84)	sang	sung
wake (780)	woke	woken
fly (581)	flew	flown
mistake (538)	mistook	mistaken
grow (183)	grew	grown
draw (86)	drew	drawn
shake (1839)	shook	shaken
ring (469)	rang	rung
rise (781)	rose	risen
lie (1405)「横たわる」*	lay	lain
blow (1465)	blew	blown
steal (2079)	stole	stolen
sink (2012)	sank / sunk	sunk

*lie は「うそをつく」の意味では規則変化 lied — lied。

⑷ A-B-A タイプ(原形と過去分詞形が同じ形)

原形	過去形	過去分詞形
run (93)	ran	run
come (62)	came	come
become (193)	became	become

形を整理しよう

名詞の複数形（規則変化）

(1) 通常は名詞の最後に s をつける。

単数形		複数形
friend (3)	＋s	**friends**

(2) o, s, sh, x, ch で終わる名詞には es をつける。

単数形		複数形
tomato	＋es	**tomatoes**
potato	＋es	**potatoes**
hero (165)	＋es	**heroes**
bus (109)	＋es	**buses**
dish (146)	＋es	**dishes**
box (115)	＋es	**boxes**
beach (300)	＋es	**beaches**
speech (418)	＋es	**speeches**

*s のみをつける名詞もある。
piano (36) → pianos, photo (739) → photos, stomach (1171) → stomachs

(3) 〈子音字＋y〉で終わる名詞は，y を i に変えて es をつける。

単数形		複数形
family (2)	＋(i)es	**families**
cherry (49)	＋(i)es	**cherries**

*boy (136)のように〈母音字＋y〉で終わる名詞は，そのまま s をつけて boys。

(4) f [fe] で終わる名詞は，f [fe] を ve に変えて s をつける。

単数形		複数形
shelf (524)	＋(ve)s	**shelves**
leaf (527)	＋(ve)s	**leaves**
life (221)	＋(ve)s	**lives**

*s のみをつける名詞もある。roof (1128) → roofs

名詞の複数形(不規則変化)

(1) 形が変わるもの。

意味	単数形	複数形
男の人	**man** (222)	**men**
女の人	**woman** (223)	**women**
ネズミ	**mouse** (320)*	**mice**
子ども	**child** (642)	**children**
足	**foot** (443)	**feet**
歯	**tooth** (1670)	**teeth**
データ	**datum**	**data** (1259)

*mouse は「(コンピューターの)マウス」の意味では mouses とすることもある。

(2) 単数形と複数形が同じもの。

意味	単数形	複数形
魚	**fish** (324)	**fish**
ヒツジ	**sheep** (1715)	**sheep**
シカ	**deer**	**deer**
種(しゅ)	**species** (1566)	**species**
航空機	**aircraft**	**aircraft**
円(通貨の単位)	**yen** (944)	**yen**
日本人	**Japanese** (214)	**Japanese**

形容詞・副詞の比較変化

(1) 通常は，比較級は er，最上級は est をつける。

原級	比較級	最上級
tall (257)	taller	tallest

(2) e で終わる語には，比較級は r，最上級は st をつける。

原級	比較級	最上級
large (358)	larger	largest

(3) 〈子音字＋y〉で終わる語は，y を i に変えてそれぞれ er，est をつける。

原級	比較級	最上級
busy (262)	busier	busiest

(4) 〈アクセントのある短い母音１つ＋子音字１つ〉で終わる語は，最後の子音字を重ねてそれぞれ er，est をつける。

原級	比較級	最上級
big (255)	bigger	biggest

*sweet [swíːt] (265) は t の前が長い母音なので，t を重ねずに sweeter, sweetest。
*rich [rítʃ] (708) は子音字２つで終わるので，richer, richest。

(5) 形容詞・副詞の前に more，most をつける場合。

●つづりが比較的長い語

原級	比較級	最上級
important (339)	more important	most important

● ful，less，ous，ish などで終わる語

原級	比較級	最上級
useful (357)	more useful	most useful
famous (261)	more famous	most famous

●形容詞に ly がついた形の副詞

原級	比較級	最上級
quickly (799)	more **quickly**	most **quickly**

(6) 不規則に変化をする場合。

意味	原級	比較級	最上級
多くの，多数の	**many** (250)	more	most
たくさんの，多量の	**much** (340)		
よい，上手な	**good** (363)	better	best
上手に，よく，健康で	**well** (793)		
悪い，下手な	**bad** (702)	worse (1148)	worst
少量の	**little** (704)	less	least (1332)

(7) その他の注意すべき形容詞・副詞の変化。

意味	原級	比較級	最上級
古い	**old** (252)	older	oldest
年をとった		elder	eldest
(時間が)遅い	**late** (791)	later (367)	latest (1968)
(順番が)遅い		latter	last (259)

・本書で取り上げたおもな**単語**と**掲載ページ**の一覧です。ページのうち**太字**はLEVEL 1～5の**見出し語**，**細字**はその**関連情報の単語**，*斜体*は**「まとめて覚えよう」「働きで覚えよう」のおもな単語**を表します。

A

D

G

H

F
G
H

I

さくいん

H
I

P

◎24

装丁デザイン　ブックデザイン研究所
本文デザイン　A.S.T DESIGN

本書に関する最新情報は，小社ホームページにある**本書の「サポート情報」**をご覧ください。(開設していない場合もございます。)
なお，この本の内容についての責任は小社にあり，内容に関するご質問は直接小社におよせください。

中学 英単語 2100【ミニ版】

編著者　中学教育研究会　　発行所　受験研究社

発行者　岡本泰治

〒550-0013 大阪市西区新町 2―19―15
注文・不良品などについて：(06)6532-1581(代表)／本の内容について：(06)6532-1586(編集)

Printed in Japan　岩岡印刷・高廣製本
落丁・乱丁本はお取り替えします。